한문과 교육과정 변천과 내용체계 연구

원 용 석

傳統文化硏究會

머 리 말

짙푸르던 숲이 갈색으로 바뀌고
거침없는 바람이 裸木 사이로 횡행하는 것을 보면서
잿빛으로 변한 머리카락에 傷心한다.

20여 년 전 한문교육과를 졸업하고 한문교사가 되었을 때 나는 교사로서 수업을 하고 담임을 하고 봉급을 받아 살 뿐이었다. 그러다가 일급 정교사 연수를 공주대에서 받게 되었는데 때마침 제6차 교육과정이 발표되어 중학교에서 필수였던 한문이 선택과목이 되었다. 당시 공주대 신용호 교수님을 비롯한 모든 분들이 부당한 교육과정이라며 현직 교사들의 인식 개선과 참여를 호소하셨다. 연수를 받고자 모였던 교사들은 한문 교과의 중요성에 대하여 각성하고 그 인연으로 한문교육학회와 새로 탄생한 한자한문교육학회에 참가하면서 한문교과교육이 어떤 의미인지를 어렴풋이 느끼게 되었다.

수 천 년 동안 선조들이 쌓아온 문화유산들을 후손들이 글자를 몰라 무슨 뜻인지 모르는 것이 우리의 현실이다. 아버지가 쓴 글을 아들이 읽지 못하고 조상이 남긴 글을 후손이 읽지 못하니 정말 못난 후손들이다. 또한 불과 몇 년 혹은 몇 십 년 전에 나온 국한문 혼용의 서적들을 대학생들이 한자를 몰라 읽을 수 없다는 이야기를 들었을 때 현재가 고통스러운 父傳子絶의 상황이라는 것을 깨닫게 되었다.

고 박정도 교수님께서는 "한국에서 태어났거나 한국에서 살아갈 사람들은 한문이 운명이다."라고 말씀하셨다.

실로 역사적으로 남겨진 방대한 전적과 우리말 어휘의 대다수를 차지하는 한자어의 중요성에 대하여 인식하게 되는 순간 한문교과교육의 책무성과 역할은 새로이 설정될 수밖에 없었다. 요컨대 무한경쟁시대에 태어나 가뜩이나 할 것이 많아 바쁜 2세들에게 어떻게 효과적으로 한문교과교육을 해야 할까를 생각하게 된 것이다.

공자님께서는 四十에 不惑이셨고 五十에 天命을 알았다고 하셨지만, 나는 오십이 가까운 지금도 주춤거리며 의혹이 가득하여 세상의 이치를 알지 못한다.

현재 내 눈에 들어오는 한문교과교육의 상황은 나이나 승진을 돌아볼 여유가 없을 정도로 날이 갈수록 거칠어지고 있다. 많은 분들의 노력으로 명맥을 유지하고 있지만 교과 외적인 상황은 중·고교 모두 선택교과로 낮아진 위상에 대한 인내를 요구하고 있다.

이 책은 필자의 「한문과 교육과정의 변천과 내용체계 연구」라는 박사학위 논문을 수정한 것이다. 필자가 학위 논문을 쓰던 시기에 공교롭게도 제7차 교육과정에 대한 개정 작업이 이루어지고 있었다. 그러므로 이 글은 본시 제7차 교육과정까지만 다룬 것이다.

이 책에서 다룬 내용은 해방 이후 한문과 교육과정 변천의 양상과 제5차 교육과정부터 태동된 내용 체계를 검토하고 새로운 교육과정 내용 체계를 구안하는 과정이다. 그러므로 교육과정이 이루어지기 위하여 한문과에서 고려해야 할 내용들에 대하여 전반적으로 검토한 것이라고 볼 수 있다.

따라서 개정 제7차 교육과정에 대하여는 다루지 못했다. 그러므로 개정 제7차 교육과정에 대한 내용은 전체적인 체제와 내용의 흐름과는 다르다는 점을 감수하고 VI장으로 추가하였다.

그동안 가르침을 받은 스승님들 중에 기억나는 분의 수를 헤아리니 오십 분이 넘었다. 그 중에서도 고 최승수 선생님께서는 공고 졸업생을 대학으로 이끌어주셨고, 최상익 교수님 등 대학의 은사님들은 한문교사가 되게 하여 주셨으며, 안재철 교수님께서는 한문교과교육으로 안내하셨다. 그리고 한국교원대학교의 원용문 교수님과 고 박정도 교수님과 교육과정의 권낙원 교수님, 독서교육의 한철우 교수님, 언어교육 이론의 신헌재 교수님의 가르침은 부실한 교과교육의 소양에 피가 돌게 하셨다. 특히 박사과정 지도 교수님이신 김왕규 교수님이 아니셨으면 지금의 이런 일련의 일들은 가능하지도 않았을 것이다. 또한 회정 정문경 선생님께서는 篆刻뿐만 아니라 선비의 길을 깨우쳐주셨다. 그분들 외에도 얼마나 많은 스승님들이 부족한 사람을 가르치려 애쓰셨을까 생각하니 가슴속에 뜨거움이 복받친다. 스승님들의 은혜를 모두 갚을 길은 없겠지만 내게 주어진 길을 바른 걸음으로 부지런히 걷는 것이 천만분의 일이라도 보답이 되지 않을까 생각한다.

강원도 산골에서 무작정 상경으로 막노동판을 전전하며 평생을 고생하시어 사남매 중 두 형제를 박사로 만드신 부모님과 형님 내외를 비롯한 가족들의 은혜는 하늘을 울리고 땅에 사무친다. 그리고 빈한한 살림에 초중고에 다니는 세 아이와 남편의 공부를 위하여 학비와 생활비를 마련하느라 끝내 염색을 하고만 아내에게 경의를 표하며, 그런 아버지를 원망하지 않고 참아준 아들딸에게도 고마움을 전한다. 또한 그동안 동고동락한 동학들과 한문 교사들의 격려 그리고 수많은 힘을 보태어 주신 임지의 동료들에게도 감사함을 전한다.

존경하는 전통문화연구회 이계황 회장님께서 마음을 내시고 전통문화연구회 여러분들의 땀으로 이 책이 세상에 선보이게 되었다. 지면을 빌어 마음의 빚이 크다는 것을 말씀드리며 강호제현의 질정을 기다린다.

2009. 1. 저자

목 차

Ⅰ. 서 론

1. 연구의 필요성 및 목적

'한문 교육'은 시간과 공간의 제약이 없이 교수자와 학습자 사이에 한자·한문의 교수·학습이 일어나는 것이라고 할 수 있다. 그러나 '한문과 교육'은 정규 의 초·중·고등학교에서 한문을 전공한 교사가 교육과정이라는 내용을 일정 학령의 학생들을 대상으로 한자·한문 교육을 시행하는 것이다. 여기서 교육을 시행한다는 말은 교사중심의 교수·학습을 지칭한다기보다는 교사와 학생이 교수·학습 과정에서 상호작용을 한다는 것으로 이해되어야 할 것이다. 따라서 주어진 시간 동안 일련의 한문과 교육의 과정을 마칠 수 있도록 모든 것이 배려되어야 한다.

한문과 교육의 내용은 크게 두 갈래로 나눌 수 있다. 첫째는 현대 어문교육에서 한자·한문이 차지하는 비중에 관한 문제이며, 둘째는 방대한 한문 고전들을 오늘에 되살려 전통문화를 계승·발전시키는 것이다. 이러한 한문과 교육의 연구 대상에는 교사론, 학생론, 교육과정론, 교재론 등이 있다. 이 중에서 한문과 교육과정의 연구는 한문교육의 성격을 규정하고, 목표를 설정하며, 내용을 조직·선정하고, 교수·학습 방법을 수립하며, 그에 따른 적정한 평가 방법의 모색을 그 내용으로 한다. 그러므로 한문과 교육과정의 연구는 한문과 교육을 교과 교육학의 굳건한 토대 위에 세우기 위한 당면한 과제이다.

한문과 교육은 1972년 5월 8일 공포되고 1973년 3월 1일 제3차 교육과정부터 시행되었다. 그리하여 현재 제7차 교육과정에 이르기까지 중등학교에서 독립교과로 한문 교육을 해 온 지 40여 년에 가까운 세월이 흘렀다.

해방 이후 교육 당국의 정책으로 인하여 한문과 교육은 風前燈火와 같은 상황에 이른 것이 한두 번이 아니었다. 그럼에도 불구하고 한문과 교육 담당자들은 그 때마다 헌신적인 노력과 의지로 결국 한문과 교육을 학교 현장에 정착시켜 꺼져가는 불씨를 살려 놓았다. 그리하여 학교 교육에서 정규 교과로 독립한 이후 한문과 교육을 발전시키려는 노력은 더욱 가속되었으며 한문과 교육에 대한 연구도 더 넓고 깊게 진행되었다.

그간 한문과 교육은 한국한문교육학회와 한국한자한문교육학회를 중심으로 꾸준히 연구가 진척되었다. 그리고 현직 교사들도 자발적으로 전국 한문 교사 모임(약칭 전한모)을 결성하여 현장 연구를 진행하였다. 그리고 각 시·도 교육청의 한문 교과 연구회에서도 현직 교사들의 연구가 활발하게 지속되었다. 그러나 이러한 노력에도 불구하고 아직 한문교육학은 완전한 학문의 한 분야로 정립되었다고 하기에는 부족한 부분이 많다고 할 수 있다. 특히 한문과 교육과정은 학계의 관심사였지만, 연구자와 연구 성과물의 부족으로 인하여 영역별·분야별 연구의 결과가 도출되지 못한 채로 제7차 교육과정에 이르렀다.

한문과 교육과정의 변천은 한문과 교육의 역사이다. 그러므로 이는 한문과 교육이 현재에 이르게 된 과정을 보여준다. 각 교육과정기의 전개와 변천의 모습들은 당시 한문 교육이 가지고 있던 문제를 해결하려는 적극적인 과정이었다. 또한 이것은 당시 한문과 교육의 모습을 구체적으로 보여주는 한문과 교육 내용의 집적물이라고 할 수 있다. 그러므로 한문과 교육과정 변천의 과정을 살펴보는 것은 다음과 같은 의미를 갖는다. 첫째, 한문과 교육이 어떠한 과정을 통하여 현재에 이르렀는가에 대한 답을 구하는 것이다. 둘째, 현재의 문제가 과거 어떤 문제로부터 파생했는가에 대한 답을 구하는 것이다. 셋째, 향후 한문과 교육은 어떠한 방향으로 진행되는 것이 바람직한가에 대한 시준을 받을 수 있다. 이를 위하여 한문과 교육과정의 전개에 따른 성격과 목표 그리고 내용에 대한 종합적인 검토가 필요하다.

한문과 교육과정의 내용 체계는 한문교육의 중핵에 해당한다고 할 수 있다. 그러므로 우선 한문교과의 특성과 교육학·언어학·인지심리학 등 제반의 학문을 검토하여 한문교과에 맞는 타당한 준거를 확보하여야 한다. 그리고 이를 잣대로 하여 내용을 범주화하고 다시 체계화하여 영역과 내용을 설정해야 한다.

한문과에서 내용 체계를 구성하기 위하여 먼저 할 일은 한문과의 성격과 목표를 검토하는 것이다. 한문과의 성격이란 '한문'이라는 교과가 현행의 교육과정 상에서 학교 현장에 '교과'로서 존재해야 하는 당위성에 관한 이론이며, 현재의 학교 교육에서 가지는 중요성과 가치를 말하는 것이다. 그러므로 교과의 성격을 검토하는 일은 그 교과가 현재의 교육에서 어떠한 역할을 수행해야 하는가에 대한 답변을 제공한다. 한문의 교과로서의 중요성과 가치가 유용한 것이라면, 그 가치를 실현하기 위한 목표를 결정해야 한다. 목표는 교과가 가지는 가치 중에서 현실적으로 유용하고도 도달 가능한 것이어야 한다.

내용 체계는 목표에 도달하기 위하여 교수·학습되어야 할 영역과 내용을 범주화·구조화하여 표로 제시한 것이다. 그러므로 내용 체계는 학교 급별 교과 학습의 내용을 포괄함과 동시에 체계적이고 구조적인 모습을 지녀야 한다. 또한 내용 체계는 교과 학습의 도달점뿐만 아니라 학습의 계획과 과정도 포함되어야 한다.

그동안 한문과는 이러한 논의가 깊이 연구되지 못한 채로 내용을 조직해 왔다. 그렇기 때문에 교육과정 개발 참여진의 임의적인 주관이 개입되었을 가능성이 높을 수밖에 없었던 것이다. 현재 교육과정 내용 체계에 대한 많은 異議도 이러한 상황에서 기인했다고 할 수 있다. 결국 현재의 한문과 교육과정의 내용은 '漢文科 敎育'이라는 연구의 성과라고 보기에는 부족하다는 것이다.

한문과 교육과정 내용 체계는 한문과 교육이 가지는 성격을 바탕으로, 교과 교육이 지향하는 목표를 달성하게 하는 내용을 압축한 것이다. 그러므로 이에 대한 연구는 한문과 교육과정을 튼실한 이론 위에 세우는 과정이며 한문과 교육과정의 모습을 종합적으로 검토하여 교과 교육의 양상이 올바른가를 판단하는 과정이기도 하다. 그러므로 한문과 교육과정 내용 체계 연구는 한문과 교육에 영향을 끼치는 요인은 어떤 것들이 있으며, 이들은 어떠한 모습으로 내용 체계에 작용하는가를 주 내용으로 한다.

'한문과 교육'은 '한문'이라는 방대한 고전의 전적들과 언어생활에 사용되고 있는 한문 관련 어휘에 대한 내용으로 구성하여야 한다. 그리고 학교 급별의 발달 단계에 맞을 뿐만 아니라 학교 현장의 교수·학습에 용이한 것이어야 한다. 그러나 현재는 학교 급별에 맞도록 내용의 계열성과 학교 급별 간의 연계성도 확보되지 않았으므로 이에 대한 연구가 절실하게 된 것이다. 현재의 한문과 교육이 한문교육학 연구의 결과라는 사실을 직시한다면, 그간 교과 위상에 관한 논의와 한문교육의 필요성에 대한 각계의 절실한 요구에 비해 교과 교육학 자체에 대한 노력은 매우 부족하였다. 그러므로 한문과 교육의 이론에 대한 연구·개발은 시간이 갈수록 더욱 강조되고 있다.

이 책에서는 한문과 교육과정의 내용 체계 수립을 위하여 먼저,

한문과 교육과정 내용 체계 구성의 치밀함과 적정성을 확보하려 한다. 이를 위해서는 한문과 교육과정에서 고려해야 할 내용에 대한 전반적인 이해가 필요하다. 또한 한문과 교육의 변천에 대한 이해, 언어학의 토대뿐만 아니라 한자문화권에 대한 접근과 현대 사회가 가지는 가치에 대하여 한문과 교육이 기여하는 방안에 대한 이해도 이루어져야 할 것이다. 그리고 교육과정의 쟁점이 되고 있는 요소들의 검토를 통하여 내용 체계를 범주화하고 체계화하는 준거를 마련해야 할 것이다.

한문과 교육과정 변천과 내용 체계 연구는 한문을 교육해야 한다는 필요성과 당위성에 의존해 연구보다는 목소리를 키워 온 한문과 교육을 튼실한 이론적 바탕위에 세우기 위한 노력이다. 뿐만 아니라, 한문과의 교과 교육의 범위를 가시적으로 劃定하고 바람직한 한문과 교육과정 내용체계를 구성하기 위한 시도이다.

2. 연구사 검토

한문과 교육과정은 지금까지 한문과 교육을 연구해 온 연구 업적의 결과라고 할 수 있다. 한문과 교육과정에 대한 연구는 제3차 교육과정에서 한문과가 독립함에 따라 현재까지 꾸준히 이루어졌다. 그리고 제6차 교육과정에서 내용 체계가 제시된 이후로 내용 체계에 대한 연구가 이루어지기 시작하였다. 따라서 이 절에서는 다음과 같이 나누어 연구사를 검토하고자 한다. 첫째, 한문과 교육과정에 대한 연구 둘째, 한문과 교육과정 내용 체계에 대한 연구 셋째, 국어과 교육과정 및 내용 체계 연구이다.

이 연구들을 검토하는 것은 한문과 교육과정의 변천과 내용 체계의 현주소를 확인하는 작업이다. 아울러 인접 교과인 국어과 교육과정의 연구 추이를 살펴보는 것은 같은 언어 교과로서의 교육과정을 비교 대조함으로써 한문과 교육과정 발전의 시사점을 얻기 위한 것이다.

가. 한문과 교육과정 연구

한문과 교육과정의 변천에 관한 연구는 교육과정을 다루는 논문에서 간략하게 제시되는 것이 대부분이었다. 한문과 교육과정 변천에 대하여 자세히 논한 것은 허남욱이다. 그는 한문과 교육의 시원인 삼국시대로부터 제6차 교육과정기까지 검토하였다. 그리고 각 시기별 한문과 교육과정을 비교 분석하였다.[1)]

안재철은 고등학교 한문과 교육과정의 사적 변천을 시기별로 체제별로 구체적인 내용까지 분석하였다. 그리하여 한문과 교육과정 변천의 양상을 일목요연하게 확인할 수 있게 하였다.[2)]

한문과 교육과정에 대한 연구는 한문과가 필수에서 선택으로 전환된 제6차 교육과정에서 편제상의 문제와 한문교육의 필요성과 당위성이라는 층위에서 교육과정을 다룬 논문들이 주류를 이루었다고 할 수 있다.

우선, 송재소는 한문과가 방대한 양의 민족문화 유산과 한글의 발전을 위하여 독립 교과로 심도 있게 가르쳐야 한다고 주장하였다.[3)] 그리고 신용호는 한문과 교육의 변천을 가볍게 살펴보고 위상이 낮아지면 국어와 한문 교육의 질이 모두 낮아진다고 주장하였다.[4)] 김혈조는 한문은 一朝一夕에 학습될 수 없으며, 한문 교육이

---

1) 許南郁, "漢文科 敎育課程의 變遷," 『新漢文科敎育論』(서울 : 傳統文化硏究會, 1999).

2) 安載澈, "現行 高等學校 漢文科 敎育課程의 變遷 硏究," 『漢文敎育硏究』 第25號(서울 : 韓國漢文敎育學會, 2005).

3) 송재소, "한문 교과의 성격," 『漢文敎育硏究』 第6號(서울 : 韓國漢文敎育學會, 1992).

4) 신용호, "중등학교 한문의 변천 과정과 문제점," 『漢文敎育硏究』 第6號(서

없이 인문과학을 하는 것은 불가능하다는 논리로 제6차 교육과정의 선택과목 설정에 대하여 비판하고 있다. 권문봉, 양광석 등도 같은 논리를 펴고 있다.[5] 김란주는 중학교 학생을 대상으로 설문조사를 실시하여 한문과의 문제점과 개선방향을 제시하면서 결론적으로 한문과 교육의 필요성을 강조하였다.[6]

그리고 한문과 교육과정의 변천과 개정의 방향에 대하여 설명하고 그에 따른 현실적인 적용의 문제도 중요한 문제로 제기되었다.[7]

제7차 교육과정 개정에 대하여도 그 필요성과 문제점에 대한 해결 방안은 꾸준히 제기되었다. 정재철은 제7차 교육과정 개정에 한

울 : 韓國漢文敎育學會, 1992).

5) 김혈조, "제6차 교육과정 개정시안에 대한 비판적 검토," 『漢文敎育硏究』 第6號(서울 : 韓國漢文敎育學會, 1992).
권문봉, "제6차 교육과정 개정시안의 문제점," 『漢文敎育硏究』 第6號(서울 : 韓國漢文敎育學會, 1992).
양광석, "제6차 한문과 교육과정 개정안에 대한 의견," 『漢文敎育硏究』 第6號(서울 : 韓國漢文敎育學會, 1992).

6) 김란주, "중학교 한문 교육의 문제점과 개선 방향," 『漢文敎育硏究』 第7號(서울 : 韓國漢文敎育學會, 1993).

7) 허천행, "제6차 고등학교 한문과 교육과정 개정과 교수학습의 방향," 『漢文敎育硏究』 第8號(서울 : 韓國漢文敎育學會, 1994).
정재철, "한문과 교육과정," 『漢字漢文敎育』 創刊號(서울 : 韓國漢字漢文敎育學會, 1994).
박영호, "제6차 한문과 교육과정 중 '내용 체계'의 문제점과 해결 방안," 『漢文敎育硏究』 第10號(서울 : 韓國漢文敎育學會, 1996).
박영호, "제7차 중・고등학교 한문과 교육과정의 의의와 과제," 『漢文敎育硏究』 第13號(서울 : 韓國漢文敎育學會, 1999).
김혈조, "제7차 교육과정의 제문제," 『漢文敎育硏究』 第17號(서울 : 韓國漢文敎育學會, 2001).
정재철, "제7차 한문과 교육 과정 실천상의 쟁점과 해결 방안," 『漢文敎育硏究』 第18號(서울 : 韓國漢文敎育學會, 2002).
이명학, "한문과 교육과정의 반성과 전망," 『漢文敎育硏究』 第24號(서울 : 韓國漢文敎育學會, 2005).
金王奎, "한문과 교육과정 개정・변천의 양상과 한문과의 위상," 『漢文敎育硏究』 第22號(서울 : 韓國漢文敎育學會, 2005).
송영일, "제7차 중등학교 한문과 교육과정의 운영실태와 개선 사안," 『漢字漢文敎育』 第14輯(서울 : 漢字漢文敎育學會, 2005).

문과가 국민공통기본교육과정에 포함되지 않는 것은 어문 정책과 배치될 뿐만 아니라, 중·고등학교 한문 교육에 치명적인 영향을 미치게 될 것으로 보인다며 우려하고 있다.[8] 계속하여 정재철은 제6차 교육과정과 제7차 교육과정을 비교하고 교육과정의 개발 방향에 대하여도 문제점을 제시하고 그 해결책을 제시하였다.[9]

박영호는 제7차 교육과정의 내용인 성격·목표·방법·평가를 항목별로 낱낱이 분석하고 그에 따른 운영과 교과서의 문제를 총체적으로 지적하였다.[10] 이명학은 한문과 교육과정을 큰 변혁기로 나누어 살펴보고 21세기에 걸맞은 한문 교육이 이루어져야 한다고 주장하였다.[11]

제7차 한문과 교육과정은 성격·목표·내용·방법·평가로 이루어져 있다. 이 책이 지향하는 바는 한문과 교육과정의 변천과 내용 체계이므로 포괄적인 내용과 한문과 교육과정의 변천만을 검토하였다. 그러므로 방법과 평가 그리고 교재에 대한 전반적인 부분은 검토하지 않았다.

한문과 위상의 저하에 관련되어 한문과 교육의 중요성과 필요성에 대한 논의는 한문을 담당하는 모든 사람들의 공통된 의견이다. 그럼에도 불구하고 시간이 흐름에 따라 한문과 교육의 위상은 점점 더 낮아지는 경향을 보이고 있다고 할 수 있다. 이는 정책에 관련된 것이므로 한문과 교육과정의 내용과는 별개의 문제라고 할 수

---

8) 정재철, "'신 교육과정 총론(안)'과 한문교육," 『漢文敎育硏究』 第11號(서울 : 韓國漢文敎育學會, 1997).

9) 정채철, "제7차 한문과 교육과정의 개발 방향," 『漢文敎育硏究』 第12號(서울 : 韓國漢文敎育學會, 1998).

_____, "제6·7차 한문과 교육과정의 비교 연구," 『漢文敎育硏究』 第13號(서울 : 韓國漢文敎育學會, 1999).

10) 박영호, "제7차 중·고등학교 한문과 교육과정의 의의와 과제," 『漢文敎育硏究』 第13號(서울 : 韓國漢文敎育學會, 1999).

11) 李明學, "漢文科 敎育課程의 反省과 展望," 『漢文敎育硏究』 第24號(서울 : 韓國漢文敎育學會, 2005).

있다. 다만 위상의 저하는 교과 교육의 부실을 가져오는 것이 분명하므로 이에 대한 문제의식을 가지는 것은 당연하다고 할 수 있다.

나. 한문과 교육과정 내용 체계 연구

한문과 교육과정 내용 체계는 제5차 교육과정으로부터 한자・한자어・한문의 3개의 대영역으로 제시되었다. 이러한 한문과 교육과정 내용 체계의 대영역에 대하여 가장 먼저 문제를 제기한 것은 박영호이다.[12] 그는 한문과에서도 교과의 성격을 구현하기 위한 교과 목표의 타당한 설정과 이를 실현시키기 위한 교과 내용의 연계성과 위계성 등이 무엇보다 중요한 요소라고 하였다. 그는 우선 제6차 교육과정에 제시된 '내용 체계'의 타당성 여부를 교과 성격과 목표 등에 관련지어 검토하고 그 내용이 중・고등학교에서 한문을 교육하는 데 현실적으로 가능한지를 살펴보았다. 그는 또 한문과 교육과정 내용 체계가 '한자・한자어・한문'으로 되어 있는 것에 주목하여 이러한 영역 설정이 타당한가에 대한 검토를 통하여, '한자어'라는 영역이 국어교과의 부수적인 내용을 수행하게 함으로써 한문과의 양상에 적합하지 않다고 지적하였다. 그러나 그는 이에 대한 대안을 제시하지 않아 후속 연구가 필요하게 되었다.

그 이후 '한자・한자어・한문'으로 이루어진 대영역 체계에 대하여 단어로부터 어휘 그리고 문장으로 이루어지는 '길이에 따른 분류'로서 한문과의 내용을 담아내기에는 부적합하다는 이의가 몇몇 학자들에 의하여 제기되었다.[13] 또한 이의를 제기한 학자들은 스

---

12) 朴英鎬, "제6차 한문과 교육과정 중 '내용 체계'의 문제점과 해결방안," 『漢文教育研究』 第10號(서울 : 韓國漢文教育學會, 1996).

13) 강경모, "바람직한 漢文科 評價를 위한 內容 領域 檢討," 『漢文教育』 54(서울 : 全國漢文教師모임, 2002).

宋秉烈, "漢文科 教育課程의 領域과 內容 體系의 問題," 『새로운 한문 교육의 지평』(서울 : 문자향, 2002)

______, "韓國의 漢文과 教育課程 問題와 解決의 方案," 『漢文教育研究』 第

스로 현재의 불합리하다고 여기는 내용 체계에 대하여 새로운 내용 체계의 안을 제시하기도 하였다.

먼저 강경모는 한문과 평가를 위하여 평가 영역의 검토 과정으로 한문과 내용 영역을 검토하였다.[14] 그는 국어과와 영어과 그리고 제2외국어과의 내용 영역을 비교하여 한문과가 '한자·한자어·한문'으로 짜여 있다면 영어과는 '단어·숙어·문장'으로 되어 있어야 하는 데 그렇지 않았다고 하였다. 그는 이러한 주장을 바탕으로 대영역을 '해석'과 '이해'로 분류하고 다시 '해석'을 '어휘'와 '문장'으로, '이해'를 '과정'과 '유형'으로 분류하여 새로운 '내용'영역을 구상하였다. 이것은 강경모 본인의 지적대로 다분히 주관적이고 자의적인 것으로 영역과 용어가 한문과 교육을 담아내기에는 적절치 않았다. 그러나 문제 제기의 측면과 새로운 논의를 유발하였다는 점에서 의미를 부여할 수 있다.

그 이후 송병렬은 '한자·한자어·한문'의 영역은 한문과의 성격과 목표를 모두 반영할 수 없으며, 위계성에도 상당한 문제점이 발견된다고 하면서 "한문과는 독해 능력인 '기능'을 습득해서 고전을 '이해'하는 것이다."라고 주장하였다.[15] 그러면서 그는 '기능'의 중영역은 '어휘'와 '한문'으로, '이해'의 중영역은 '문학 고전'과 '역사

21號(서울 : 漢文教育學會, 2003).

______, "새로운 漢文科 敎育課程을 위한 漢文科 敎育課程의 爭點 考察," 『漢文教育研究』 第25號(서울 : 韓國漢文教育學會, 2005).

______, "漢文科 敎育課程의 領域에 대한 問題 檢討," 『漢文教育研究』 第20號(서울 : 韓國漢文教育學會, 2002).

拙稿, "漢文科 敎育課程의 內容體系에 觀한 研究," 『漢字·漢文教育』 第11輯(서울 : 韓國漢字漢文教育學會, 2003).

______, "漢文科 敎育課程 內容 體系 考察," 『漢文教育研究』 第22號(서울 : 韓國漢文教育學會, 2004).

金王奎, "言語 教科의 內容 體系의 몇 가지 爭點," 『漢文教育研究』 第24號(서울 : 韓國漢文教育學會, 2005).

14) 강경모, "바람직한 漢文科 評價를 위한 內容 領域 檢討," 『漢文教育』 54(서울 : 全國漢文教師모임, 2002).

15) 송병렬, 앞의 책, 23쪽.

고전'과 '철학고전'으로 설정하였다. 그리고 소영역은 '본질', '원리', '실제'로 하여 위계성을 부여했다고 하면서 그 내용을 표로 제시하고 있다. 그러나 이 내용 체계는 국어과 교육과정 내용 체계를 원용한 것으로 용어에 대한 정의가 불확실하다. '본질', '원리', '실제'라는 국어과 교육 내용의 분류 용어가 한문과에 적절한지도 의문이다. 왜냐하면 이에 대하여는 국어과 자체에서도 이의를 제기하고 있기 때문이다.16)

안재철은 한문과와 국어과 그리고 영어과 교육과정 영역을 비교하고, 한문 교과도 언어교과의 한 종류라고 하면서 한문과의 교육과정 영역과 그 내용도 국어과나 영어과와 같은 언어교과의 교육과정 영역과 내용 체계에 걸맞아야 할 것이라고 하였다.17) 그는 교육과정 내용 체계에 대하여 2개의 안을 제시하였다. 〈1안〉에서는 국어과 '교육과정의 영역', '내용 체계 및 내용'을 원용하여, 한문과의 '내용'을 '내용 체계'와 '학년별 내용'으로 나누고, '내용 체계'의 대영역은 다시 '읽기', '한문 지식', '문학(역사학 · 철학)'으로 나누었다.

〈2안〉은 대영역을 '읽기(기능)'와 '한문고전'으로 나누고, '읽기'영역의 중영역은 '한자 · 한자어'와 '한문'의 영역으로 나누었다. '한문고전'의 중영역은 '문학문', '역사문', '철학문'으로 나누었다. 〈1안〉

---

16) 정혜승, "제7차 국어과 교육과정의 비판적 분석과 대안 모색," 『국어교육학연구』 제23집(서울 : 국어교육학회, 2005), 82~83쪽. 이 논문에서 정혜승은 다음과 같이 말하고 있다. "교육과정 내용 진술의 측면에서 제기되는 다른 문제는 용어 사용의 적절성과 일관성이다. 교육과정은 실천지향적 텍스트로 그것을 사용하는 사람들 사이에 의사소통이 원활하게 이루어지도록 표현되어야 한다. 이를 위해서는 표현하고자 하는 의도와 내용에 부합하고 학문적으로 정확한 용어를 일관되게 사용해야 한다. 그러나 제7차 국어과 교육과정은 용어의 적절성이나 일관성 면에서 몇 가지 문제를 갖고 있다.
우선 문제가 되는 것은 교육과정 내용 체계에 제시된 내용 범주 명칭이다. 본질, 원리, 태도, 실제로 내용 범주가 설정되어 있는데, 태도를 제외한 나머지는 세 범주의 명칭이 추상적이고 모호해서 어떤 교육 내용을 포괄하는지 알기 어렵다. 특히 '원리'란 명칭이 부적절하다."

17) 안재철, "한문과 교육과정의 영역에 대한 문제 검토," 『漢文敎育硏究』 第20號(서울 : 韓國漢文敎育學會, 2002).

은 국어과의 틀에 한문과의 내용을 맞추다보니 '듣기 · 말하기 · 읽기 · 쓰기' 중에서 '읽기'만이 남는 기형적인 내용 체계를 갖추게 되었다. 또한 한문과의 성격과 목표에 명시되어 있는 한문의 가치 · 효용에 대한 내용이 매우 간략하게 언급이 되어 한문과 교육의 목표를 달성할 수 있는 案인가도 생각하게 한다. 〈2안〉은 현행 제7차 교육과정에 있는 한자 · 한자어 · 한문의 내용도 계승하고 또한 교과로 선정되어 있는 한문과 한문고전을 배려한 것으로 보인다. 이 안의 문제는 '현재 교과로 존재하는 교과목 명을 영역의 용어로 채택한 것이 옳은가?'하는 문제와 '읽기' 영역이 지나치게 비대한 것이 아닌가 하는 것이다.

필자도 교육학의 분류인 '지식', '기능', '가치'에 근거를 두고, 언어교과라는 특성을 고려하여 대영역 체계를 '지식', '이해', '감상', '태도' 4단으로 분류하고, 이에 따라 그간의 교육과정 내용을 분석하여 새로운 내용 체계 시안을 내놓았다.[18] 이 안은 대영역 '지식'에 대한 중영역으로 '읽기', '쓰기', '듣기'를 설정하고 있으며, 대영역 '이해'에는 중영역 '한자의 짜임, 한자어의 짜임, 문장 구조와 형식, 허자의 쓰임, 한시의 형식'을 설정하였다. 대영역 '감상'에는 '단문의 속뜻, 장문 감상, 한시 감상'을 설정하였으며, 대영역 '태도'에는 '언어생활에의 활용, 선인들의 삶과 사상, 바람직한 인성, 건전한 가치관, 동양문화 교류'를 중영역으로 설정하였다. 그러나 이 안은 '기능'의 영역으로 보아야 할 '읽기', '쓰기', '듣기'를 지식의 영역에 넣는 오류를 범하고 있으며, '태도' 역시 '기능'의 영역에 타당한 부분이 포함되어 있는 것을 볼 수 있다.

김왕규는 「언어 교과의 '내용 체계(內容體系)'의 몇 가지 쟁점」이라는 논문에서 언어 교과가 가지는 내용 체계의 기능, 영역 구분의

---

18) 拙稿, "漢文科 教育課程의 內容體系에 觀한 研究," 『漢字漢文教育』 第11輯 (서울 : 漢字漢文教育學會, 2003).

기준, 범주화 및 구조화의 원리를 지적하였다.[19] 그리고 그러한 내용을 바탕으로 한문과 교육과정에 적용하여 한자・한자어・한문의 3분 체계에 따른 영역 구분은 '한자어'로 인해 연계성을 상실했다고 하였다. 또한 그는 영역, 영역의 하위 항목, 그리고 내용 요소 사이의 관계 또한 '상세화' 이외는 범주화 및 구조화의 원리가 부재하다고 비판하였다. 그리고 내용 체계를 구성하기 위해 정선 조직된 '지식', 언어 '기능', 텍스트에 내재한 '문화'적 가치를 발견하는 '태도' 등을 범주화・구조화할 수 있는 교과 내적 논리를 마련해야 한다고 제안하고 있다. 그러나 이 논의는 비판과 제안에 그쳐 이론을 세우고 내용 체계 구안의 과정을 제시하지 않음으로 인해 후속 연구를 필요로 하게 되었다.

이제까지의 내용 체계에 대한 연구들은 대체로 인근의 언어를 다루는 교과의 내용 체계를 한문과에 적용하여 본 수준에서 크게 벗어나고 있지 않음을 알 수 있다. 한문과 교육과정의 내용 체계는 한문과 교육의 모든 내용을 포괄해야 한다. 이를 위해서는 그에 걸맞는 용어 사용과 진술을 통하여 내용 체계가 구성되어야 할 것이다. 그러므로 대영역의 용어도 교육학, 언어학적으로 보다 타당성을 확보하여야 한다. 또한 중영역이나 소영역의 설정에 관한 문제, 항목별 진술의 방식에 관한 문제도 보다 한문과 교육이라는 구심점을 향한 논의가 필요하다고 할 수 있다.

지금까지 제시된 내용 체계는 교육학과 언어학 또는 한문교육학의 본질에 대한 연구를 바탕으로 하여 작성되었다기보다는 인근 교과의 내용 체계를 원용하여 자신의 의견을 추가한 것으로 아직 학계에서 본격적인 논의를 불러일으키기에는 미흡하였다. 그러므로 검토되어야 할 많은 내용이 아직 연구되지 않고 있다. 지금까지 제

---

19) 金王奎, "언어 교과의 '내용 체계(內容 體系)'의 몇 가지 쟁점,"『漢文敎育研究』第24號(서울 : 韓國漢文敎育學會, 2005).

시된 안들은 아직 한문과교육의 특성을 담아내기에는 충분하다고 할 수 없다.

다. 국어과 교육과정 내용 체계 연구

교과 교육의 상황에서 국어과교육과 한문과교육의 양상은 상당한 차이를 가지고 있다.

먼저 생각할 수 있는 것은 국어과의 내용 체계는 모국어로서 언어 사용(듣기, 말하기, 읽기, 쓰기)과 국어지식과 문학으로 구성되어 있다. 그러나 한문은 모국어도 아니고, 제이국어도 아니다. 그렇다고 외국어로 분류할 수도 없다. 굳이 그 성격을 국내의 상황에서 파악한다면 '제이언어'[20]의 성격을 가지고 있다고 할 수 있다. 그 형태도 더 이상 언어로 대화를 하거나 문장 짓기 등은 어려운 書面語로서의 고전어(classical language)로 남아 있으므로 한문은 실생활에서의 의사소통이라는 기능이 존재하지 않는다.

그러나 한문은 文語로서 문자언어이다. 이는 현재 구어의 기능을 제외하면 언어로서의 성질을 모두 가지고 있다고 할 수 있다. 또한 방대한 古典뿐만 아니라 현재 우리 말 어휘의 70% 이상이 漢字語라는 것은 현대에서도 그 효용이 적지 않다는 것을 말해 준다. 그러므로 한문과교육에서는 국어의 의사소통 기능을 제외한 나머지 영역에서 일정량 국어과와 교집합을 가지고 있다. 이것이 한문과 교육과정에서 국어과 교육과정을 참고하게 하는 중요한 이유이다.

또한 한문과 교육의 입장에서 볼 때, 영어를 비롯한 외국어과 교육은 국어과 교육보다 더 많은 차이를 보이기 때문에 주로 참고하

---

20) H. H. Stern 지음, 심영택 · 위호정 · 김봉순 옮김, 『언어교수의 기본개념』(서울 : 夏雨, 2002), 9~15쪽. 제이언어란 '모어(mother tongue)', '토박이어(native language)'를 일차언어(primary language) 혹은 'L1'이라 하며, '비토박이언어(non · native language)', '외국어(foreign language)'를 제이언어(second language)혹은 'L2'라 한다.

는 것은 국어과 교육의 연구이며, 그 이후에 외국어과 교육과정을 참고할 수 있을 것이다.[21]

현재 국어교육의 교과교육 연구는 한문과로서는 감당하기 어려울 만큼 앞으로 나아가 있는 것으로 보인다. '국어교육학'이라는 용어는 더 이상 낯설지 않으며, 내용론에 못지않은 구체적 학문의 한 분야로 정립되어 있다고 할 수 있다. 국어교육학의 발전은 인근 교과인 한문과 교육에도 깊은 시사를 주는 것이며, 한문과 교육의 연구도 이러한 방향으로 진전되어야 할 것이다.

1980년대 말에 서울대학교와 한국교원대학교에 일반대학원 과정으로 국어교육 분야의 석·박사 과정이 개설되었다. 그 이후의 가장 큰 변화는 국어교육 연구가 본격화되었다는 점이다.[22] 1990년 서울대학교에서 제1호 박사학위가 배출된 이래 매년 5편이 넘는 박사학위 논문이 발표되었다. 이것은 그만큼 국어교육 연구자가 많이 배출되었음을 의미한다.[23] 국어과 교육의 연구는 매우 다양한 양상을 보이고 있다. 여기에는 국어교육이라는 대전제 하에 교육학과 언어학 그리고 인지심리학을 비롯한 다양한 학문이 접목되어 국어과 교육을 규명하려는 시도들이 있었다.[24]

국어과에서 내용 체계를 본격적으로 다룬 것은 이도영이다.[25]

---

21) 한문을 제이언어라고 하는 것은 국내에서 문화적인 바탕을 가지고 있다는 것을 전제한다. 외국어는 그 언어 자체가 국어와 교집합이 없을 뿐만 아니라 그 나라의 문화적 맥락을 가지고 있지 않기 때문에 국어보다 훨씬 더 많은 차이를 가지게 되는 것이다.

22) 이삼형 외 7인, 『국어교육 연구의 반성과 전망』〔이해·표현〕(서울 : 역락, 2003), 18쪽.

23) 이삼형 외 7인, 앞의 책, 20~21쪽.
최현섭 외 6인 공저, 『국어교육학개론』 2판,(서울 : 삼지사, 2004).
이삼형 외 7인 공저, 『국어교육 연구의 반성과 전망』〔이해·표현〕, 〔내용·방법〕(서울 : 역락, 2003).

24) 윤치부, 『국어교육 논저목록』Ⅰ, Ⅱ(서울 : 박이정, 2004).
서울대학교 국어연구소, 『국어교육학사전』(서울 : 대교출판, 1999).

25) 이도영, "언어 사용 영역의 내용 체계에 대한 연구," 서울대학교 대학원 박사학위 논문, 1998.

이도영은 먼저 교수요목기부터 제6차 교육과정까지의 교육과정 내용을 반성적으로 고찰하였다. 그리고 내용 체계화를 위한 기본 전제로 언어사용에 대한 전반적인 내용을 검토하였다. 그는 언어 사용 영역의 위상을 정립하고 언어 사용 영역의 통합의 필요성을 주장하였으며, 이것을 전제로 언어 사용 영역의 내용 체계의 틀을 구상하였다. 이 논문에서 그는 내용 체계의 준거로서 언어의 기능, 텍스트 유형, 언어 사용 과정, 사고력을 들고 이를 바탕으로 내용 체계화의 기본 틀을 제시하였다. 이 논문에서는 기능만으로는 언어 사용 영역의 교육이 체계적으로 이루어질 수 없음을 지적하였다. 그리고 존스의 '선언적 지식', '절차적 지식', '조건적 지식'에 대한 면밀한 검토를 통해 그동안 상대적으로 소홀히 다루어지던 '지식'의 중요성을 강조하였다.[26] 한문과 교육과정 내용 체계는 이러한 이도영의 연구를 통해 지향해야 할 바를 일부 시사 받을 수 있다. 한문과 역시 '지식'의 중요성을 인식하는 바탕에서 '기능'을 고려하는 것이 바람직하다는 것이다.

손영애는 제1차에서 제7차 교육과정까지의 내용 영역의 체계가 어떠한 변화를 가지고 있었는지 통시적으로 살펴보고 제7차 교육과정에서도 교육과정의 내용 영역 체계가 완전히 해결된 것은 아니라고 하였다. 그럼에도 불구하고 제6차 교육과정부터 '내용 체계'가 도입되어 무엇을 가르쳐야 하는지 선명하게 보여주고 있어 발전적이라는 평가를 내리고 있다.[27] 한문과의 내용 체계는 제6차 교육과정부터 도입되었다. 이것은 제5차 교육과정의 내용을 간략화하여 표로 보여준 수준이지만 한문과의 내용을 한 눈에 볼 수 있게 하였다는 긍정적인 측면이 인정된다. 그리고 제7차 한문과 교육과

26) Jones, B. F et al, 『Strategic Teaching and Learning』, ASCD, 1987.

27) 손영애, "국어과 교육과정의 통시적 고찰," 『21세기 국어교육학의 현황과 과제』(서울 : 한국문화사, 2002), 46쪽.

정 역시 한문과의 모든 문제를 해결해 주는 것은 아니지만, 보다 구체적인 모습을 갖추어 가고 있는 것은 분명하다.

최영환은 국어과 교육과정의 문제 중 기본적인 것을 다음과 같이 제시하였다.

> 첫째, 국어과 교육 전체를 포괄하는 일관된 체계가 없다.
> 둘째, 국어과 교육을 구성하는 여러 영역 사이의 관계가 명확하지 못하다.
> 셋째, 교육과정 목표와 지도 내용 진술에 일정한 규칙이 없다.[28]

위의 문제들은 한문과 교육과정에서도 깊이 고려해야할 것이다. 우선 한문과 교육 전체를 포괄하는 일관된 체계가 없다. 그리고 한자·한자어·한문의 영역 사이의 관계가 명확하지 않다. 한문과 교육과정 목표와 내용의 진술에 일정한 규칙이 있다기보다는 동어 반복에 의한 내용의 단선적 나열이기 때문이다. 이러한 문제를 해결해야 한문과 교육과정도 보다 선명하게 한문과의 교육을 대변하게 될 것이다.

정혜승은 기존의 국어과 교육과정이 개정 때마다 많은 변화를 가져왔지만, 실제로 학교 현장에서 어떻게 실행되고 있으며 그에 따른 문제점은 무엇인가를 실증적으로 검토하였다.[29] 정혜승의 연구는 국어과 교육과정이 어떠한 관점에서 형성되었으며 연구의 방향은 어디로 하는 것이 좋은가를 배려하면서 이론적 검토를 하였고, 그에 따라 교육과정이 실행되는 요인을 교육과정요인, 교재요인, 교사요인, 학생요인으로 분류하고 그 내용을 검토하였다. 그리고 제6차와 제7차 교육과정이 어떻게 학교 현장에서 적용되고 있는지를 조사하였다. 확정된 교육과정이 학교 현장에 투입되어 교

---

28) 최영환, 『국어교육학의 지향』(서울 : 삼지원, 2004). 199~201쪽.
29) 정혜승, 『국어과 교육과정 실행 연구』(서울 : 박이정, 2002).

수·학습이 이루어졌을 때 '교육과정이 어떤 양상으로 실행되고 있는가?' 그리고 '그에 대한 문제점은 무엇인가?'에 대한 답을 구한 것이다. 이는 비단 한문과 교육에서 뿐만 아니라 모든 교과에 적용되어야 할 것으로 생각한다. 이 연구는 교육과정의 타당성 검토는 물론이고 새로운 내용 체계를 구성하는 데도 적지 않은 영향을 끼칠 수 있는 중요한 시도이다. 그러나 아직 한문과는 교육과정이 어떻게 학교 현장에 적용되는가에 대한 실행 연구가 발표된 바 없다. 이 연구는 '현재의 교육과정이 타당한가?'라는 측면의 질문보다는 현재 시행되고 있는 교과 교육과정이 어떻게 학교 현장에서 적용되고 있는가를 연구한 것이다. 이 연구는 교육과정의 현장 적용성을 통하여 교육과정을 재검토하고, 그것을 새로운 교육과정 구성에 적용할 수 있다는 데 충분한 공감대를 형성하고 있다.

국어과의 교육과정 내용 체계 연구는 국어 교육의 양상을 어떻게 하면 바르게 드러낼 것인가에 대한 고민을 엿볼 수 있다. 그러므로 의사소통에 관한 통합적인 교육의 필요성을 강조와 더불어 교육과정이 어떻게 학교 현장에 적용되는가에 대한 실행 연구도 본격적으로 가동되는 등의 발전을 보이고 있다.

지금까지 한문과 교육과정 내용 체계에 대한 논의는 제7차 교육과정까지의 문제점을 파악하고 그에 대한 검토를 통하여 몇몇의 학자들이 개인적인 내용 체계 시안을 제시하는 단계에까지 이르렀다. 문제로 지적된 것은 주로 한문과 교육과정 내용 체계의 영역 설정에 관한 것이었다. 우선 교육과정 내용 체계 대영역인 '한자', '한자어', '한문' 등의 용어가 교과의 내용을 나타내기에 적절치 않다. 또한 대영역인 '한자어'는 그 용어가 가지는 범주가 분명치 않다. 그리고 각 영역 간의 '연계성'과 '위계성'이 확립되어 있지 않다는 것이다. 한문과 교육과정에서 앞으로 보완해야 할 문제는 도달해야 할 목표를 중심으로 진술되어 학습의 과정이 드러나지 않는다는 것이다. 그러므로 한문과 교육과정 내용 체계는 학습과정에 대한 용어로 진술되어 한문과 교육의 過程을 총체적으로 드러내야 할 것이다.

한문과 교육과정 내용 체계는 한문과의 내용을 포괄할 뿐만 아니라 한문과 교육의 과정도 드러내는 용어와 진술을 통하여 구성되어야 한다. 그러기 위해서는 보다 精緻하게 이전의 교육과정과 교육과정 내용 체계를 비판적으로 검토하고 거기에 드러난 문제점들을 해결해 나가야 할 것이다.

3. 연구의 자료와 방법

이 연구에서는 이전에 출간된 모든 한문과 교육과정과 교육과정 해설서를 기본 자료로 삼는다.[30] 그리고 제6차 중·고등학교 교과서 각 8종과 제7차 교과서 중·고등학교 교과서 모두를 대상으로 한다.[31] 그리고 교육부에서 발간한 『초·중·고등학교 국어과·한

30) 교육부, 『중학교 교육과정』(서울 : 교육부, 1992).
교육부, 『중학교 교육 과정 해설』 -한문·컴퓨터·환경-(서울 : 교육부, 1992).
교육부, 『고등학교 교육과정(Ⅰ)』(서울 : 교육부, 1992).
교육부, 『제7차 중학교 교육과정』(서울 : 교육부, 1997).
교육부, 『한문, 교련, 교양 선택 과목 교육과정』(서울 : 교육부, 1997).
교육부, 『제7차 중학교 교육과정 해설』(서울 : 교육부, 1997).
교육부, 『고등학교 교육과정 해설』 - 한문-(서울 : 교육부, 1997).

31) 김용걸·안재철·김이곤, 『고등학교 한문Ⅰ』(서울 : 교학사, 1996).
김도련·이현식·김영봉, 『고등학교 한문Ⅰ』(서울 : 교학연구사, 1995).
최상익·이병혁·허남욱·김형룡, 『고등학교 한문Ⅰ』(서울 : 금성교과서, 1996).
정우상·정달영·배원룡, 『고등학교 한문Ⅰ』(서울 : 두산, 1995).
이명학·박희병·장호성, 『고등학교 한문Ⅰ』(서울 : 을류문화사, 1995).
김상홍·최창구·이강렬, 『고등학교 한문Ⅰ』(서울 : 중앙교육진흥연구소, 1995).
박갑수·김진영·송진섭, 『고등학교 한문Ⅰ』(서울 : 지학사, 1996).
이지형·송재소·이상진·최상근, 『고등학교 한문Ⅰ』(서울 : 한샘출판, 1995).

문과 교육과정 기준』과 『초 · 중 · 고등학교 국가 수준의 교육 과정 기준 -총론-』을 자료로 활용할 것이다.32)

이 연구는 문헌 자료에 근거한 실증주의적 연구의 방법을 사용할 것이다. 이 연구 방법에 의하여 논의하고자 하는 것은 다음과 같다.

제Ⅱ장에서는 각 시기별 교육과정과 교육과정 해설을 바탕으로 '한문과 교육과 교육과정의 변천'을 검토할 것이다. 교수 요목기부터 본격적인 '한문과 교육 시대'의 한문과 교육을 각 교육과정별 성격과 목표를 중심으로 세밀히 검토할 것이다. 그리고 영역과 내용에 대한 비판적 분석을 통하여 한문과 교육과정이 가지고 있는 양

윤미길 · 한성희 · 백원철, 『중학교 한문』 1, 2, 3(서울 : 교학사, 2000).
이상진 · 최상근 · 박장렬, 『중학교 한문』 1, 2, 3(서울 : 동화사, 2000).
오종일 · 김철수 · 원윤 · 염성엽, 『중학교 한문』 1, 2(서울 : 문원각, 2000).
민병수 · 심경호, 『중학교 한문』 1, 2, 3(서울 : 민중서림, 2000).
박성규 · 윤재민, 『중학교 한문』 1, 2, 3(서울 : 박영사, 2000).
유성준 · 송요권 · 유경순, 『중학교 한문』 1, 2, 3(서울 : 새한교과서, 2000).
김상홍 · 최창구 · 이강열, 『중학교 한문』 1, 2, 3(서울 : 중앙교육진흥연구소, 2000).
박갑수 · 김진영 · 송진섭, 『중학교 한문』 1, 2, 3(서울 : 지학사, 2000).
이응백 · 이창득 · 정성배 · 오건오, 『중학교 한문』 1, 2(서울 : 케이스, 2000).
최상익 · 허남욱 · 이천식 · 권혁진, 『중학교 한문』 1, 2, 3(서울 : 태성, 2000).
이화규 · 박성순 · 이성권, 『중학교 한문』 1(서울 : 한서출판사, 2000).
김경수 · 김성룡 · 김봉숙 · 김평호, 『고등학교 한문』(서울 : 교학사, 2001).
최상익 · 이병혁 · 허남욱 · 이영우, 『고등학교 한문』(서울 : 금성출판사, 2001).
신표섭 · 이병주 · 이윤찬 · 강경모 · 백광호 · 허시봉 · 류기영 · 이태희, 『고등학교 한문』(서울 : 대학서림, 2001).
안재철 · 원용석 · 김동규, 『고등학교 한문』(서울 : 대한교과서, 2001).
이명학 · 장호성 · 현상곤 · 임완혁, 『고등학교 한문』(서울 : 두산, 2001).
이수철 · 곽치영, 『고등학교 한문』(서울 : 정진출판사, 2001).
김상홍 · 최창구 · 이강렬 · 원창희, 『고등학교 한문』(서울 : 중앙교육연구소, 2001).
박갑수 · 이상진 · 최상근, 『고등학교 한문』(서울 : 지학사, 2001).
이희목 · 진재교 · 최돈욱 · 신영주, 『고등학교 한문』(서울 : 천재교육, 2001).
유성준 · 김동환 · 유형구, 『고등학교 한문』(서울 : 청색, 2001).

32) 교육부, 『국가 수준의 교육과정 기준』(서울 : 교육부, 1999).
교육부, 『국어과 · 한문과 교육과정 기준』(서울 : 교육부, 2000).

상을 규명할 것이다.

제Ⅲ장에서는 우선 '언어 학습과 읽기 교육'에 대하여 검토할 것이다. 이에는 한문과의 특성이 제이언어적 성격을 가지고 있다는 데서 출발한다. 그리고 문자언어의 특성은 어떻게 학습되고 인지되고 재인되는가에 대한 물음에 대답을 얻고자 한다. 그리고 한자의 발생으로부터 비롯된 표기방법의 전래와 그것이 만들어낸 한자 문화권에서 역사적으로 일어났던 수많은 문화적 교류와 공감에 대해서도 검토할 것이다. 그리고 한문과 교육이 담당해야 할 정의적인 영역으로서 사회 보편적인 가치 추구를 위한 한문과 교육의 역할을 살펴볼 것이다.

제Ⅳ장에서는 한문과 교육과정 구성에서 주요한 문제를 제공했던 쟁점에 대하여 살펴볼 것이다. 우선 현재 한문과 교육에서 매우 강한 영향을 끼치고 있는 한문 교육용 기초한자 1,800자의 역할에 대하여 검토할 것이다. 한문 교육용 기초한자 1,800자는 한문과의 교육과정 구성과 교과서 제작에 기준틀로 작용하고 있다. 그러므로 이러한 문제를 검토하는 것은 내용 체계를 구성함에 타당성을 제공할 것이다. 그리고 제5차 교육과정부터 현재의 제7차 한문과 교육과정까지 대영역으로 설정되어 지속적인 논란이 되고 있는 '한자어'의 개념을 한문과의 개념과 국어과의 개념을 비교하여 '한자어'가 가지는 범위를 규명하고 그에 대한 대안을 마련할 것이다. 그리고 현재의 한문과 교육 내용이 학교 급별의 위계가 서있지 못한 점을 해결하기 위하여 교과서를 중심으로 학교 급별 내용 수준의 타당성 문제를 검토할 것이다.

제Ⅴ장에서는 제Ⅳ장까지 논의한 내용을 바탕으로 한문과 교육과정 내용 체계에 대하여 영역 설정의 기준을 마련하고, 내용 체계의 구조화와 범주화의 원리를 규명할 것이다. 그리고 이에 따른 한문과 교육과정 내용 체계 시안을 구성해 봄으로써 향후의 한문과 교육과정 내용 체계에 대한 가능성을 짚어 볼 것이다. 영역의 설정은 현재 제7차 한문과 교육과정에서 제시하고 있는 한문과의 '성격'과 '목표'를 검토하고 그에 따른 내용을 추출하며 그들을 구조적으로 조직하는 과정을 가질 것이다. 이러한 과정을 거친 후 영역별 내용 요소를 제외한 내용 체계를 제시할 것이다.

Ⅵ장에서는 개정된 제7차 교육과정의 내용체계를 영역별로 검토하여 제7차 교육과정과의 차이를 밝히고 그 타당성을 논할 것이다.

한문과 교육과정은 한문과 교육의 모든 것을 포괄하는 총체적인 것이다. 그러므로 교육과정 전체를 대상으로 하는 것이 보다 구체적일 수 있다. 그러나 이 책에서는 교육과정의 변천과 내용 체계에 관한 것이므로 교수・학습 방법과 평가에 관해서는 검토하지 않았다. 그리고 삼국시대로부터 조선시대를 거쳐 광복에 이르는 과정의 한문 교육은 이 연구의 범위에서 제외하였다.

Ⅱ. 한문과 교육과정 변천

한문과 교육은 꾸준히 변화·발전하였다. 일제 강점기를 넘어 광복 이후 한글 전용이 실시되자 한문과 교육은 일시적으로 단절되었다. 그러나 일부가 국어과 안에 포함되어 명맥을 유지하다가 제3차 교육과정에서 비로소 독립된 교과가 되었다. 그 후 한문과 교육은 제7차 교육과정까지 꾸준히 위상의 변화를 거치며 유지해 왔다. 이러한 교육과정의 변화와 발전은 시대의 요구이기도 하며, 그 자체로 내적 문제 해결의 과정이었다. 어떠한 요인이 변화와 발전의 주체가 되었으며, 그 결과는 어떠한 것인가를 살피는 것은 과거에 대한 반추를 통하여 현재를 진단하고 미래를 가늠하는 일이다. 그러므로 이 장에서는 우선 한문과 교육과정에 대하여 변천의 과정을 자세히 살펴볼 것이다. 그리고 교육과정을 범주별로 입체화하여 비판적으로 검토함으로써 극복해야 할 문제점을 도출해 낼 것이다.

1. 한문과 교육과정의 전개

한문과 교육은 광복 이후 교수 요목기로부터 제2차 교육과정까지는 국어에 포함되어 정규 교과로 독립되지 못하다가 제3차 교육과정부터 중·고등학교에서 독립된 교과가 되었다. 그 후 제5차 교육과정까지는 교육의 내용을 정선해가며 꾸준히 발전을 거듭하였다. 제6차 교육과정부터는 중학교 '한문'이 선택과목이 되어 교과의 위상이 상당히 약화되었다. 제7차 교육과정에서는 '국민 공통 기본 교육 과정'에 속하지 못하고 '선택 교육과정'에 포함되면서 제6차 교육과정보다도 위상이 현저히 약화되었다.

이러한 교과 위상의 약화에도 불구하고 한문과 교육과정은 꾸준히 발전하였다. 제6차 교육과정에서는 영역과 영역별 내용을 갖춘 내용체계가 제시되었다. 그리고 제7차 교육과정에서는 대영역과 중영역 그리고 영역별 내용으로 보다 조직화된 내용 체계가 제시되었다. 이러한 한문과 교육과정의 변천을 검토하는 것은 한문과 교육의 모습을 재조명하는 것이며, 향후의 교육과정에 대한 사전 점검의 의미를 가지기도 한다.

가. 한문과 교육과정 변천의 개관

한문과의 교육과정은 전술한 바와 같이 시대의 흐름 속에서 부침을 거듭하며 현재에 이르렀다. 이러한 부침은 그 시대 교육관과 무관하지 않으며, 한문과 교육의 필요성에 대한 자각의 발로이기도 하였다. 그러므로 각 교육과정기별로 한문과 교육의 변화를 추적하는 것은 한문과 교육의 위상과 당면한 현실에 대한 극복의 의지를 확인하는 일이기도 하다.

1) 교수요목기

1945년 해방을 맞이한 후 미군정청에서는 교수요목을 발표하였다. 불우한 민족의 역사와 관련하여 우리 것 되찾기가 벌어지고 있는 상황에서 '한글전용'이 어문정책의 근간으로 설정됨에 따라 한문은 정규 교육과정에 편입되지 못하였다. 그러다가 1951년 2월 문교부에서 '戰時學習指導要項'이란 지도서를 발간하여 학교에 배부하였는데, 여기에 처음으로 '漢字指導要項'을 발표하여 학교에서 한자를 지도하도록 지시하였다. 내용은 일상생활에 긴요하다고 인정되는 총 1,000자를 초등학교[33] 4학년 300자, 5학년 300자, 6학년 400자로 배당하여 지도하도록 하였다. 이 1,000자는 중학교에서도 지도하게 하였으며, 이것이 이후 한자 교육 내용의 모태가 되었다.[34] 그러나 정규의 교과로 설정되지 않았기 때문에 한문교육은 국어과의 일부로, 혹은 독립된 교과로, 혹은 전혀 배우지 않는 등 학교장의 재량에 의하여 좌우되었다.

이상의 내용으로 보아 이 당시의 한문 교육은 정규적이지 않았으며 그 내용도 거의 한자·한자어 교육이었다는 것을 알 수 있다. 또한 이 시기에 바르게 자리 매김을 하지 못한 것은 이후 한문과 교육이 파행으로 흐르는 단서를 제공하였다고 할 수 있다.

2) 제1차 교육과정기

제1차 교육과정에서는 각급 학교에 한문이 교과로 설정되지 않았으므로 독립 교과가 아니었다. 그러나 완전히 없어진 것은 아니었다. 중학교에서는 중학교 국어과 교육과정에 '중학교의 한자 및 한자어 학습' 사항이 첨부되었으며, 고등학교에서 역시 국어과 교육과정에 '한자 및 한문 지도의 의의' 사항이 첨부되었다. 그러므로 한문과는 독립교과로 편성되지는 않았지만 국어 내용의 일부로 교수·학습되었다고 할 수 있다.

3) 제2차 교육과정기

제2차 교육과정에서는 제1차 교육과정과 마찬가지로 초등학교에서는 한문이 교과로 설정되지 않았다. 그러나 제2차 교육과정이 시행되는 과정에서 한문교육과 관련하여 놓칠 수 없는 중요한 사항은 국어 교과서의 한자 노출을 삭제한 것이다. 이에 대하여 함종규

---

33) 1996년부터 '국민학교'가 '초등학교'로 명칭이 바뀌었으므로 이후 모든 용어를 '초등학교'로 씀.

34) 안재철, "한문 교육 변천사," 『국어교육론3』(서울 : 한국문화사,2005), 301쪽.

는 다음과 같이 정리하고 있다.

> 한글 전용은 광복과 더불어 추진해 온 국책이며, 방법에 있어서는 주장이 구구하나 그 목표에 대하여는 큰 이의가 없는 데도, 여러 사정으로 말미암아 강력히 추진되지 않았을 뿐만 아니라 1963년 각급학교 교육과정 개편에 있어서는 종래의 국어교육에 있어서 한자를 괄호 안에 넣어서 가르쳐 왔던 것을 노출시켜 국어강독 시간까지 한자교육을 하기에 이르렀다.
>
> 이는 한자에 익숙하여 한문교육을 추진하는 한 방안일지는 모르나 한글을 전용한다는 궁극목표에 비추어 볼 때 바람직한 일이 아니므로, 한문교육은 고등학교와 대학에서 종래보다 더 강력히 추진하되 국어시간만은 한글전용으로 정착시키기 위해 각급학교 국어과 교육과정을 다음 방안으로 개정하였다.
>
> 국어과 4학년 목표에 "일상생활에 쓰는 한글과 한자, 숫자, 로마자의 구별을 알도록 한다."로 되어 있는 것을 삭제하여 한자교육을 하지 않도록 하였다.
>
> ㄱ. 중학교 국어과에 있어서도 "한자 및 한문의 지도내용"을 삭제하였다.
>
> ㄴ. 실업계 고등학교 국어과에 있어서도 "한자 및 한문"에 관한 부분을 삭제하였다.
>
> ㄷ. 인문계 고등학교에 있어서는 국어 I 에서 한자교육 부분을 삭제하는 한편 국어 II 에 있어서는 종래의 4단위의 한문을 6단위로 하고 지도 내용도 강화하여 한문교육의 중심을 기하였다.[35)]

인용문이 다소 장황하지만 이렇게 된 내용을 좀 더 자세히 살펴보면 1967년 11월 17일 대통령은 국무총리에게 '한글 전용'에 관한 다음과 같은 지시를 내려 한글전용을 고착화하였다.

---

35) 함종규, 『한국교육과정변천사연구』(서울 : 교육과학사, 2003), 352~353쪽.

1. 세종대왕에 의한 한글이 반포된 지 520년, 한글이 세계에서 가장 과학적이고 잘 만들어진 문자라 자랑하면서도 아직은 우리글들이 한문 혼용으로 사용되고 있음은 심히 부끄러운 일이라 아니할 수 없습니다.
2. 또, 국민 교육이 한글 전용으로 실시되어 온 지 20년, 이제는 기성세대 위주가 아니라 새 세대를 위해서 한글 전용을 강력히 밀고 나가야 할 것입니다.
3. 정부는 단계적으로 계획을 세워 한글 전용 운동을 전개하여 목표 연도에 가서는 완전 한글 전용이 이루어지도록 기해야 할 것입니다.

   예시 : 제 1단계 정부 공문, 정부 간행물 등
   제 2단계 대중 상대의 일반 신문, 잡지 등 간행물
   제 3단계 특수 연구지를 제외한 전 간행물 등등. 끝.[36]

이에 따라 정부는 1968년 12월 24일자의 한글 전용에 관한 국무총리 훈령(제68호)을 발표하여 정부의 모든 기관에서의 문자 사용과 민원서류를 모두 한글로 쓰게 하되 1970년 1월 1일부터 시행하게 하였다. 이어 1969년 9월 4일자의 문교부령 중 개정령(문교부령 제251호)을 공포하여 초등학교 4학년 읽기 중의 "1. 일상생활에서 쓰는 한글과 한자, 숫자, 로마자의 구별을 알도록 한다."를 삭제하였다. 따라서 1970년부터는 모든 공문서에 한글 전용이 실시되었다. 그러나 한자 폐지에 대한 부작용의 우려가 제기되자 1972년 2월 28일 개정, 공포된 교육법 시행령에 의거하여 중학교 이상 전문학교 이하의 한문 교육 실시 계획안을 대통령에게 보고하고, 한문 교육용 기초 한자 1,800자를 선정하였다. 그리고 1972년 6월 5일자의 문교령 제300호를 발표하여 중학교 교육과정에 '한문' 교과를

36) 정준섭, 『국어과 교육과정의 변천』(서울 : 대한교과서주식회사, 1996), 107쪽에서 재인용.

신설하고, 주당 1~2시간의 '한문' 교과 수업을 2학기부터 실시토록 하였다. 그리고 이를 이어서 1972년 7월 23일자로 대통령은 문교부장관에게 친전을 보내 한문 교육의 취지를 재인식할 것을 촉구하였으며, 한문과의 내용은 실생활에 필요한 한자, 한자어 교육이 강조되었다.37) 이에 한문과는 부침을 거듭하다가 국민 정서에 힘입어 가까스로 부활하여 교과로 독립되게 되었다. 그러나 이러한 혼란의 여파는 현재까지도 남아 한문을 배우지 않은 세대들의 불편을 초래하였다.

4) 제3차 교육과정기

1972년 독립 교과로 홀로서기에 성공한 '한문'은 제3차 교육과정에서도 초등학교에서는 한글 전용의 원칙에 따라 한문과 교육이 실시되지 않았으나 중학교부터는 독립된 교과로서 한문교육이 실시되었다. 그러므로 제3차 교육과정은 한문과가 정상적인 교과로 정착하는 데 중요한 기점이 되는 시기라고 할 수 있다.

제3차 교육과정의 개정에서 '한문' 교과에 관련된 사항은 중학교의 경우 교육과정 개정 해설에서 "한문과 지도내용과 학생능력과의 약간의 불일치가 있고 지도내용 정도의 조정과 정신 도야면의 강조를 개정방향으로 삼고 있다."고 밝히고 있다. 그리고 제3차 교육과정에서는 한자나 한자어에 대한 교육이 강조되지 않았다.

그 이유는 1972년부터 중·고등학교의 교과서에 '한문 교육용 기초 한자'의 범위 내에서 한자를 괄호 안에 병기하도록 확정하였다는 것을 들 수 있다. 1974년부터 중·고등학교 국어과 교과서의 본문에 종전처럼 한자를 괄호 안에 병기하였다. 그러므로 한자·한자어 교육이 국어과에서도 이루어지고 있었던 것이다.

---

37) 앞의 책, 108쪽. 친전의 내용은 한글 전용을 원칙으로 하고, 실생활에 필요한 최소한의 한자를 가르친다는 것이다.

5) 제4차 교육과정기

제4차 교육과정에서도 제3차 교육과정과 마찬가지로 초등학교에서는 한문과 교육이 이루어지지 않았으며 중학교부터 정규 교과로 설정되었다. 이미 제3차 교육과정에서 한문과는 독립 교과로서 학교에서 교육하였으므로 제4차 교육과정기는 독립교과로서의 위상을 더욱 확고히 다진 시기라고 할 수 있다.

이 시기는 대학에 한문교육과가 설치되어 전공 교사를 배출한 시기이다. 한문교육을 전공한 교사들이 각급 학교에 배치됨에 따라 상치 교사에 의해 운영되는 한문과 교육이 전공의 영역으로 들어오게 되었다. 1973년에 성균관대학교에 한문교육과가 설치되기 시작하여 1974년에는 단국대, 성신여대, 영남대 등의 사립대학교에서 한문교육과가 설치되어 1977년 한문 교사를 배출하여 중등학교 현장에 배치되었다. 그리고 1978년에는 강원대, 1980년에는 공주대에 '한문교육과'가 설치되어 1982년부터 졸업생을 배출함에 따라 공립 중·고등학교에 한문 전공 교사가 배치되었다. 그리하여 공·사립 중·고등학교에서 모두 전공교사에 의한 교과 지도가 실시되었다는 것이 큰 특징이 될 것이다.

6) 제5차 교육과정기

이 시기는 제4차 교육과정이 좀 더 구체적인 양상으로 발전한 시기라고 할 수 있다. 정규 교과로서의 '한문'은 이제 안정기에 접어들었다. 제4차 교육과정과 마찬가지로 초등학교에서는 한자·한문 교육이 이루어지지 않았으며 중학교부터 한자·한문교육을 시작하게 되었다. 고등학교에서는 제4차 교육과정에서 한문Ⅰ·한문Ⅱ로 나뉘어 있던 것이 '한문' 한 과목으로 통일되었다. 이 시기에 특기할 만한 것은 1988년 1월 문교부가 문교부 고시로 개정 착수 17년

만에 '표준어 규정' 및 '한글 맞춤법'을 확정하여 발표한 것이다.[38)]

7) 제6차 교육과정기

제5차까지의 교육과정은 국가가 학교 교육의 모든 교육 내용을 포함하는 '교육과정'을 제시하여 전국이 같은 내용을 교육하는 교육과정이었다. 그러나 제6차 교육과정에서는 국가수준의 교육과정만을 국가에서 제시하고, 각 시・도교육청이 지역의 실정에 알맞은 교육과정을 국가수준교육과정의 틀 안에서 제시하였다. 그리고 시・군교육청은 시・도교육청의 내용을 바탕으로 다시 지역적 특성을 고려하여 초・중학교에 제시하였다. 이에 따라 각급 학교에서는 다시 학교의 환경과 입지를 고려한 교육과정을 마련하여 교육하게 되었다.

이 과정에서 초등학교는 제5차 교육과정에 없었던 '학교 재량 시간'을 신설하여 각 학교에서 '한문・컴퓨터・환경' 등의 교과 중에서 선택하게 하였다. 이에 따라 한문이 학교 재량 시간의 수업 시간에 교육할 수 있는 기회를 얻게 되었으며, 상당수의 학교에서 한문을 선택하였다. 이를 위하여 서울시 교육청에서는 '초등학교 한문과 교육과정'을 개발하여 시행하였다. 그러나 중학교에서는 '한문'이 '컴퓨터, 환경, 기타 필요한 교과'와 더불어 선택과목이 되어 위상이 대단히 낮아지게 되었다. 이에 대하여 한문학과 한문 관련 학자와 단체들은 전국의 대학교수를 대상으로 서명운동을 벌이는

---

38) 정준섭, 『국어과 교육과정의 변천』(서울 : 대한교과서주식회사, 1996), 163~179쪽 참조. '표준어' 규정과 '한글 맞춤법'이 확정됨에 따라 '한글 맞춤법' 및 '표준어 규정' 개정에 다른 학생 지도 방침이 각 급 학교에 시달되었다. 이에 따라서 국어사용에서 한자의 역할에 대한 논란이 가속되었다. 특히 한국 어문 연구회를 중심으로 초등학교에서 한자를 혼용해야 한다는 주장이 강하게 일어났다. 이는 한글 전용측과 심각한 논쟁을 불러 일으켰으나 정부의 입장은 '한글 전용을 바탕으로 한문 교육'을 병행한다는 것을 확고히 하였다. 그러나 논쟁은 아직 종결되지 않았으며 현재도 진행형이라고 할 수 있다. 이 논쟁에 관하여는 같은 책 184~196쪽에 자세하게 설명되어 있다.

등 부당함을 주장하였으나 관철되지 못하고 한글 전용 이후로 가장 위상이 약화된 교육과정이 되었다. 고등학교에서는 제4차 교육과정에서의 명칭이었던 '한문Ⅰ'과 '한문Ⅱ'로 다시 나뉘어 과정별 필수과목이 되었다.

중학교의 선택과목은 하나의 교과를 3년 모두 가르치지 않아도 되었기 때문에 '한문'도 1년 혹은 2년 만을 선택할 수도 있고, 가르치지 않아도 상관이 없는 상황이 되고 말았다. 그러나 교과서는 각 학년 3개년을 지도할 수 있도록 3학년까지 3권을 만들고, 교사에게 재구성하게 하였다.

그러나 이러한 선택 교과가 된 문제 중 가장 심각한 것은 '한문 교육용 기초 한자 중학교용 900자'의 교육이 불가능하게 되었다는 것이다. 즉, 1주일에 1시간의 수업으로 1~2년에 900자를 가르치는 것은 수업 부담이 지나치게 커진 것이다. 다만, 이전의 초등학교 정규 수업에서 전혀 이루어지지 않던 한자교육이 '학교 재량 시간'에 편입된 것은 긍정적으로 평가할 만한 일이었다.

8) 제7차 교육과정기

제7차 교육과정은 제6차 교육과정의 그것과는 현저한 변화를 보이고 있다. 이는 변화라고 하기보다는 혁신에 가까운 것이었다. 제7차 교육과정의 특징을 함종규는 다음과 같이 요약하였다.

> 제7차 교육과정은 자율과 창의에 바탕을 둔 학생 중심 교육과정으로 ① 국민공통기본교육과정의 편성 ② 고교 2·3학년의 학생 선택중심 교육과정의 도입 ③ 재량 시간의 신설 및 확대 ④ 수준별 교육과정의 도입 ⑤ 교육과정 질 관리의 체계화 등이다.[39)]

한문과는 국민공통기본교과 10개 교과에 포함되지 못했다. 그러

39) 함종규, 『한국교육과정변천사연구』(서울 : 교육과학사, 2003), 733쪽 참조.

므로 교과의 위상은 제6차보다도 더 낮아져 중학교에서는 재량활동 선택 교과가 되었으며, 고등학교에서는 위 글 ②의 고교 2·3학년의 학생 선택중심 교육과정에 편성되어 선택과목으로 되었다. 그러나 이러한 위상의 약화에도 불구하고 교육과정 내용은 제6차 교육과정의 토대 위에 다소의 변화를 주는 수준에서 구성되었다. 교과명 역시 변경되어 고등학교의 '한문Ⅰ'이 사실상 '한문'으로 '한문Ⅱ'가 '한문 고전'이라는 명칭으로 바뀌었다. 이로써 한문과는 제6차 교육과정보다도 더 심각한 상황을 맞이하였다.

제7차 교육과정에 와서는 중학교에서 전혀 선택하지 않는 학교가 상당수 생겨났으며, 고등학교에서도 자연 과정이나 실업계에서는 전혀 배우지 않을 가능성이 만들어진 것이다. 한문이 '기본 교양'이라고 여겨지던 통념은 퇴색되었다.

초등학교에서는 제6차의 '학교 재량 시간'에 '한자'를 포함했던 것과는 달리 '재량 활동'을 시행하여 교과의 심화·보충보다는 학생의 자기 주도적 학습 능력을 촉진시키기 위한 창의적 재량활동에 중점을 두었다. 그러나 '한자'는 주지교과라는 이유로 가능한 지도하지 않도록 권장하였다. 그러나 상당수의 학교에서 '재량활동' 시간에 '한자'를 개설하여 가르치고 있으므로 완전히 배제된 것은 아니었다.

나. 한문과 교육과정의 체제

교육과정의 체제는 교육과정의 뼈대가 되는 기본 틀이라고 할 수 있다. 교육과정 체제는 교육과정이 가지는 교육철학을 내포하며, 교육의 과정(過程)을 보여주기도 한다. 그러므로 이들을 비교하여 검토하는 것은 교육과정이 발전하는 모습을 통시적으로 볼 수 있는 장점이 있다. 중학교와 고등학교를 나누어 비교·대조함으로써 그 차이와 발전 양상을 규명하고자 한다.

1) 중학교 한문과 교육과정의 체제

〈표Ⅱ-1〉 제1차~제7차 교육과정 중학교 한문과의 체제

제1차	제2차	제3차	제4차
1. 한자 및 한문 학습의 의의 2. 한자 및 한문의 지도 요령 3. 중학교 한자 및 한문 학습 내용	1. 의의와 목표 2. 학년 목표 3. 지도 내용 (1,2,3학년) 4. 지도상의 유의점	가. 목표 (1) 일반 목표 (2) 학년 목표 나. 내용 [각 학년별 지도 사항 및 형식] [제제 및 선정의 기준] 다. 지도상의 유의점	가. 교과 목표 나. 학년 목표 및 내용 〈1학년〉 (1)목표 (2)내용 〈2학년〉 (1)목표 (2)내용 〈3학년〉 (1)목표 (2)내용 다. 지도 및 평가상의 유의점 (1) 지도 (2) 평가

제5차	제6차	제7차
가. 교과 목표 나. 학년 목표 및 내용 〈제1학년〉 (1)목표 (2)내용 (가)한자 (나)한자어 (다)한문 〈제2학년〉 (1)목표 (2)내용 (가)한자 (나)한자어 (다)한문 〈제3학년〉 (1)목표 (2)내용 (가)한자 (나)한자어 (다)한문 다. 지도 및 평가상의 유의점 (1) 지도 (2) 평가	1. 성격 2. 목표 3. 내용 가. 내용 체계 나. 학년별 내용 〈제1학년〉 -한자-, -한자어-, -한문- 〈제2학년〉 -한자-, -한자어-, -한문- 〈제3학년〉 -한자-, -한자어-, -한문- 4. 방법 5. 평가	1. 성격 2. 목표 3. 내용 가. 내용 체계 나. 영역별 내용 〈1학년〉 -한자-, -한자어-, -한문- 〈2학년〉 -한자-, -한자어-, -한문- 〈3학년〉 -한자-, -한자어-, -한문- 4. 방법 가. 교수·학습 계획 나. 교수·학습 방법 다. 교수·학습 자료 5. 평가 가. 평가 계획 나. 평가 방법 다. 평가 결과의 활용

전 항에서 설명한 대로 제1차 교육과정과 제2차 교육과정에서 한문과는 독립된 교과로 있지 못했다. 제2차에 들어서 처음으로 목표가 설정되었다. 그리고 '지도 요령'이 '지도상의 유의점'으로 전환되었다. 제2차와 제3차의 체제상의 차이는 별로 없다. 다만 '의의와 목표', '학년 목표'였던 것이 '일반 목표'와 '학년 목표'로 체계화된 것이 차이를 보인다. 제4차 교육과정은 '교과목표'를 제시하고 '학년 목표와 내용'으로 '교과 목표'를 각 '학년 목표'로 상세화하고 '학년 목표'에 해당하는 '내용'을 제시하여 보다 발전된 모습을 보인다. 그리고 이전에는 없던 '평가'를 '지도 및 평가상의 유의점'에 포함하였다. 그리하여 교육과정이 '목표', '내용', '방법', '평가'로 비교적 총체적인 모습의 체제를 갖추어가기 시작하였다.

제5차 교육과정의 체제는 제4차 교육과정 체제를 계승하였다. 제5차 교육과정 체제에서 가장 중요한 것은 학년별 내용을 '한자', '한자어', '한문'으로 3분하여 나누었다는 것이다. 이는 제6차 교육과정에서 영역명으로 지위가 상승하여 한문과 영역을 담당하는 계기를 마련하였다. 그리하여 이른 바 한문과 교육과정의 영역과 영역명에 관한 학계의 논란을 불러일으키는 계기 역시 마련하였다.

제6차 교육과정의 체제에서 주목할 만한 것은 교과의 '성격'이 제시된 것이다. '성격'은 학교 현장에서 그 교과가 왜 개설되어야 하며 그 역할은 무엇인가에 대한 의미를 부여한 것이다. 그러므로 교과 내적인 문제와 교과 외적인 문제가 모두 교과의 효용과 더불어 거론되어 있다. 그리고 '지도 및 평가상의 유의점'으로 제시되었던 '지도'와 '평가'가 '방법'과 '평가'로 구체적인 교육의 양상을 지칭하는 용어로 바뀌면서 독립된 항목이 되었다. 이로서 한문과 교육과정 체제는 '성격', '목표', '내용', '방법', '평가'의 5단계로 발전하였다. 특히 제6차 교육과정에서의 중요한 변화는 이전에 없던 '내용 체계'가 제시되었다는 것이다. 내용 체계는 그 교과의 내용이 범주화·구조화된 것이며 제6차 교육과정에서는 처음으로 표로 제시한 것이다. 내용 체계를 확인으로 그 교과의 내용과 내용끼리의 계열성과 위계성 혹은 연계성을 파악할 수 있으므로 한문과에서 교육해야 할 내용을 한 눈에 구조적으로 파악할 수 있게 된 것이다. 다만 대영역은 '한자·한자어·한문'으로 설정하여 제5차 교육과정을 계승하였다.

제7차 교육과정 체제는 '학년별 내용'을 '영역별 내용'으로 제시하였다. 그리고 '방법'과 '평가'를 세분하여 '방법'과 '평가'에 절차를 강조한 것이 큰 특징이라고 할 수 있다. 제7차 교육과정 역시 대영역을 '한자·한자어·한문'으로 설정하여 제6차 교육과정을 계승하였다.

2) 고등학교 한문과 교육과정의 체제

〈표Ⅱ-2〉 제1차~제7차 교육과정 고등학교 한문과의 체제

제1차	제2차	제3차	제4차
1. 한자 및 한문 지도의 의의 2. 고등학교 한문 과정 • 1학년(교재 내용, 지도 요령) • 2학년(교재 내용, 지도 요령) • 3학년(교재 내용, 지도 요령) 3. 한자 및 한문의 지도 요령 4. 참고 자료	(1) 의의와 목표 (2) 지도 내용 (3) 지도상의 유의점 〈참고 자료〉	Ⅰ. 일반 목표 Ⅱ. 한문 Ⅰ 1. 목표 2. 내용 가. 지도 사항 나. 제재 선정의 기준 3. 지도상의 유의점 가. 지도 나. 평가 Ⅲ. 한문Ⅱ '한문Ⅰ'과 같음 〈부칙〉	교과 목표 한문Ⅰ 가. 목표 나. 내용 다. 지도 및 평가상의 유의점 1)지도 2)평가 한문Ⅱ '한문Ⅰ'과 같음 〈부칙〉

제5차	제6차	제7차
가. 교과 목표 나. 내용 1) 한자 2) 한자어 3) 한문 다. 지도 및 평가 상의 유의점 1) 지도 2) 평가	1. 성격 2. 목표 한문 I 1. 성격 2. 목표 3. 내용 가. 내용 체계 나. 내용 -한자-, -한자어-, -한문- 4. 방법 5. 평가 한문 II '한문 I'과 같음	1. 성격 2. 목표 3. 내용 가. 내용 체계 나. 영역별 내용 -한자-, -한자어-, -한문- 4. 방법 가. 교수 · 학습 계획 나. 교수 · 학습 방법 다. 교수 · 학습 자료 5. 평가 가. 평가 계획 나. 평가 방법 다. 평가 결과의 활용 한문고전 '한문'과 같음

고등학교는 '학년 목표'와 '학년별 내용'이 없으므로 비교적 체제가 단순하다. 그러나 그 내용은 중학교의 것과 크게 다를 바가 없다. 다만 교과가 학년별로 이루어져 있지 않고 '한문 I'과 '한문II'로 나누어지는 것은 중학교 교육과정 체제와 다른 점이라고 할 수 있다.

이상으로 한문과 교육과정의 변천 과정을 살펴보았다. 한문과 교육은 교수 요목기에서 독립 교과로 위상을 갖지 못하다가 제3차 교육과정에서 비로소 독립 교과가 되었다. 그 후 한문과 교육은 교육과정과 더불어 보다 정교화하고 세밀하게 발전하고 있다. 그러나 교과의 위상은 점차로 약해지고 있어서 이에 대한 대책이 강구되어야 할 시점이다.

2. 성격과 목표의 비판적 검토

한문과 교육의 본질을 밝히기 위해서는 한문과의 성격, 목표, 내용 체계에 대하여 검토하지 않을 수 없다. 한문과 교육은 교육의 성격과 목표를 바탕으로 내용 체계를 설정하고 그에 따른 내용을 선정하여, 교재를 구성하고 학교 현장에 투입하여야 한다.

한문과의 성격은 현재의 사회에서 학교 교육에 요구하는 것들 중, 한문과 교육이 담당해야 할 몫을 말한다. 따라서 한문과의 성격은 한문과 교과 존립의 당위성과도 밀접히 관련되어 있으며 또한 한문과가 가지는 본질과 그에 대한 외적 발현의 과정도 내재되어 있다고 할 수 있다.

한문과의 교과 목표는 한문과의 성격을 바탕으로 달성해야 할 현실적인 교과 학습의 도달점을 제시한다고 할 수 있다. 이러한 목표를 도달하기 위하여 내용 체계가 구성되며, 구성된 내용 체계를 바탕으로 내용을 선정하는 과정을 거치게 된다. 그러므로 교과 목표를 비판적으로 검토하는 것은 역으로 내용 체계가 그것을 도달할 수 있도록 구성되어 있는가에 대한 준거를 마련하는 일이다. 그러므로 한문과의 성격, 목표를 검토하는 것은 한문과 교육과정의 내용 체계에 대한 연역적 방법이 되며, 내용을 검토하는 것은 귀납적인 방법이 되는 것이다.

가. 성격

한문과는 교수요목기로부터 제5차 교육과정까지 교과의 성격이 제시되지 않았다. 제6차 교육과정이 되어서 비로소 성격이 제시되었다. 그리고 제7차 교육과정에서의 '성격'은 제6차 교육과정의 '성격'을 바탕으로 더 내용을 상세화한 것이다. 그러므로 제6차의 '성격'과 제7차의 '성격'을 비교·대조할 필요가 있다.

다음의 표는 제6차 교육과정의 '성격'과 제7차 교육과정 '성격' 중, 중·고등학교의 공통된 부분을 제시한 것이다.40)

〈표II-3〉 제6차 교육과정 한문과의 성격

6-① 한문과는 한자와 한자어를 익혀 언어생활에 활용하게 하고, 한문을 독해할 수 있는 능력을 기르게 하며, 한문 문장의 독해를 통하여 전통 문화를 이해하고 계승, 발전시키려는 태도와 올바른 가치관을 가지게 하는 교과이다. 6-② 한문과는 국어 어휘의 많은 부분을 차지하고 있는 한자어의 학습을 통하여 언어생활에 도움을 줄 뿐만 아니라, 한국인으로서 갖추어야 할 일반교양을 기르게 하는 교과이다. 또한, 한문과는 한자어로 된 학습 용어를 이해하는 데 필요할 능력을 길러, 일반 교과를 학습하는 데도 많은 도움을 주는 도구 교과적 성격을 지닌 교과이기도 하다. 6-③ 한문과는 한자로 기록된 각종 전적을 깊이 있게 이해하는 데 필요한 기본적인 소양을 기르기 위한 교과이다. 그리고 한문 학습을 통하여 과거와 현재는 물론이고, 미래에도 동양 문화권과의 유대 강화와 조화로운 발전에 기여할 수 있는 특수성을 지닌 교과이다. 6-④ 한문과는 고사 성어, 격언, 속담 및 각종 한문 기록의 학습을 통하여 선인들의 삶의 모습과 지혜, 사상과 감정을 이해하고, 올바른 가치관을 가지도록 하는 데도 유의해야 하는 교과이다.

〈표II-4〉 제7차 교육과정 한문과의 성격

7-① 한문과는 한자, 한자어, 한문을 익혀 언어생활에 활용하며, 한문 문장을 독해할 수 있는 기본적인 능력을 기르고, 선인들의 삶과 지혜를 이해하며, 건전한 가치관과 바람직한 인성을 함양하고, 전통 문화를 계승, 발전시키는 데 기여하는 교과이다. 또한, 한자 문화권 내에서의 상호 이해와 교류를 증진시키는 데 토대가 되는 교과이다. 7-② 한문과는 국어 어휘의 많은 부분을 차지하고 있는 한자어의 학습을 통하여 언어생활을 원활하게 하고, 다른 교과를 학습하는 데 도움을 주는 도구 교과이며, 한문의 학습을 통하여 한자로 기록된 각종 한문을 이해하는 데 필요한 기본적인 능력을 기르기 위한 교과이다 7-③ 한문과는 각종 한문 기록과 고사 성어, 격언·속담, 명언·명구 등의 학

40) 6차 교육과정은 6-①~6-④로 7차 교육과정은 7-①~7-④로 나누어 내용을 중심으로 분류하였다.

> 습을 통하여 선인들의 삶과 지혜, 사상과 감정을 이해하고, 건전한 가치관과 바람직한 인성을 함양하며, 우리 생활 전반에 면면히 이어 온 전통 문화를 바르게 계승하고, 창조적으로 발전시키는 데 기여하는 교과이다.
> 7-④ 한문과는 과거와 현재는 물론이고, 미래에도 한자 문화권 내에서의 상호 이해 증진 및 조화로운 발전에 기여할 수 있는 교과이다.

第6차 교육과정의 '성격'과 제7차 교육과정의 '성격'의 핵심은 밑줄 친 6-①과 7-①에서 드러난다.

6-①에서는 '한자와 한자어를 익혀 언어생활에 활용하게 하고'와 '한문을 독해할 수 있는 능력을 기르게 하며'의 2개 영역에 대하여 강조하였다. 이것은 '한자 · 한자어'와 '한문'을 분리하여 '한자 · 한자어'는 '언어생활'에 활용하며, '한문'은 '독해하는 능력을 기르는 것'이라는 2분법적 사고를 드러내고 있다.

그러던 것이 7-①에서는 '한자, 한자어, 한문을 익혀 언어생활에 활용하며'와 '한문 문장을 독해할 수 있는 기본적인 능력을 기르고'로 하였다. 역시 2분법적 사고이기는 하지만 '한자, 한자어, 한문'을 모두 언어생활에 활용한다는 것이 다르다. 즉 '한문'도 언어생활에 활용할 수 있다는 것이다. 그리고 중등학교에서 본격적인 한문 문장을 독해하는 것이 무리라는 생각을 피력하여 '기본적인 능력을 기르고'로 바뀌었다. 그리고 6-①에서는 '활용하게 하고', '기르게 하고'라고 되어 있던 것이 7-①에서는 '활용하며', '기르고'로 바뀌어 '교사 중심 교육'에서 '학생 중심 교육'으로 옮겨간 것을 볼 수 있다. 여기서 한문과 교육과정도 제6차 교육과정이나 제7차 교육과정의 정신에서 벗어나는 것이 아닌 것을 알 수 있다.[41]

---

41) 진재교, "제7차 교육과정 한문과의 성격, 목표에 대한 단상," 『한문교육연구』 제22호(서울 : 한국한문교육학회, 2004), 16쪽. 진재교는 이 논문에서 "7차 교육과정은 각 교과의 교육과정을 총괄할 뿐만 아니라, 각 교과서 또한 이러한 원칙을 관철하고 있다는 점에서 중등학교 한문과 역시 예외일 수 없다."고 하여 각 교과의 교육과정은 총론의 영향 하에 있다는 것을 지적하고 있다.

결국 6-①과 7-①의 밑줄 친 곳에서는 우선 '한자, 한자어, 한문을 익힌다.'는 '지식의 습득'과 그것을 '언어생활에 활용한다.'는 '지식의 활용'을 확인할 수 있다. 두 번째로 '한문 문장을 독해할 수 있는 기본적인 능력을 기른다.'에서는 '한문 독해의 과정'이 중요한 학습 요소라는 것을 말한 것이다. 이에 대하여 이명학은 다음과 같이 지적하고 있다.

> 한문과 교육과정의 성격의 진술을 보면 한문과의 지평을 혼동케 하는 진술이 섞여 있다. 언어생활을 원활하게 하기 위한 도구 교과적 성격과 한자·한문의 기록을 이해하는 기본 능력을 키운다는 것이 그것이다. 이 둘은 서로 호응하는 것 같지만, 언어생활이란 현재의 우리 국어와 밀접한 관련을 맺는 것이고 한자·한문의 기록이란 곧 고전문이므로 상호간의 층위가 다르다. 이 둘은 큰 틀의 한문과 교육과정으로 묶일 수 있지만 하나의 교육과정으로 해서는 안 된다. 이에 대한 방법을 추구해야 한다. 초등과 중·고등으로 분리하든지, 아니면 언어생활의 한자어와 고전문화의 한문을 별도의 과정과 교과서로 나누어서 하든지 해야 한다.42)

이 논의는 교과의 성격을 진술하면서 다른 층위의 내용을 동시에 놓아 흡사 그것들이 밀접한 관련이 있는 것처럼 했다는 지적이다. 주지하다시피 한문과 교육은 '한자의 학습'을 기반으로 하여 '언어생활'과 '한문 문장 독해'를 기본으로 하고 있다. 이 두 개의 축을 어떻게 조화시켜 나갈 것인가에 대한 문제의 제기이다.

6-②와 7-②는 한문의 '도구 교과적 성격'에 대하여 강조한 것이다. 그런데 무슨 일인지 6-②에서는 '한문과는 한자어로 된 학습 용어를 이해하는 데 필요한 능력을 길러, 일반 교과를 학습하는 데도

42) 李明學, "漢文科 教育課程의 反省과 展望," 『漢文教育研究』 第24號(서울 : 韓國漢文教育學會, 2005), 14~15쪽.

많은 도움을 주는 도구 교과적 성격을 지닌 교과이기도 하다.'라고 하여 '도구 교과적 성격', '이기도 하다.' 등의 애매한 표현으로 정곡을 피해가고 있다. 그러나 7-②에서는 '다른 교과를 학습하는 데 도움을 주는 도구 교과이며'라고 하여 '도구 교과'임을 분명히 하고 있다. 이에 대하여 진재교는 '선인들의 삶의 지혜를 통한 가치관의 형성과 바람직한 인성의 함양은 중학교의 도덕과 겹친다.'고 하면서 다음과 같이 말하고 있다.

> 그런 점에서 중학교 한문교과에서 무엇보다 우선적으로 강조할 점은 도구교과로서의 성격일 것이다. 제7차 중학교 한문과 교육과정에서 "국어 어휘의 많은 부분을 차지하고 있는 한자어의 학습을 통하여 언어생활을 원활하게 하고, 다른 교과를 학습하는 데 도움을 주는 도구 교과"라고 강조하고 있다. 이 점을 보다 논리적으로 제시하고 체계적으로 의미부여를 하고 여기에 현실적 의미를 첨언하는 등 그 성격을 보다 확장할 필요가 있다.[43)]

진재교의 이러한 생각은 다음 언급에서 확실하게 실체를 드러낸다.

> 흔히 말하듯 학문은 개념으로부터 시작한다고 하더라도 과언이 아니다. 중학교 교과서에 나오는 많은 개념과 용어는 한자어를 제외하고는 이야기할 수 없을 정도로 많다. 이 점을 십분 강조하여, 도구 과목의 성격을 전략적 차원에서 부각시킬 필요가 있다. 요컨대 타 교과의 효과적인 학습과 이해의 수월성을 제고하기 위해 한문교과가 필요하다는 점을 강조하는 것이 한문교과의 독립성을 확보하는데 훨씬 유효한 전략일 수 있고 실상에도 부합될 수도 있기 때문이다.[44)]

43) 이명학, 위의 논문, 18쪽.
44) 이명학, 위의 논문, 19쪽.

진재교는 '타 교과목을 학습할 경우, 가독성과 이해의 수월성을 위해서 한자 어휘나 한자어의 습득이 필수적이다.'는 생각이다. 그러므로 모든 교과목의 어휘가 한자어인 경우가 많으므로 한문과 교육은 '성격'에서 '도구 교과'로서의 역할을 강조해야 한다는 것이다. 생각해 보면 '언어생활에 활용한다.'는 것은 매우 불확실하고 애매한 표현이 아닐 수 없다. 고유어를 사용하여 할 수 있는 것도 '한자, 한자어, 한문'을 활용하라는 것인지, 특정한 경우 반드시 활용해야 한다는 것인지 또는 그 정도는 어디까지 인지 규명될 수가 없기 때문이다. 또한 활용의 양상도 포함되어야 할 것이다. 현재 한문과에서는 한글전용으로 표기된 문장을 교과의 내용으로 다루지 않고 있다. '도구 교과'가 되기 위해서는 한글전용으로 표기된 것도 문맥의 내용에 따라 파악하는 과정도 포함되어야 할 것이다.

6-④는 7-③과 맥락이 닿아 있다. 진재교의 설명대로 이 부분은 도덕과와 관련되어 있다. 한문으로 전해오는 내용을 그대로 읽어 선인들의 삶과 지혜를 이해하는 것과 번역되고 윤색된 상태로 읽는 것이 어떻게 다른지에 대한 연구는 寡聞하여 아직 보지 못했다. 그러나 아무래도 번역의 한계는 있기 마련이다. 특히 한자・한문이라는 체계는 글자 자체가 내용을 포함하는 경우가 비일비재하여 그것을 읽어내는 번역과 그렇지 못한 번역은 많은 차이를 드러낸다.

예컨대 다음의 문장을 보자.

君子之交淡若水(군자의 사귐은 담담하기가 물과 같다.(별 맛 없다.))
小人之交甘如醴(소인의 사귐은 달기가 단술과 같다.)

이 문장은 일반적으로 '군자의 사귐은 맑기가 물과 같고, 소인의 사귐은 달기가 단술과 같다.'고 주로 해석하였다. 언뜻 보아 해석이 무리가 없는 것으로 보이지만 실제의 내용은 큰 차이를 가지고 있다. '甘'이 '맛'을 나타내는 글자이므로 대구를 해석할 땐 '淡'도 '맛'으로 해석해야 하는 것이다. 이러한 해석의 차이를 규명하는 것은 도덕과의 영역이라기보다는 한문과의 영역이다. 그러나 정확한 해석을 바탕으로 하는 도덕과의 교육에 무리가 있을 까닭은 없다. 또한 선인들의 삶과 지혜가 들어 있는 모든 문장을 반드시 원문으로 보아야 하는 것도 아니다. 겹친다고 해서 하지 않아야 하는 것도 아니지만, 그렇다고 주장하기도 어려운 일이다. 그러므로 진재교는 다른 교과와 일치하는 내용보다는 어휘 교육으로서의 한문과의 효용을 강조하여 '도구 교과'의 성격을 강조하였다고 본다. 진재교의 생각에 동의하지만 전술한 바와 같이 이 문제는 보다 심층의 논의를 필요로 한다고 본다.

6-③은 7-④와 관련되어 있다. 동양 문화권과 한자 문화권이라는 용어의 차이를 보이기는 하지만 내용은 거의 같다고 할 수 있다. 여기에는 대략 한국, 중국, 일본, 대만, 베트남 등을 들 수 있을 것이다. 이 국가들은 한자라는 표기수단을 이용하여 자신들의 문화를 축적해 왔다. 그러나 이렇게 공통의 문화를 축적하였으면서도 다변해 온 국제 정세로 인하여 생각보다 상황은 녹록치 않은 것도 사실이다. 이에 대하여 이명학은 다음과 같이 그 이유를 설명하고 있다.

> 중국은 서구 열강 및 일본의 침략 속에서 결국 사회주의 국가가 되었고, 일본은 서구 문물을 가장 먼저 받아들여 근대 국가의 면모를 갖추었으나, 팽창주의로 치달으며 동아시아의 가해자가 되고 말았다. 그리고 우리나라와 베트남은 일본과 프랑스의 강압적인 식민통치를 겪은 뒤, 이념의 첨예한 대립과 갈등 속에 남・북 분단이라는 비극을 겪었다.
>
> 따라서 근・현대의 굴절된 역사로 인해, 과거 한문문화권에 속했던 나라는 이념의 대립 속에서 수십 년간 단절된 채 지내게 되었다.[45]

이러한 괴리가 서로의 벽이 된 것은 사실이나 그렇다고 완전히 유대가 끊어진 것은 아니었다. 임형택은 다음과 같이 그 사실에 대하여 직시하고 있다.

> 20세기를 거치면서 전통적인 한자 문화권은 해체되었다고 보아야겠으나 한・중・일 삼국은 한자의 존재 형태가 서로 다르긴 해도 한자문화권으로서의 의미가 소실된 상태는 아니다. 한국과 일본은 여러모로 문화적 상동성 및 상동성 가운데 상이점을 보이고 있는 바 한자와 관련해서 더욱 흥미롭게 대조된다.46)

얼마간의 단절을 지나 서로 교역하지 않는 나라가 없어졌으며 그 양도 나날이 증대되고 있다. 그리하여 '한자'의 효용은 나날이 높아가고 있다. 그러므로 한문과 교육이 '한자 문화권의 상호 이해 증진'이나 '조화로운 발전'에 기여해야 하는 것은 마땅하나 이는 매우 추상적이며 모호한 진술이다. 어떻게 하는 것이 '상호 이해 증진'이며 '조화로운 발전'인가에 대하여 고민해야 한다. 이에 대하여 진재교는 다음과 같은 언급은 주목할 만하다.

> 한자 문화권에서 남・북한을 포함하여 중국, 일본 등이 표기수단으로 여전히 한자를 차용하고 있다는 점과 이것은 현재 중국어(간체자)와 일본어의 근간이 된다는 점을 분명하게 지적하는 것이 더욱 현실적이고 설득력이 있을 것이다. 비록 같은 한자라고 하더라도 남・북한과 중국, 일본의 발음은 다르지만, 한자가 지닌 의미는 다르지 않다는 점을 확인시켜 주는 것이 오히려 소중하다.(중략) 그리고 그 결과로 한자문화권에서의 상호 문화적 교류는 물론 각국

---

45) 李明學, "漢文敎育의 當爲性과 意義,"『漢文敎育硏究』第25號(서울 : 韓國漢文敎育學會, 2005), 10쪽.

46) 임형택, "한국 20세기의 한문교육과 그 당면과제,"『漢文敎育硏究』第23號(서울 : 韓國漢文敎育學會, 2004), 236쪽.

상호간의 이해 증진에 도움이 되며, 경제적 효용성이 있다는 점을 물론 환기할 필요가 있다.[47)]

진재교는 현대에 한문과가 한자문화권에서 기능할 수 있는 바를 '한자의 의미를 통한 경제적 효용성'으로 이해하고 있다. 진재교가 한자・한자어를 통한 한자 문화권의 교류를 말하고 있다면 이명학은 한문의 영역에 대하여 말하고 있다.

차제에 동아시아 각국에서 오랜 세월동안 읽혀왔던 東洋의 古典 중에서 특히 각국에서 人口에 膾炙되는 〈漢文 名句〉를 각국 별로 모으고, 또한 각국 사람들이 즐겨 암송하거나 익히 알고 있는 자기 先祖의 〈漢文 名句〉를 한 곳에 모아 통합 교과서에 준하는 책으로 편찬할 것을 제안한다. 이 책을 통해 미래 동아시아 사회의 주역이 될 각국의 젊은이들은 다른 나라의 역사와 문화 그리고 그들의 가치관을 이해하고, 결국 동일한 문화 전통 속에서 오랜 세월을 살아왔으며 또 앞으로 살아갈 수밖에 없는 현실 상황을 통찰할 수 있다면 '역사 왜곡'이나 '배타적인 민족주의'를 극복하는 하나의 계기가 될 수 있을 것이다. 이것이 바로 漢字・漢文敎育이 현재까지도 여전히 중요하고 유효한 이유이다.[48)]

한문과가 과거와 현재는 물론이고, 미래에도 한자 문화권 내에서의 상호 이해 증진 및 조화로운 발전에 기여할 수 있는 방법에 대하여 현재 교육과정의 진술은 추상적이며 그 범주가 모호하다. 진재교와 이명학은 이에 대하여 구체적이고 실질적으로 논의가 필요하다는 의견을 개진한 것이다.

---

47) 진재교, 위의 논문, 21~22쪽.

48) 李明學, "漢文敎育의 當爲性과 意義," 『漢文敎育硏究』 第25號(서울 : 韓國漢文敎育學會, 2005), 12쪽.

다음은 제6차 교육과정 중학교 한문과의 성격과 제7차 교육과정 한문과의 성격을 함께 제시한 것이다.

〈표Ⅱ-5〉 제6차~제7차 중학교 교육과정 한문과의 성격

제6차 중학교 한문과의 성격	제7차 중학교 한문과의 성격
6-⑤ 중학교 한문과는 한문과의 일반적 성격을 바탕으로 하되, 한문이 중학생들에게 학교 교육의 정규 교과로 처음 제공된다는 점을 감안하여, 학생들이 쉽고 재미있게, 체계적이며 계획적으로 한문에 접근할 수 있도록 하는 데에 중점을 둔다. 이를 위하여, 중학교 한문과는 중학교 한문 교육용 기초 한자 900자를 중심으로 한 한자와 한자어를 익혀 활용하게 하고, 간이한 한문 문장을 독해할 수 있는 기초적인 능력을 기르게 하는 교과이다. 그리고 한문 학습을 통하여 우리의 전통 문화를 이해하고 건전한 가치관을 가지도록 하는 데도 유의해야 하는 교과이다.	7-⑤ 중학교 한문은 한문과의 일반적인 성격을 근거로, 중학교 한문 교육용 기초 한자 900자를 중심으로 한 자, 한자어, 한문을 익혀 일상생활에 활용하며, 평이한 한문 문장을 독해할 수 있는 능력을 기르고, 우리의 전통 문화를 이해하고 건전한 가치관을 함양하는 데 중점을 둔다. 특히, 한문 교과가 학교 교육의 정규 교과로는 중학교부터 시작된다는 점을 감안하여, 학생들이 쉽고 재미있게 접근할 수 있도록 하는 데 유의한다.

위 글은 중학교 교육과정 한문과의 성격의 끝부분이다. 위의 밑줄 친 부분은 진재교가 지적한 바와 같이 교수・학습 방법에서 제시하여야 할 것이다.49) 그리고 중학교 한문 교육용 기초 한자 900자를 익힌다는 내용을 제외하면 위에서 제시한 내용을 반복한 것에 지나지 않는다. 그러므로 이 내용은 위에 포함하여 진술하는 것이 타당할 것이다.

고등학교의 '성격'은 중학교의 그것과 大同小異하다. 차이점으로는 첫째, 교과가 제6차 교육과정에서는 '한문Ⅰ'과 '한문Ⅱ'가 있으

49) 진재교, 위의 논문, 22쪽.

며, 제7차 교육과정에서는 '한문'과 '한문 고전' 이 있다. 둘째, '한문Ⅰ'과 '한문'은 고등학교용 기초한자 900자를 익힌다. 셋째, 중학교보다 더 문장 독해에 치중한다는 정도이다.

나. 목 표

목표는 교과의 '성격'을 바탕으로 설정되어야 함에도 불구하고 제6차 교육과정 이전에는 '성격' 자체가 없었다. 그러므로 제5차 교육과정까지는 암묵적으로 교과의 성격이 인정된 것이며, 따라서 도달점 행동으로서 목표를 추구하면 되었던 것이다. 그러므로 제5차 교육과정까지는 목표가 성격을 포함하고 있었다고 할 수 있다. 그러므로 목표는 셋으로 나누어, '의의와 목표'로 제시되었던 제2차 교육과정과 제3차 교육과정부터 성격이 제시되기 전인 5차 교육과정까지, 그리고 제6차와 제7차 교육과정으로 살펴보고자 한다. 중학교는 교과목표와 더불어서 학년 목표도 제시되었다. 학년 목표는 교과의 목표를 단계에 맞추어 상세화한 것이므로 여기서는 고등학교를 중심으로 교과의 목표를 살펴보기로 한다.

1) 제2차 교육과정 '한문 과정'의 '의의와 목표'

제2차 교육과정에서 한문과는 독립된 교과가 아니었다. 다만 국어과에 '한문 과정'으로 속해 있었다. 제2차 교육과정에 제시된 '한문 과정'의 '의의와 목표'는 다음과 같다.

(1) 의의와 목표

중학교에서 학습한 한자 및 한자어 지식을 기초로 하여, 평이한 산문류, 사서류, 시가류 및 경서류를 과하여, 한학 특유의 취의를 파악하게 하고, 한학이 우리 문화에 미친 영향과 동양 문화의 연원을 인식하여 건실한 인격 도야에 이바지하도록 한다.

1) 한자의 구조와 음의를 정확히 이해시킨다.

2) 한자 사전류의 색자 방법을 가르치고, 그 활동을 자유자재로 할 수 있도록 한다.
3) 우리의 일상 생활에 가장 많이 활용되는 한자어, 격언, 고사 숙어 등을 이해시킨다.
4) 속독과 정독에 대한 구분을 명확히 지도한다.
5) 교재 내용을 정확히 파악하여 심미력과 판단력을 기르고, 고매한 인격도야에 힘쓰도록 한다.
6) 고전 연구의 기초 지식을 습득시키고, 단장의 폐단을 지양하여, 문 전체의 대의를 파악할 수 있는 독서력을 기른다.
7) 한학이 우리 문화에 미친 영향과 동양 문화의 특질을 이해시킨다.[50]

윗부분은 '의의'에 대한 부분으로 여기서는 따로 검토하지 않는다. 1)~7)이 제2차 교육과정에서 제시한 목표라고 할 수 있다. 위의 진술 내용을 살펴보면 다음과 같은 특징들이 드러난다.

첫째, 전혀 다른 층위의 내용들이 혼재되어 있다. 예컨대, 한자의 구조와 음의, 사전 찾기, 속독과 정독, 심미력과 판단력, 고전 연구의 기초 지식, 한학 등이다. 한문과 관련된 내용은 모두 가져다 쓴 것이 아닌가 의심이 들 정도이다.
둘째, 교사 중심의 진술이다. '가르치고', '이해시킨다.', '지도한다.' 등으로 진술되어 있어 학생에 대한 배려를 하지 않고 있다.
셋째, 추상적이고 모호한 용어로 진술되어 있다. '정확히 이해시킨다.', '활동을 자유자재로 할 수 있도록', '구분을 명확히', '정확히 파악하여', '심미력과 판단력', '고매한 인격도야' 등 도저히 그 내용을 파악할 수가 없다.
넷째, 국어 교육과 한문과 교육을 혼동하고 있다. '속독과 정독',

50) 교육부, 『초・중・고등학교 국어과・한문과 교육과정 기준』(서울 : 교육부, 2000), 344~345쪽.

'문 전체의 대의를 파악하는 독서력' 등 한문과의 특성을 드러내지 못하고 있다.

다만, 이러한 안이 있었다는 것은 다음의 교육과정에 필연적으로 영향을 끼칠 수밖에 없다. 그러므로 제2차 한문과 목표는 추후 검토할 내용을 주었다는 의미를 부여할 수 있을 것이다.

2) 제3차~제5차 교육과정 한문과의 '목표'

제3차 교육과정부터 한문과는 정규 교과로 독립하였다. 그러므로 독자적인 교육과정을 갖게 되었다. 제2차 교육과정에서 보여주었던 혼란스러운 목표와는 달리 점차로 한문교과의 특성을 드러내는 내용으로 진술하려는 노력을 보여주고 있다. 아래의 표는 교과목표를 제시한 것이다. 교육과정기별로 고등학교에서도 '한문Ⅰ'과 '한문Ⅱ'의 목표가 제시되어 있으나 교과 목표를 상세화한 것이므로 교과목표를 검토하는 것으로 충분할 것이다.

〈표 Ⅱ-6〉 제3차~제5차 교육과정 한문과의 목표

제3차 교육과정 목표	제4차 교육과정 목표
Ⅰ. 일반 목표 1. 한문 해독의 기능을 신장시켜서 전적 이해의 바탕을 마련하게 한다. 2. 한문에 나타난 선인들의 생활, 사상, 감정 등을 이해하게 하여 그 좋은 점을 계승, 발전시키도록 한다. 3. 한문으로 표현된 우리 문화와 동양 문화를 이해하게 하여 민족 문화 발전에 기여하게 한다.	교과 목표 중학교에서 학습한 한문을 기반으로 하여 한문 독해 기능을 신장하고, 한문 기록을 이해하는 바탕을 마련함으로써, 전통 문화 창달에 기여하는 태도를 가지게 한다. 1) 한자의 특징과 짜임을 알고 활용하게 한다. 2) 문장의 구조와 형식을 이해하고 활용하게 한다. 3) 한문 기록을 이해하고 감상하게 한다. 4) 한문 기록에 나타난 선인들의 사상 감정을 이해하고, 이를 올바르게 수용하는 태도를 가지게 한다.

제5차 교육과정 목표
가. 교과 목표 한문을 독해할 수 있는 기능을 길러 한문 기록을 이해하고 감상하게 하며, 전통 문화를 아끼고 바르게 계승, 발전시키려는 태도를 가지게 한다. 1) 한자를 알고 활용하게 한다. 2) 한자어를 알고, 문장과 언어생활에서 활용하게 한다. 3) 문장의 구조와 형식을 알고, 글을 체계적으로 이해하게 한다. 4) 여러 가지 글의 종류와 특징을 알고, 한문 기록을 이해하고 감상하게 한다. 5) 한문 기록에 담긴 선인들의 사상, 감정 및 가치관을 이해하고, 전통 문화를 바르게 수용, 발전시키려는 태도를 가지게 한다.

위의 표는 한문과가 학교 현장에서 학생들을 대상으로 도달해야 할 목표를 진술한 것이다. 제3차 교육과정의 '목표'는 '한문 해독[51]의 기능 신장에 의한 典籍 이해의 바탕을 마련하게 한다.'고 전제하여 한문과 교육의 근본적인 목표가 '한문 해독'에 있다는 것을 전제하였다. 이 당시는 국어 교과서에 한자어가 노출되어 있었기 때문에 한문과는 한문을 독해하는 과정이 중시되었을 것이다. 즉 '지식'으로서의 '한문'과 '기능'으로서의 '해독' 그리고 나머지는 '태도'의 영역에 속한다고 할 수 있다. 이 목표는 한문과 교육의 목표를 지나치게 단순화하고 있어서 하나의 진술이 지나치게 많은 것을 내포하는 것이 문제이다.

제4차 교육과정 한문과의 목표는 제3차에서 발전하여 前文과 4개항의 하위 교과 목표로 구성되어 있다. 전문의 내용은 셋으로 나눌 수 있는데 ① 독해 기능 신장 ② 한문 기록 이해 ③ 전통 문화

---

51) '해독(decoding)'과 '독해(reading comprehension)'의 차이에 대하여 '해독'의 사전 풀이는 '①어려운 문구 따위를 읽어 이해하거나 해석함 ②잘 알 수 없는 암호나 기호 따위를 읽어서 풂'이며, '독해'는 '글을 읽어서 뜻을 이해함'이다. 따라서 둘 다 읽어서 이해하는 것은 같으나 '해독'은 '어렵다', '잘 알 수 없다.'는 전제가 있는 것이 다르다. 그러므로 한문은 '독해'의 과정으로 보는 것이 타당하다고 여겨진다. 제4차 교육과정 이후로는 모두 '독해'라는 용어가 쓰이고 있다.

창달이 그것이다. 제5차 교육과정 한문과의 목표도 크게 달라지지 않았다. 전문과 5개항의 교과 목표 요소로 구성되어 있다. 그 내용을 정리하면 ① 한문을 독해할 수 있는 기능 ② 한문 기록을 이해하고 감상 ③ 전통 문화 계승 발전으로 제4차 교육과정과 표현의 차이가 있을 뿐 내용은 대동소이하다.

'독해 기능 신장'과 '한문을 독해할 수 있는 기능'은 차이를 느끼게 하지 않는다. 그런데 문제는 바로 그 다음에 있다. 그것은 '한문 기록 이해'와 '한문 기록의 이해와 감상'이다. 한문을 독해하는 것에서 한문 기록을 이해하는 것은 어떠한 차이가 있는가하는 것이다. 제5차 교육과정 해설에는 다음과 같이 설명하였다.

> '바르게 이해하고 감상한다.' 함은 글의 단순한 풀이에 그치지 않고, 글에 내포된 사상, 감정, 정조나 가치관, 주제까지 파악할 수 있도록 하여야 함을 의미한다.52)

위 글을 보면 '독해'는 '글의 단순한 풀이'이며 '바르게 이해하고 감상한다.'는 것은 그 단순한 풀이 과정 이후의 문제가 된다. 이론적으로 분리된다는 것이다. 그러나 다음의 두 가지 언급에서 이 문제가 그렇게 단순하지 않다는 것을 알 수 있다.

> 문화적 전통을 전달하려는 국어교육에서의 노력은 그 연원이 오래다. 문자 언어 교육이 중심이었던 조선시대에도 윤리 가치관 교육과 문자 읽기와 쓰기 교육은 분리되지 않았다. 공자와 맹자의 유교 사상 교육은 언어 교육이면서 가치관 교육이었다고 할 수 있다.53)

52) 문교부, 『중학교 한문과 교육 과정 해설』(서울 : 문교부, 1988), 119쪽.
53) 한철우·박영목·윤희원, 『국어교육학 원론』 제2판(서울 : 박이정, 2004), 85쪽.

이 언급은 주지하다시피 한글에 관한 내용이 아니다. 문자 언어는 한문을 가리키는 것이며 따라서 이 내용은 한문과 교육에 관한 내용인 것이다. 위 글에서 '언어 교육이면서 가치관 교육이었다.'는 말에 주목할 필요가 있다. 즉 독해는 제5차 교육과정 해설에서 제시한 사상, 감정, 정조나 가치관, 주제를 파악하는 것까지 포함할 수도 있다는 것이다.

한철우 등은 '읽기'가 단순한 문자 해독의 과정이 아니라고 하면서 다음과 같이 언급하였다.

> 읽기를 능동적인 의미 구성의 과정으로 보려는 인지 심리학자들의 견해에 따라, 읽기는 단순한 문자 해독 과정이 아닌 읽기 상황 안에서 독자와 텍스트 간의 복잡한 상호 거래로 여겨지고 있다.54)

여기서 '읽기'는 제4차·제5차 교육과정의 '독해'와 거의 같은 개념으로 이해된다. 차이라면 한글과 한자어 정도일 것이다. 따라서 독해를 한다는 것은 '이해를 한다'는 것으로 생각할 수 있으며, 이 이해는 감상까지를 포함하게 된다는 것이다. 그러므로 '독해 기능'과 '이해와 감상'을 분리하는 것은 심각하게 재고되어야 할 문제로 여겨진다.

밑에 제시된 세부 목표를 보면 제4차 교육과정의 목표는 지식의 영역을 '한자·한문'으로 설정하고 있는데 제5차 교육과정의 목표는 '한자·한자어·한문'으로 나누고 있는 것이 큰 차이라고 할 수 있다. 중요한 특징은 전술한 바와 같이 제5차 교육과정 목표에 '한자어'가 한문과의 내용으로 들어왔다는 것이다. 이러한 5차 교육과정의 기조는 현행의 제7차 교육과정까지 변하지 않고 있다. 한문과가 가지는 교과의 특성으로 보아 다른 교과의 용어 풀이 과정을 담

54) 한철우·박진용·김명순·박영민 편저, 『과정 중심 독서 지도』(서울 : 교학사, 2001), 32쪽.

당하지 않을 수 없다. 또한 점차로 국어에서 한자・한문이 한글 전용으로 말미암아 퇴출되는 상황에서는 한문과의 한자 어휘에 대한 역할이 커지는 것은 당연할 수도 있다. 그러나 이 문제는 추후 중학교의 한문과 교육은 한자어 교육으로 인식될 만큼 그 범위를 확장하게 되었다.

또한 제4차에서는 '한문 기록의 이해와 감상'이라고 했던 것을 제5차에서는 '여러 가지 글의 종류와 특징을 알고 한문 기록의 이해와 감상'이라는 내용으로 확대한 것을 알 수 있다. 교육과정기가 진행될수록 교육과정의 내용은 점차로 자세해지고 있다. 목표 진술 또한 그렇다. 그러나 보다 넓은 범위를 포괄하려는 의도에서인지 용어나 진술의 방법이 추상적이며 구체적이지 못하다. '여러 가지 글의 종류와 특징을 알고 한문 기록의 이해와 감상'으로 표현한 것은 제4차 교육과정의 '한문 기록의 이해와 감상'보다 더 무엇이 있다는 생각을 하게 한다. 그러나 사실 복잡해지기만 했지 나아진 것은 없다. '글의 종류'라는 말은 이미 '여러 가지'를 포함하며, '여러 가지 글의 종류와 특징'을 아는 것은 '한문 기록의 이해'일 수도 있기 때문이다.

제6차와 제7차 한문과 교육과정 '목표'는 다음과 같다.

〈표Ⅱ-7〉 제6차 교육과정 한문과의 목표

한자와 한자어를 익혀 언어 생활에서 바르게 읽고 쓰게 하고, 한문을 독해할 수 있는 능력을 체계적으로 기르며, 전통 문화를 애호하게 하고 발전시키려는 태도와 올바른 가치관을 확립하게 한다. 가. 한문 교육용 기초 한자를 익혀 활용하게 한다. 나. 한자어를 익혀 언어 생활과 문장 독해에 활용하게 한다. 다. 한문을 독해할 수 있는 능력을 체계적으로 기르게 한다. 라. 한문 전적에 담긴 선인들의 사상과 감정을 이해하고, 전통 문화를 바르게 계승, 발전시키려는 태도와 올바른 가치관을 가지게 한다.

〈표II-8〉 제7차 교육과정 한문과의 목표

한자, 한자어, 한문을 익혀 언어생활에서 바르게 읽고 쓰며, 한문을 독해할 수 있는 능력을 기르고, 한문 기록에 담긴 선인들의 삶과 지혜를 이해하여 건전한 가치관과 바람직한 인성을 함양하며, 전통 문화를 계승 발전시키려는 태도를 지니고, 한자 문화권내에서의 상호 이해와 교류 증진에 기여한다. 가. 고등학교 한문 교육용 기초 한자 900자의 음과 뜻을 알고 쓸 수 있다. 나. 한자어를 바르게 읽고 쓰며 언어생활에 활용한다. 다. 한문을 독해할 수 있는 기초적인 능력을 기른다. 라. 선인들의 삶과 지혜를 이해하고 건전한 가치관과 바람직한 인성을 함양한다. 마. 한문 기록에 담긴 전통 문화를 계승 발전시키며, 한자 문화권 내에서의 상호 이해와 교류 증진에 기여한다.

제6차 교육과정의 목표와 제7차 교육과정의 목표가 제5차 교육과정의 기조를 그대로 잇고 있다는 것은 전술한 바와 같다. 모두 전문을 제시하고 제6차 교육과정은 4개항의 하위 교과 목표를 제시하였고, 제7차 교육과정은 5개항의 하위 교과 목표를 제시하였다. 전문에서의 차이는 제7차 교육과정에 '한문을 언어생활에 활용하고', '한문 기록에 담긴 선인들의 삶과 지혜를 이해하여 건전한 가치관과 바람직한 인성을 함양하며', '한자 문화권 내의 상호이해와 교류 증진에 기여한다.'는 것이 추가 되어 있다. 한문을 언어생활에 활용한다는 것은 두 가지로 이해할 수 있다. '성어'와 같은 '문장'의 요소를 갖춘 것을 언어생활의 어휘로 활용한다는 것이 하나이고, 한문 문장에 들어 있는 내용을 언어생활에 활용한다는 것이 또 하나이다. 이에 대하여 교육과정 해설서에서는 다음과 같이 설명하고 있다.

고등학교 '한문'은 일반적인 목표 요소를 '① 언어생활에서 바르게 읽고 쓰기, ② 한문을 독해할 수 있는 기초적인 능력 배양, ③ 한문 기록에 담긴 선인들의 삶과 지혜를 통한 건전한 가치관과 바람직한

> 인성의 확립, ④ 전통 문화를 이해하고 계승 발전시키려는 태도와 한자 문화권에서의 상호 이해와 교류 증진'을 들고, 위의 4개 항목의 목표 요소를 한자, 한자어, 한문 영역에서 모두 달성하는 것으로 통합하여 제시하였다.[55)]

4개 항목의 목표 요소를 한자, 한자어, 한문 영역에서 모두 달성하는 것으로 통합하여 제시한 것을 수긍한다고 하더라도 '한문이 구체적으로 어떻게 언어생활에 활용되는가?'에 대한 논의는 발견할 수 없다. 진술의 통합성과 용이성을 이해하더라도 목표는 구체적으로 제시되어야 한다.

하위 교과 목표도 학자들의 이견이 제시되었다. 제7차 교육과정 '한자・한자어'의 하위 교과 목표에 대하여 진재교는 다음과 같이 주장하였다.

> 먼저 '가'와 '나'는 표현은 다른 듯하지만 그 내용을 들여다보면 연결되는 점이 있다. 실제로 '가'와 '나'는 각기 분리될 것이 아니라 통합하여야 그 의미가 살아날 수 있다. 양자를 하나로 묶어 "고등학교 한문교육용 기초한자 900자를 바르게 읽고 쓰며, 이를 언어생활에 활용한다."로 재편성하는 것이 바람직하다.[56)]

진재교의 논의는 인지적 목표(개념적 지식, 절차적 지식)로 진술되어야 한다는 것을 말하고 있다. 이 점은 충분히 동의할 수 있는 것이다. 다만, 한자는 언어생활에 활용하는 것뿐만이 아니라, 문장 독해에도 활용되므로 그 점을 고려해야 한다. 여기서 하나 더 고려할 것은 전문과 하위 교과 목표의 관계성이다. 전문은 교과의 목표를 모두 아우를 수 있도록 통합적으로 적용하고 하위 교과 목표는

---

55) 敎育部, 『고등학교 교육과정 해설』 -한문-(서울 : 교육부, 1997), 16쪽.
56) 진재교, 위의 논문, 30쪽.

각론으로 각 영역에 대한 목표를 제시해야 한다. 그러나 한문과의 그것을 살펴보면 동일한 내용을 좀 더 상세화할 뿐 동어 반복에 의한 진술이라는 것을 알 수 있다.

한문과 교육의 내용은 역사적으로 이루어진 한자·한자어를 익혀 언어생활에 활용하는 것이 하나이고 한자·한문으로 쓰인 수 많은 전적들을 독해하고 그에 들어 있는 전통문화를 오늘에 계승하는 것이다.

그러므로 한문과의 성격은 기본적으로 한자·한문을 익혀 언어생활에 활용하고, 문장을 독해하는 것이다. 그리고 언어생활의 활용은 한 걸음 더 나아가 다른 교과를 학습하는 데 도구교과가 된다. 문장 독해는 선인들의 삶과 지혜를 이해함과 동시에 학생 자신의 건전한 가치관과 바람직한 인성을 함양하며 전통문화를 계승·발전시키는 데 기여하는 것이다. 또한 한자 문화권 내에서의 상호 이해와 교류 증진의 토대가 되는 것이다.

이러한 한문과의 성격은 바로 한문과가 내재적으로 가지는 것이기도 하지만 현재의 사회가 한문과에 요구하는 내용이기도 하다. 그러므로 이러한 성격을 바탕으로 한문과는 교과 목표를 수립하게 된다. 결국 교과 목표는 한문과가 교과 교육을 통하여 도달하고자 하는 도달점이라고 할 수 있다.

3. 영역 구분과 내용의 변화 양상

한문과 교육은 언어생활에 들어 있는 한자·한자어의 활용과 한문으로 기록되어 있는 전적에 대한 이해, 그리고 그것을 바탕으로 전통문화에 대한 계승·발전이라는 축을 가지고 있다. 그러므로 한문과의 내용 체계의 각 영역은 그 독자적인 특성이 있으므로 다른 영역과 구별되는 특성이 내용에 제시되어야 한다. 그리고 각 영역의 특성의 합은 한문과 교육의 모든 범위를 포괄할 수 있는 것이어야 한다. 한문과 교육에서 영역을 구분하는 것은 한문과 교육에 대한 연구의 결과로 나온 것이다. 그러므로 각 영역은 다른 영역과의 관련성과 더불어 독자성도 확보하여야 하는 것이다.[57] 그러므로 각 영역의 특성을 확보함과 동시에 다양성과 통일성이라는 두 가지 원리를 따라야 한다.

한문과의 영역이 확보된 것은 제5차 교육과정이다. 제5차 교육과정에서는 한문과의 내용을 '한자 · 한자어 · 한문'의 세 영역으로 분리하여 제시하였다. 바로 이것이 하나의 틀이 되어 제7차 교육과정까지 모두 '한자 · 한자어 · 한문'으로 영역을 설정했던 것이다. 이 절에서 다루는 한문과 교육과정의 영역과 내용은 '한문과 교육과정의 목표를 달성하기 위하여 어떻게 구성되었는가?'에 대한 답을 마련하려는 시도이다. 그러므로 이에 대한 다음의 네 가지 질문을 마련하였다.

첫째, 한문과의 영역 설정은 타당한가?
둘째, 내용은 어떻게 진술되었는가?
셋째, 각 기별 교육과정의 내용은 어떻게 계열화하여 위계성을 확보했는가?
넷째, 각 기별 영역과 내용은 어떤 차이가 있으며 어떻게 변화하고 있는가?

제5차 교육과정 이전은 영역이 진술되지 않았다. 그러므로 교육과정에 제시되어 있는 내용으로 미루어 기술할 수밖에 없다. 위의 각각의 각 기별로 '영역 구분'과 '내용'으로 나누어 검토할 것이다.

---

57) 최영환, 『국어교육학의 지향』(서울 : 삼지사, 2004), 190쪽 참조.

가. 제1차 교육과정기

1) 영역 구분[58)]

제1차 교육과정의 한자 및 한문영역 구분은 따로 설정되어 있지는 않지만 내용으로 미루어 다음의 2단계로 구성되어 있다.

- 한자
- 한문

영역을 '한자'와 '한문'의 2단계로 나누고 있다. 이는 단편적인 분류로서 한문과의 본질을 드러내지는 못한 것이다. 한문과가 가지는 방대한 내용을 '한자, 한자어'와 '한문', 다시 말해 단어와 문장으로 나눈 것에 불과한 것이다. 아직 한문과는 교과로서의 위상을 갖추지 못했다는 것을 알 수 있다.

2) 내용

이 시기에는 본격적인 한문 교육이 이루어지지 않았으며 다만 국어의 일부로 포함되어 있을 뿐이었다. 그러므로 정상적인 교육과정이 마련되지 않았으며 내용도 한자와 한자어가 강조되었다.

다음은 중학교 漢字 및 漢文 학습 내용이다.

> 三. 중학교 漢字 및 漢文 학습 내용
>
> 초등학교에서 습득한 한자 지식을 기초로 하여, 일상생활에 활용되는 상용한자(常用漢字) 범위 내의 漢字, 漢字語 및 간이한 한문

58) 이도영, 위의 논문, 1998. 이 논문에서 이도영은 '영역구분'과 '내용관'으로 나누어 국어과 교육과정을 검토하였다. 그러나 '내용관'이라는 용어는 주관적일 수 있다. 그러므로 이 논문에서는 구체화된 교육과정기 구성 체제를 전제로 '영역 구분'과 '내용'으로 나누어 살펴보고자 한다.

을 습득하게 한다.[59)]

위의 내용을 보면 초등학교에서 한자 교육이 실시되었다는 것을 알 수 있다. 교과로 설정되지는 않았지만 초등학교 교육에서 어떤 방법이든 한자교육을 했다는 것을 명시하고 있다. 그러나 교재 내용과 지도 요령이 혼합되어 있어서 내용이 정교화되지 않았다는 것을 알 수 있다. 상용한자 범위 내의 한자, 한자어 및 간이한 한문이라는 막연한 문장을 통하여 내용을 제시하여 구체적이지 못하다. 또한 교재 내용이 교육과정에 제시된 것도 이 교육과정이 가지는 한계라고 할 수 있다.

고등학교에서도 역시 '한자 및 한문 지도'를 '국어(2)'에 포함시켜 국어의 일부로 인식하였다.

다음은 고등학교 한문 과정에 대한 해설이다.

> 중학교에서 학습한 漢字 및 漢字語 지식을 기초로 하여, 평이한 산문류(散文類), 사서류(史書類), 시가류(詩歌類) 및 경서류(經書類)를 과(課)하여, 漢學 특유의 취의(趣意)를 파악하게 하고, 漢學이 우리 문화에 미친 영향과 동양 문화의 연원(淵源)을 인식하게 하여 견실(堅實)한 인격 도야(人格 陶冶)에 이바지하도록 한다.[60)]

위의 내용으로 보아 이 시기는 아직 교과의 내용이 정선되지 않았다. 그 내용은 중학교의 내용에 좀 더 수준을 높여 지나친 장편을 피하고 사서, 격언, 우화 등 문장을 다소 강화한 것이었다. 3학년이 되면 각종의 문체를 두루 살필 수 있게 하고 있으나 장편일 경우는 분절하고 장을 만들도록 하였다.

---

59) 교육부, 『초·중·고등학교 국어과·한문과 교육과정 기준』 1946~1997 (서울 : 교육부, 2000), 191~193쪽 요약.

60) 교육부, 위의 책, 324쪽.

나. 제2차 교육과정기

1) 영역 구분

제2차 교육과정도 영역을 구분하고 있지 않다. 그러나 제1차와 마찬가지로 내용을 참고하면 다음과 같이 구분되어 있는 것을 알 수 있다.

- 한자
- 한문

역시 한자와 한문의 2개 영역으로 구분되어 있다. 이는 제1차에서도 지적하였지만 내용을 단어와 문장으로 나눈 잘못을 범하고 있다.

2) 내용

내용을 제시하면 다음과 같다.

〈표II-9〉 제2차 교육과정 한문과의 내용

중학교 1학년	중학교 2학년	중학교 3학년	고등학교
① 간단한 단어의 음독 ② 단어의 새김 ③ 한자의 음 알기 ④ 한자의 뜻 알기 ⑤ 한자의 서획 알기 ⑥ 초보적 한자의 구조 ⑦ 한자 사전류의 색자 방법	① 단어와 단어와의 비교 구별 ② 한자를 이용하여 단어 만들기 ③ 간단한 격언의 이해 ④ 간단한 고사 읽기 ⑤ 서획 순서에 맞게 한자 쓰기 ⑥ 간단한 성귀의 이해	① 간단한 문장의 이해 ② 한자 둘러쓰기 ③ 한자 구조의 원리 ④ 단문의 해석 ⑤ 평이한 시가류의 이해 ⑥ 간단한 고사 등의 이해	① 한자 및 한문의 구조를 이해한다. ② 평이한 문장, 사서, 격언, 우화를 읽게 한다. ③ 평이한 경전, 시가를 읽게 한다. ④ 한학과 국문학과의 관계를 알게 한다. ⑤ 한학과 동양 문화와의 관계를 알게 한다. ⑥ 한문의 대의를 파악하도록 한다. ⑦ 사전류의 색자 방법에 익숙하도록 한다.

전체적으로 계열화가 잘 되어 있는 것을 알 수 있다. 중학교 1학년부터 고등학교에 이르기까지 내용이 점차 난이도가 쉬운 것에서 어려운 것으로, 한자로부터 고난도의 한문문장으로 나아가 전체적으로 학생의 발달에 따른 위계를 고려하였다. 그러나 여기에 '단어'라는 용어는 이른바 국어에서 말하는 '한자어'를 말하고 있는 것을 알 수 있다.

여기서 '한자'는 1음절의 낱글자를 말하며 '단어'는 우리말 어휘로 쓰이는 '단어'이다. 그러므로 중학교 1학년과 2학년은 일상생활에서 노출되고 있는 '한자어'를 익히는데 중점을 두고 있다.

한자어의 학습은 '한자어'라는 용어를 쓰지는 않지만 '단어'를 통해서 꾸준히 이어지고 있는 것이다.

'단어의 음과 뜻' 또는 '한자의 음과 뜻'이라고 하지 않고 '음'과 '뜻'을 분리한 것도 이색적이다. 음과 뜻은 함께 익혀야 할 내용이기 때문이다. 그러므로 일상생활의 '한자어'의 학습과 '문장'의 학습이 혼재되어 있는 것이 특징이다.

그리고 제1차에서 제시되지 않았던 '한자 쓰기'가 추가 되었다. 한자는 획수가 많은 글자가 많으며 이 글자들은 또 낱낱의 부품이 모여 이루어진 기계와도 같아서 필순에 따라 쓰면 더 쉽게 익혀지는 구조를 가지고 있다. 그러므로 '한자 쓰기'는 반드시 해야만 한다고 주장하기는 어렵지만, 한자를 익히는 과정에서 누구에게나 중요한 학습 요소로 보인다.

고등학교에서는 중학교에서 학습한 한자 및 한자어 지식을 기초로 하여 '문장'을 익히도록 배려하고 있다. 다만, 사서는 史書인지 四書인지 한자로 쓰지 않아 분명치 않다. 또, ⑦의 '사전 찾기'는 중학교에서 충분히 익혀야 할 것인데도 고교에서 다시 언급하여 지나치게 강조하였다.

다. 제3차 교육과정기

1) 영역 구분

제3차 교육과정 역시 영역구분을 하지 않고 있다. 그러나 중학교의 일반목표 중에서 '한문 해독에 필요한 한자, 어휘, 간단한 한문의 구조를 이해하게 한다.'는 내용으로 미루어 다음과 같이 영역을 구분하고 있음을 알 수 있다.

- 한자
- 어휘[61]
- 한문

제2차 교육과정에서 제시되었던 '단어'가 '어휘'라는 용어로 대치되었다. 이는 '단어'가 1음절 이상으로 이루어져 있는데 '한자' 또한 1음절의 낱글자이기 때문에 '단어'가 '漢字'를 포함할 수 있기 때문에 용어의 의미가 겹치는 것을 염려한 것으로 이해할 수 있다. 그러나 '어휘'라는 용어를 쓰면 위의 문제가 해결될 것으로 보이지만 몇 가지 문제가 발생하는 것을 어쩔 수 없다. 우선 '漢字' 역시 '어휘'에 들어간다는 것이다. 둘째, '어휘'는 '단어'의 群을 설명하는 용어이기 때문에 낱낱의 글자로서의 '한자'와 '문장'으로서의 '한문'과는 층위를 함께 하는 용어가 아니다. 그러므로 다시 '용어'의 논란을 가져올 여지가 있다. 이 영역 구분의 문제는 순서대로 위계화하는 과정을 보이지만 다른 층위의 용어를 사용함으로써 영역 자체

61) 서울대학교 국어교육연구소, 『국어교육학사전』(서울 : 대교출판, 1999). 이에 따르면 '어휘'에 대하여 다음과 같이 설명하고 있다. "일정한 범위 안에서 사용되는 단어의 집합. 이 술어는 어디까지나 집합 개념으로 사용되어야 한다. 이 말은 한자로 '語彙'라고 쓰는데 이 때 '彙'의 의미는 '모이다' 또는 '집합(集合)하다'이다. 어휘라는 술어에는 이처럼 '집합, 군집, 무리'의 의미가 내재되어 있기 때문에 '어휘'라는 말을 단어쯤에 해당하는 단수의 개념으로 사용하는 것은 바르지 않다."

에 교집합이 발생하였을 뿐만 아니라 구조화에 실패했다는 것이다.

2) 내용

제3차 중학교 교육과정에서 눈에 띄는 것은 '주요 형식'이라는 것이다. '지도 사항'과 '주요 형식'의 내용은 다음과 같다.

〈표Ⅱ-10〉 제3차 교육과정 한문과의 지도 사항

제1학년	제2학년	제3학년
① 한자의 음과 뜻 알기(약 350자) ② 한자의 구조 알기 ③ 한자의 획순 알기 ④ 단어의 구조 알기 ⑤ 사전 활용법 알기 ⑥ 주어, 서술어를 중심으로 한 간단한 문형 알기 ⑦ 글의 뜻 알기	① 한자의 수 늘리기 (신출 약 300자) ② 어휘 늘리기 ③ 주어, 서술어, 목적어를 중심으로 한 간단한 문형 알기 ④ 글의 뜻과 줄거리 알기 ⑤ 좋은 글귀를 암송하고 그 감명을 되살리기	① 한자의 수 늘리기(약 250자) ② 어휘 늘리기 ③ 주어, 서술어, 목적어 및 수식어를 중심으로 한 간단한 문형 알기 ④ 쉬운 서사 용법 알기 ⑤ 글의 형식 알기 ⑥ 글의 줄거리와 주제 알기 ⑦ 우리말로 번역하기 ⑧ 좋은 글귀를 암송하고 그 감명 되살리기

지도사항에서는 우선 각 학년의 한자를 분배하였다. 각 학년의 한자 분배는 교과서 개발에서 시행되어야 할 사항이므로 교육과정에 넣는 것은 제재 선정과정에서 교과서를 억압하게 된다. 그러므로 타당한 논의라 할지라도 조심스러운 것이 사실이다. 내용은 제2차와 마찬가지로 각 학년에 계열성을 두어서 내용을 조절하였다. 핵심내용을 정리하면 다음과 같은 도식이 가능해진다.

1학년		2학년		3학년
한자, 단어, 주술문형	→	어휘, 주술목문형	→	어휘, 단문, 확장구조문

〈그림1〉 제3차 교육과정 한문과 내용 진행도

1학년에서는 주로 한자와 단어에 대하여 익히며, 2학년에서는 어휘와 단문을 익히며 3학년에서는 총체적인 문장을 다루는 내용으로 이루어져 있다. 그러나 초등학교에서 전혀 배우지 않은 상태에서 중2의 ④, ⑤는 문장 독해가 완전히 이루어진 상태에서 가능한 것이므로 난이도에 대한 염려가 없을 수 없으며, 중3에서 ④, ⑥, ⑦, ⑧을 교수·학습하는 것은 현실적으로 많은 무리가 따른다. 번역을 해서 제공하지 않는 이상 한문 원문을 번역하는 것 자체가 힘든데 그 내용을 파악하고 감명을 되살리는 것은 학생들에게 지나친 목표를 제시하고 무리한 교수·학습을 강행하게 하는 것이다.

〈표Ⅱ-11〉 제3차 교육과정 한문과의 주요 형식

제1학년	제2학년	제3학년
① 한자 ② 단어 ③ 숙어 ④ 간이한 한문	① 단어 ② 숙어 ③ 고사 ④ 속담 ⑤ 간이한 한문	① 단어 ② 숙어 ③ 고사 ④ 속담 ⑤ 격언 ⑥ 간이한 한문 ⑦ 시

여기서는 '형식'이라는 용어를 사용했지만 실제로는 이것이 '영역'을 대신하는 것으로 보인다. 여기는 '단어', '숙어', '고사', '속담'이 나름의 영역으로 설정되었다. 이것은 '한문 고전' 교육과 언어생활의 '한자어' 교육의 혼재에서 오는 용어의 혼란이다. 국어의 단어와 한문의 단어는 다르며, 국어의 숙어와 한문의 숙어역시 다르다. '고사'는 '고사 성어'를 지칭하는 것이라고 볼 때, 국어에서는 한자어 '어휘'이나 한문에서는 '숙어'일 수도 있고 '문장'일 수도 있다. 이는 속담도 마찬가지이다. 그러므로 이 용어들은 '한문 고전'의 용어와 '언어생활'의 용어가 개념의 구분 없이 나열된 것을 알 수 있다.

라. 제4차 교육과정기

1) 영역 구분

제4차 교육과정 역시 영역을 구분하고 있지 않다. 그러나 목표와 내용을 고려할 때 다음의 2개 영역으로 나누고 있음을 알 수 있다.

- 한자
- 한문

'한자'와 '한문'의 2개 영역으로 나눈 것은 제3차의 '어휘'영역이 제외된 것이다. 어휘라는 용어가 가지는 영역의 문제가 부담이 된 것으로 보인다. 결국 제1차·제2차 교육과정의 '한자'와 '한문'으로 환원하였다고 할 수 있다. 그러나 아이러니하게도 언어생활에서 쓰이는 '한자어'의 문제를 포괄하지 못한 것은 문제점이 아닐 수 없다.

2) 내용

중학교의 학년별 내용을 모아 하나의 표로 제시하면 다음과 같다.

〈표Ⅱ-12〉 제4차 교육과정 중학교 한문과의 내용

중학교 1학년	중학교 2학년	중학교 3학년
① 한자의 뜻과 음을 안다. ② 한자의 짜임을 안다. ③ 한자의 필순을 익힌다. ④ 자전에서 한자 찾는 방법을 안다. ⑤ 한자어의 짜임을 안다. ⑥ 문장의 기본 구조를 안다. ⑦ 간이한 한문을 풀이한다.	① 한자의 뜻과 음을 알고 익힌다. ② 한자의 짜임을 익힌다. ③ 한자의 필순을 익힌다. ④ 자전에서 한자 찾는 방법을 알고 익힌다. ⑤ 한자어의 짜임을 알고 익힌다. ⑥ 기본이 되는 한자의 쓰임을 안다. ⑦ 문장의 기본 구조를 알고 익힌다. ⑧ 문장의 기본 형식을 안다. ⑨ 한문 기록을 풀이하고, 그 속에 담긴 전통문화를 이해한다.	① 한자의 뜻과 음을 알고 익힌다. ② 한자의 짜임을 알고 활용한다. ③ 한자의 필순을 익힌다. ④ 자전에서 한자를 찾아 익힌다. ⑤ 한자어의 짜임을 알고 활용한다. ⑥ 복합문의 구조를 이해한다. ⑦ 한자의 쓰임을 안다. ⑧ 문장의 형식을 이해한다. ⑨ 한문 기록을 풀이하고, 그 속에 담긴 전통문화를 이해한다.

내용 요소를 살펴보면 제3차 교육과정에서 크게 발전한 내용의 전개가 두드러진다. 첫째, 제3차에서는 중학교 1학년에 '한자의 음과 뜻을 안다.'를 한 번 제시하였는데, 3개 학년 공히 '한자의 뜻과 음을 안다(알고 익힌다)'를 넣어 '음과 뜻'을 '뜻과 음'으로 순서를 바꾸었다. 이는 신출한자가 '(천) 하늘'로 제시되는 것에 대한 어색함을 '하늘 (천)'으로 바꾸어야 한다는 의지의 표현이다. 한자를 익히는 것이 중학교에서 중요한 내용이며 또한 과제임을 명시한 것이다.

둘째, 한자의 짜임을 3개 학년에 모두 제시한 것은 이른 바 '文字學'의 보급에 따른 '字源' 교육을 염두에 두어 단순한 한자의 암기에서 비롯되는 무리한 교수・학습을 지양하고 한자교육을 구조적이고 분석적으로 시행해야 한다는 뜻으로 이해된다.

셋째, 역시 쓰기 교육을 강조하고 있다. 필순의 경우는 '획순'이라는 용어로 쓰이던 것을 실제로 쓰는 과정을 의미하는 용어로 대치한 것이다. 다만 '한자의 필순을 익힌다.'는 것은 낱낱의 한자를 익혀야 하는 것이 아니며 한자 쓰기 전체적인 양상에서 보편적이고도 일반적인 필순의 원리를 익히는 것으로 파악해야 한다.

넷째, '한자어'의 등장은 여기서 매우 주목해야 하는 것이다. 특히 '한자어의 짜임을 안다.'는 것은 '한자의 짜임'과 구별되는 것으로서 '한자의 짜임'이 문자학이라면 '한자어의 짜임'은 한자가 결합하여 새로운 어휘를 생성할 때 그들이 결합하는 방식을 말하는 것이다. 그러므로 '한자어의 짜임'은 2음절 이상의 단어를 설명하는 과정에서 필요한 것이며 이는 꾸준히 한문과 교육과정의 논의거리를 제공하는 용어이다. '단어', '숙어', '성어', '어휘' 등등의 여러 개념의 도입을 시도하다가 결국 '한자어'라는 국어의 용어를 한문과 교육과정에 들여오게 되었다.

다섯째, 한문을 독해하는 과정을 제시하고 있다.

여섯째, 제3차 교육과정의 '좋은 글귀를 암송하고 그 감명 되살리기'라는 정의적인 요소가 제4차에서는 '한문 기록을 풀이하고, 그 속에 담긴 전통문화를 이해한다.'로 바뀌었다. 다시 말해 '감명 되살리기'는 마음에 천착해서 수준 높은 한문 문화를 탐미하는 것이었는데 '전통문화를 이해한다.'는 이해의 수준으로 낮추어진 것이다. 전문가도 어려운 한문의 감상을 중학생에게 요구했던 제3차 교육과정의 내용이 다소 완화되어 실현 가능한 내용으로 제시되었다는 점에서 긍정적이다.

고등학교의 내용 요소는 다음과 같다.

〈표Ⅱ-13〉 제4차 교육과정 고등학교 한문과의 내용

한문Ⅰ	한문Ⅱ
① 한자의 뜻과 음을 알고 익힌다. ② 한자와 한자어의 짜임을 알고 활용한다. ③ 허자의 쓰임을 알고 익힌다. ④ 복합문의 구조를 알고 익힌다. ⑤ 문장의 형식을 이해한다. ⑥ 여러 가지 글의 특징을 이해한다. ⑦ 글의 중심되는 뜻을 안다. ⑧ 한문 기록에 나타난 선인들의 생활, 사상 및 가치관을 이해한다.	① 허자의 쓰임을 알고 활용한다. ② 문장의 구조를 알고 활용한다. ③ 문장의 형식을 이해하고 활용한다. ④ 문맥을 통하여 여러 가지 함축된 의미를 파악한다. ⑤ 글을 올바르게 해석하고 평가한다. ⑥ 한문 기록에 나타난 선인들의 사상이나 가치관을 바르게 수용한다.

고등학교의 내용은 중학교의 학습을 바탕으로 고등학교용 한자를 익히고, 주로 한문 문장을 익히는 데 중점을 두고 있다. 따라서 '허자의 쓰임'이나 '문장의 구조', '문장의 형식' 등이 강조되고 있다. 이는 고전문법에 따른 암기로 문리를 터득했던 선조들의 방식을 따라갈 수 없는 상황에서 문법구조를 통하여 문장에 접근하는 원리를 제시한 것이다. 그리하여 문장의 내용을 파악하고 그 파악한 내용을 바탕으로 '한문 기록에 나타난 선인들이 생활, 사상 및 가치관을 이해한다.'는 정의적인 내용을 제시함으로써 과거와 현재를 연결하

는 고리를 만들어낸 것이다. 위에 논의한 내용을 표로 제시하면 다음과 같다.

중 1		중 2		중 3		한문 I		한문 II
한자 ↓ 한자어 (짜임) ↓ 간이한 한문	→	한자 ↓ 한자어 ↓ 한문	→	한자 ↓ 한자어 ↓ 한문	→	한자, 한자어 ↓ 한문	→	한문

〈그림2〉 제4차 교육과정 한문과 내용 진행도

위의 그림을 살펴보면 먼저 순차적으로 한자로부터 출발하여 '한자→한자어→한문'의 과정을 거쳐 최종에 가면, '한자・한자어'의 비중은 줄어들고 '한문'의 영역으로 진입하는 과정을 보여주고 있다. 둘째로 중학교에서는 한자・한자어・한문이 균형 있게 학습되며, 고등학교에서는 한문에 치중하는 양상도 드러나고 있다.

마. 제5차 교육과정기

1) 영역구분

제4차 교육과정까지는 한문과의 영역을 구분하지 않았다. 그러나 제5차 교육과정에서는 내용영역을 다음과 같이 구분하고 있다.

- 한자
- 한자어
- 한문

2) 내용

전술한 바와 같이 제5차 교육과정에서는 내용 영역을 '한자・한자어·한문'으로 분류하여 설정하였다. 내용을 영역별로 살펴보면 다음과 같다.

〈표Ⅱ-14〉 제 5차 교육과정 중학교 한문과의 한자

중학교 1학년	중학교 2학년	중학교 3학년
① 한자의 음과 뜻 알기 ② 한자의 기본 필순을 알고 바르게 쓰기 ③ 한자는 형·음·의를 갖추고 있음을 알기 ④ 한자의 짜임을 통하여 한자 이해하기 ⑤ 한자의 부수에 대해서 알기 ⑥ 자전에서 여러 방법으로 한자를 찾기	① 한자의 음과 뜻을 알기 ② 한자의 필순을 알고 바르게 쓰기 ③ 한자는 형·음·의를 갖추고 있음을 알기 ④ 한자의 짜임을 통하여 한자를 이해하기	① 한자의 음과 뜻을 알기 ② 한자의 필순을 알고 바르게 쓰기 ③ 한자의 짜임을 통하여 한자를 이해하기

중학교 '한자'영역의 내용은 '한자의 음과 뜻', '필순', '한자의 짜임'은 3학년까지 공통이며 '형·음·의'는 2학년까지 설정되어 있으며, 1학년 처음에는 '부수'와 '자전 찾기'를 확실히 익히는 것으로 되어 있다.

〈표Ⅱ-15〉 제5차 교육과정 중학교 한문과의 한자어

중학교 1학년	중학교 2학년	중학교 3학년
① 한자어의 음과 뜻 알기 ② 한자어를 바르게 쓰기 ③ 한자어의 짜임을 알기 ④ 한자어를 한문 문장에서 활용하기 ⑤ 한자어를 익혀 언어생활에서 바르게 사용하기	① 한자어의 음과 뜻을 알기 ② 한자어를 바르게 쓰기 ③ 고사 성어에 대해서 알기 ④ 한자어의 짜임을 통하여 문장의 구조를 이해하기 ⑤ 한자어를 익혀 언어생활에서 바르게 사용하기	① 한자어의 음과 뜻을 알기 ② 한자어를 바르게 쓰기 ③ 고사 성어에 대해서 알기 ④ 한자어의 짜임을 통하여 문장의 구조 이해하기 ⑤ 한자어를 익혀 언어생활에서 바르게 사용하기

한자어는 '음과 뜻 알기', '바르게 쓰기', '언어생활에 사용하기'는 3개년 공통이며, '고사 성어에 대해서 알기'가 2·3학년에 추가되어 있다. 이 내용에 따르면 '한자어의 짜임'은 '한자의 짜임'과는 다르며, '한자어'를 통하여 '문장의 구조'를 이해할 수 있으며, '언어생활'에 사용할 수 있다고 제시되어 있다. 더구나 '고사 성어'가 '한자어'에 포함됨으로써 제5차 교육과정에서 '한자어'는 그 영역이 대단히 팽창되어 중요한 영역으로 자리 잡게 되었다.

〈표Ⅱ-16〉 제5차 교육과정 중학교 한문과의 한문

중학교 1학년	중학교 2학년	중학교 3학년
① 문장의 기본 구조 알기 ② 문장의 확장구조 알기 ③ 간이한 문장을 풀이하고 이해하기 ④ 간이한 한시를 풀이하고 이해하기 ⑤ 좋은 글귀를 암송하고 그 감명 되살리기 ⑥ 간이한 한문 속에 담긴 선인들의 생각과 느낌을 바르게 이해하고 수용하려는 태도 가지기	① 문장의 기본구조를 알고 활용하기 ② 문장의 확장구조를 알고 활용하기 ③ 문장의 형식을 알기 ④ 기본이 되는 허자의 쓰임을 알기 ⑤ 간이한 문장을 풀이하고 이해하기 ⑥ 격언과 속담을 풀이하고 이해하기 ⑦ 간이한 한시를 풀이하고 감상하기 ⑧ 좋은 글귀를 암송하고 그 감명 되살리기 ⑨ 간이한 한문 속에 담기 전통 문화를 바르게 이해하고 수용하려는 태도 가지기	① 문장의 기본구조를 알고 활용하기 ② 문장의 확장구조를 알고 활용하기 ③ 복합문의 구조를 알기 ④ 문장의 형식을 알고 활용하기 ⑤ 허자의 구실과 쓰임을 알기 ⑥ 문장을 풀이하고 이해하기 ⑦ 격언과 속담을 풀이하고 이해하기 ⑧ 한시의 형식과 특징을 알기 ⑨ 간이한 한시를 풀이하고 감상하기 ⑩ 좋은 글귀를 암송하고 그 감명 되살리기 ⑪ 간이한 한문 기록에 담긴 전통문화를 바르게 이해하고, 수용, 발전시키려는 태도 가지기

'한문' 영역을 살펴보면 학년별로 약간의 차이는 있지만 '한문'을 구성하고 있는 거의 모든 내용이 다 들어 있는 것을 확인할 수 있다.

중학교에서 '한자'와 '한자어'가 강조된 것을 더욱 확대하여 고등학교에서는 '한문'을 더욱 강화하였다.

고등학교의 내용은 다음과 같다.

〈표Ⅱ-17〉 第5차 교육과정 고등학교 한문과의 내용

한자	한자어	한문
① 한자의 음과 뜻을 알기 ② 한자를 바르게 쓰고 활용하기 ③ 한자의 짜임을 통하여 한자를 이해하기	① 한자어의 음과 뜻을 알기 ② 한자어를 바르게 쓰고 활용하기 ③ 한자어를 익혀 언어생활에서 바르게 사용하기 ④ 한자 성어의 짜임을 알고, 문장 구조 이해에 활용하기	① 문장의 기본구조를 알고 활용하기 ② 문장의 확장구조를 알고 활용하기 ③ 복합문의 구조를 알고 활용하기 ④ 문장의 형식을 알고 풀이하기 ⑤ 허자의 구실을 알고, 문장 독해에 활용하기 ⑥ 산문의 특징을 알고 독해하기 ⑦ 한시의 특징을 알고 감상하기 ⑧ 좋은 글귀를 암송하고 그 감명 되살리기 ⑨ 한문 기록에 담긴 선인들의 사상, 감정 및 가치관을 이해하기 ⑩ 한문 기록에 담긴 선인들의 훌륭한 행실을 본받고, 전통문화를 바르게 수용, 발전시키려는 태도 가지기

고등학교는 중학교에서부터 익혀 온 '한자 · 한자어 · 한문'을 보다 확대하여 고등학교용 900자를 더한 1,800자를 기준으로 내용을 구성하되 '한자 · 한자어'보다는 '한문'의 학습을 강조하였다. 그리고 고등학교에서는 중학교에서는 '고사 성어'라고 하던 것을 '한자 성어'라는 용어로 대치하였다. '한자 성어' 역시 '한자어'에 속해 있으며, '한자 성어'는 '고사 성어'에 고사가 없는 일반 성어까지 더한 개념으로 여겨진다.

'한문'에서는 '한시'에 대비하여 '산문'이라는 용어를 사용하였으며, 중학교에서 전통문화를 '수용, 발전시키는 것'에서 '가치관 이해하기'라는 정의적 영역을 추가하였다.

第5차 교육과정의 내용은 '한자'를 통하여 '한자어'로 나아가며, '한자어'를 통하여 '한문'으로 나아가는 단계성의 과정을 제시하고 있다고 할 수 있다. 이를 도표로 나타내면 다음과 같다.

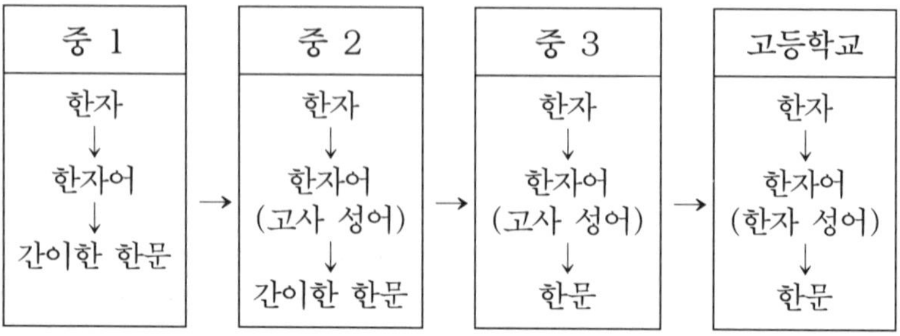

〈그림3〉 제5차 교육과정 한문과 내용 진행도

제5차 교육과정 내용의 특징은 첫째, '한자', '한자어', '한문'으로 명백한 영역 구분을 하였다는 것과 둘째, 세부적으로 '한자어'가 '단어'나 '어휘', '성어'를 제치고 중요한 개념으로 등장하였다는 데 큰 의의가 있다.

바. 제6차 교육과정기

1) 영역 구분

제5차 교육과정에서는 중학교에서 매 학년마다 '목표'와 '내용'을 제시하고 '내용'을 다시 '한자 · 한자어 · 한문'으로 제시하였으나 제6차 교육과정에서는 '학년 목표'를 통합하여 '목표'로 제시하고 '내용'을 '한자 · 한자어 · 한문'으로 제시하였으므로 제5차 교육과정과 같이 다음의 3단계로 영역을 구분하고 있음을 알 수 있다.

- 한자
- 한자어
- 한문

제5차에 이어서 제6차에서도 위의 3개 영역으로 구분되었으므로 이는 이미 상당히 고착된 양상을 띠고 있다. 이 영역의 구분이 옳은가 그른가를 떠나 한문과 교육의 내용은 일단 '한자 · 한자어 · 한문'으로 구분되는 대영역을 가지게 된 것이다. 이는 내용 체계에도 그대로 반영되어 있다.62)

참고로 초등학교에서 실시한 '학교 재량 시간'의 '한자'에 대한 내용은 진철용에 의해서 논의된 바 있으며 그 영역 구분은 다음과 같다.

초등학교 한자 교육과정에 나타난 영역 구분63)

개발자	서울시교육청	방인태	강병륜 · 송영일 · 허왕욱	김정숙
영역구분	1) 한자 2) 한자어 3) 한자어구	1) 한자 2) 한자어 3) 언어생활	1) 한자 2) 한자어	1) 한자 · 한자어 2) 한자생활

이는 제6차 교육과정에 이르는 동안의 영역 구분을 제시한 것이며 이에 따르면 그 동안 초등학교에서는 '한자'와 '한자어'를 중심으로 이루어져 '한문'으로 나아가지는 않았다. 그러므로 '한자 어구' 또는 '언어생활', '한자생활'이라는 용어로 '한자어'의 영역을 보다 넓히려 시도하였다는 것을 확인할 수 있다.

2) 내용

전술한 바와 같이 제6차 교육과정의 내용은 '한자 · 한자어 · 한문'으로 구분되어 있으며 '한자'부터 학년을 통합하여 살펴보면 다음과 같다.

---

62) 교육부, 『중학교 교육과정』(서울 : 교육부, 1992), 181쪽 참조.

63) 진철용, "재량시간 漢字 지도의 이론과 실제," 『初等 漢字漢文 敎員 職務研修』(서울 : 서울初等漢字漢文敎育研究會, 2006), 31쪽.

〈표II-18〉 제6차 교육과정 중학교 한문과의 한자

중학교 1학년	중학교 2학년	중학교 3학년
① 한자의 음과 뜻 알기 ② 한자의 기본 필순을 알고 바르게 쓰기 ③ 한자의 짜임을 통하여 한자의 형, 음, 의 이해하기 ④ 한자를 익혀 언어생활에 활용하기 ⑤ 부수에 대하여 알고, 자전에서 한자 찾기	① 한자의 음과 뜻을 알기 ② 한자의 기본 필순을 알고 바르게 쓰기 ③ 한자의 짜임을 통하여 한자의 형, 음, 의 이해하기 ④ 한자를 익혀 언어생활이나 문장 독해에 활용하기 ⑤ 자전에서 여러 방법으로 한자 찾기	① 한자의 음과 뜻을 알기 ② 한자 바르게 쓰기 ③ 한자의 짜임을 통하여 한자의 형, 음, 의 이해하기 ④ 한자를 익혀 언어생활이나 문장 독해에 활용하기

'한자'는 '음과 뜻', '바르게 쓰기', '짜임과 형, 음, 의'는 공통이며, 1학년의 '부수 알기 및 자전 찾기'가 2학년에서는 '자전에서 여러 방법으로 한자 찾기'로 확대되었으며 '자전 찾기'는 2학년까지의 내용으로 3학년에는 제시되지 않았다. 특히 중요한 것은 1학년에서 '한자를 익혀 언어생활에 활용하기'가 2 · 3학년에서는 '문장 독해에 활용하기'를 더하여 '한자'를 익혀 '언어생활'과 '문장 독해'에 활용하는 것으로 확대되었다는 것이다. 이는 제5차에 비하여 더욱 연계성을 강조한 것이다.

다음으로 '한자어'를 통합하여 살펴보면 다음과 같다.

〈표II-19〉 제6차 교육과정 중학교 한문과의 한자어

중학교 1학년	중학교 2학년	중학교 3학년
① 한자어의 음과 뜻 알기 ② 한자어의 짜임을 통하여 한자어 풀이하기 ③ 한자어를 익혀 언어생활에 활용하기 ④ 고사 성어를 풀이하고 이해하기	① 한자어의 음과 뜻을 알기 ② 한자어의 짜임을 통하여 한자어 풀이하기 ③ 한자어의 짜임을 통하여 문장의 구조 이해하기 ④ 한자어를 익혀 언어생활이나 문장 독해에 활용하기 ⑤ 고사 성어를 풀이하고 이해하기	① 한자어의 음과 뜻을 알기 ② 한자어의 짜임을 통하여 한자어 풀이하기 ③ 한자어의 짜임을 통하여 문장의 구조 이해하기 ④ 한자어를 익혀 언어생활이나 문장 독해에 활용하기 ⑤ 고사 성어를 풀이하고 이해하기

'한자어'의 내용은 '음과 뜻', '짜임', '언어생활에 활용', '고사 성어'로 요약할 수 있다. 특히 한자어의 짜임을 통하여 한자어를 풀이하며 문장의 구조를 이해하는 것이 강조된 것은 '한자어의 짜임'이 한문 문법의 기본 구조라는 인식의 출발이다. 또한 '고사 성어'를 제5차와 마찬가지로 '한자어'의 영역에 포함하고 있어 '한자어'의 중요성이 더욱 강화되었다. '한문'도 학년을 통합하여 보면 다음과 같다.

〈표Ⅱ-20〉 제6차 교육과정 중학교 한문과의 한문

중학교 1학년	중학교 2학년	중학교 3학년
① 간이한 문장을 풀이하고 이해하기 ② 문장의 기본구조 알기 ③ 좋은 글귀를 이해하고 그 감명 되살리기 ④ 평이한 시구를 풀이하기 ⑤ 한문 속에 담긴 선인들의 사상과 감정 이해하기	① 간이한 문장을 풀이하고 이해하기 ② 문장의 확장구조 알기 ③ 기본이 되는 허자의 쓰임 알기 ④ 격언이나 속담을 풀이하고 이해하기 ⑤ 좋은 글귀를 이해하고 그 감명 되살리기 ⑥ 평이한 한시를 풀이하고 감상하기 ⑦ 한문 속에 담긴 선인들의 사상과 감정을 이해하고 올바른 가치관 가지기 ⑧ 한문 속에 담긴 전통문화 이해하기	① 간이한 산문을 풀이하고 이해하기 ② 문장의 확장구조를 알고 활용하기 ③ 문장의 형식을 알고 활용하기 ④ 기본이 되는 허자의 쓰임과 구실 알기 ⑤ 격언이나 속담을 풀이하고 이해하기 ⑥ 좋은 글귀를 이해하고 그 감명 되살리기 ⑦ 평이한 한시를 풀이하고 감상하기 ⑧ 한문 속에 담긴 선인들의 사상과 감정을 이해하고 올바른 가치관 가지기 ⑨ 한문 속에 담긴 전통문화를 이해하고 계승 발전시키려는 태도 가지기

중학교에서는 복잡하고 긴 문장을 지양하고 '간이한' 문장을 다루게 한 것이 제5차 교육과정과의 큰 차이점이다. 당초에 고려되지 않았던 것을 찾아내어 위계성을 주려고 노력한 것이다. 1학년에서는 '한시'라고 하지 않고 '평이한 시구'라고 함으로써 한시를 전체가

아닌 일부를 제시할 수 있도록 설정하였다. 또한 격언이나 속담 등을 명시함으로써 교육 내용에 대한 구체적인 지시를 하여 흥미로운 자료를 제공함과 동시에 위계를 고려하고 있다.

1학년에서는 '간이한 문장'과 '기본 구조'를, 2·3학년에서는 '간이한 문장'과 '확장구조'로 나아가고 있으며, 1·2학년의 '알기'가 3학년에서는 '활용하기'로 발전하였다. 또한 정의적인 영역도 '이해하기'에서 '이해하고~가지기'로 발전한 것을 볼 수 있다.

한문과에서 '정의적인 영역'은 이루 말할 수 없이 중요하다. 초·중·고를 통해 '한문 원문'을 통해서 내용을 학습하는 과정은 한문과밖에 없다. 선인들이 직접 한자로 쓴 내용을 학생들이 직접 대하여 그들이 글을 쓰는 과정을 이해함으로써 감상이 풍부해질 수 있다. 이는 단순히 그 내용을 잘 전달한다는 의미보다는 '한자'가 가지는 독특한 내용과 함축성을 이해한다는 것이다. 그리고 당시의 문화가 글 속에 직접 들어 있어 원문이 아니고는 느낄 수 없는 것들에 대한 정의적인 영역에 관한 논의이다.64)

고등학교의 내용은 다음과 같다.

〈표Ⅱ-21〉 제6차 교육과정 고등학교 한문과의 한자

한문Ⅰ	한문Ⅱ
① 한자의 음과 뜻 알기 ② 한자 바르게 쓰기 ③ 한자의 짜임을 통하여 한자의 형, 음, 의(形, 音, 義) 이해하기 ④ 한자를 익혀 언어생활과 문장 독해에 활용하기	① 한자의 음과 뜻 알기 ② 한자를 익혀 언어생활과 문장 독해에 활용하기

64) 문장의 일부이거나 단순한 문장이라도 한문의 맛을 보는 것은 단순히 좋은 글귀를 번역하는 이상의 의미가 있다. 한문에서는 '친(親)'이라는 한 글자로 '부모님'을 나타낸다. 이 글자는 '立+木+見'으로 파자되면서 '나무 위에 올라가서 자식이 오나 살펴본다.'는 뜻의 설명을 가능하게 한다. 또 '효도'는 '孝'가 '老+子'로 파자되면서 '자식이 노인을 업고 있는 모습'이라는 설명이 가능해진다. 그러므로 단순히 '효도'를 설명하는 것과 비교할 때 정의적 영역에서 큰 차이를 가져올 수 있다.

고등학교의 '한자' 영역은 주로 '음과 뜻'을 알고 '언어생활'과 '문장 독해'에 활용하는 것이 중심이다. '한문Ⅰ'은 중학교를 이어서 중학교의 내용을 연계하는 의미에서 '한자의 짜임'과 '바르게 쓰기'를 제시한 것이다.

〈표Ⅱ-22〉 제6차 교육과정 고등학교 한문과의 한자어

한문Ⅰ	한문Ⅱ
① 한자어의 음과 뜻 알기 ② 한자어의 짜임을 통하여 한자어 풀이하기 ③ 한자어의 짜임을 통하여 문장의 구조 이해하기 ④ 한자어를 익혀 언어생활과 문장 독해에 활용하기 ⑤ 고사 성어를 풀이하고 이해하기	① 한자어의 음과 뜻 알기 ② 한자어를 익혀 언어생활과 문장 독해에 활용하기

'한자어' 역시 '음과 뜻'을 알고 '언어생활'과 '문장 독해'에 활용하는 것이 중심 내용이다. '한자'와 마찬가지로 '짜임'을 통하여 '한자어'를 풀이하거나 '문장 구조'를 이해하는 것은 중학교 '한자어' 영역을 연계하는 의미이다. '한문Ⅱ'는 본격적인 한문을 중심 내용으로 하기 때문에 '고사 성어'를 다루지 않고 있다.

〈표Ⅱ-23〉 제6차 교육과정의 고등학교 한문과의 한문

한문Ⅰ	한문Ⅱ
① 산문을 풀이하고 이해하기 ② 문장의 기본 구조와 확장 구조를 알고 활용하기 ③ 복합문의 구조 알기 ④ 문장의 형식을 읽고 활용하기 ⑤ 허자의 쓰임과 구실 알기 ⑥ 격언이나 속담을 풀이하고 이해하기 ⑦ 좋은 글귀를 이해하고 그 감명 되살리기 ⑧ 한시를 풀이하고 감상하기 ⑨ 한문 기록에 담긴 선인들의 사상과 감정을 이해하고 올바른 가치관 가지기 ⑩ 한문 기록에 담긴 전통 문화를 이해하고 계승, 발전시키려는 태도 가지기	① 여러 가지 산문을 풀이하고 이해하기 ② 문장의 기본 구조와 확장 구조를 알고 활용하기 ③ 복합문의 구조를 알고 활용하기 ④ 문장의 형식을 알고 활용하기 ⑤ 허자의 쓰임과 구실을 알고 활용하기 ⑥ 격언이나 속담을 풀이하고 이해하기 ⑦ 좋은 글귀를 이해하고 그 감명 되살리기 ⑧ 한시의 특징을 알고 감상하기 ⑨ 한문 전적에 담긴 선인들의 사상과 감정을 이해하고 올바른 가치관 가지기 ⑩ 한문 전적에 담긴 전통 문화를 이해하고 애호, 발전시키려는 태도 가지기

고등학교 '한문'의 '내용'은 본격적인 문장을 해석하고 그 내용을 이해, 감상하며, 감명을 되살릴 뿐만 아니라 그것을 통하여 선인들의 사상과 감정을 이해하고 전통문화를 계승·발전시키려는 태도까지를 그 범위로 하고 있다. '한문Ⅰ'에서는 '한문'으로 제시하고 '한문Ⅱ'에서는 '한문 전적'으로 모든 고전을 담당할 수 있도록 범위를 열어놓고 있다.

초등학교부터 고등학교의 모든 '내용'을 통합하여 표로 제시하면 다음과 같다.

(초등)		중1		중 2		중 3		한문Ⅰ		한문Ⅱ
한자 ↓ 한자어	→	한자 ↓ 한자어 ↓ 한문	→	한자 ↓ 한자어 ↓ 한문	→	한자 ↓ 한자어 ↓ 한문	→	한자 ↓ 한자어 ↓ 한문	→	한자 ↓ 한자어 ↓ 한문

〈그림4〉 제6차 교육과정 한문과 내용 진행도

위의 그림에서 알 수 있는 것처럼 초등학교를 제외하고는 모두 '한자→한자어→한문'의 과정을 가지고 있으며 이로써 한문과 교육과정의 '내용'은 연계성과 위계성이 확립되었으며 나선형[65]으로 조직된 학문중심교육과정 체계를 가지게 된 것이다.

사. 제7차 교육과정기

1) 영역 구분

제6차 교육과정에서는 내용을 '내용 체계'와 '학년별 내용'으로 제시하였다. 내용 체계표에 범주화한 교과 교육의 내용을 체계화하여 표로 제시하였으며 그것을 중학교에서 '학년별 내용'으로 상세화한 것이다. 제7차 교육과정에서는 제6차의 '한자', '한자어', '한문'으로

65) 학교급에 따라 교육과정 내용의 깊이와 폭을 더해 나선형으로 지식을 구조화하는 것을 말한다.

대영역 설정을 이어 그대로 대영역으로 삼고 중영역을 설정하여 소영역의 중간에 두었다. 이것은 영역별 내용을 더욱 체계화하려는 노력을 보였다. 그리고 '학년별 내용'을 '영역별 내용'으로 명칭을 바꾸어 교육학 용어를 사용하여 교과의 내용을 제시하였으나 결국 중·고등학교 공히 다음과 같이 영역 설정을 했다고 할 수 있다.

- 한자
- 한자어
- 한문

이제 이러한 영역의 구분은 한문과의 대영역으로 완전히 고착되었다고 할 수 있다. 이에 여러 학자들의 이의가 고개를 들고 내용 체계에 대한 논의가 꼬리를 물었으나 결국 이는 다음의 교육과정의 과제로 넘겨졌으며 이 시기의 한문과의 교육은 이 3개의 대영역이 보편화되었다고 할 수 있다.

2) 내용

제6차에 이어 제7차 교육과정의 내용도 한자·한자어·한문으로 설정되었으며 학년별 내용을 통합하여 살펴보면 다음과 같다.

〈표Ⅱ-24〉 제7차 교육과정 중학교 한문과의 한자

중학교 1학년	중학교 2학년	중학교 3학년
① 한자의 음과 뜻을 알고 바르게 읽는다. ② 한자의 음과 뜻을 한자의 짜임을 통해 안다. ③ 자전에서 한자의 음과 뜻을 찾는다. ④ 한자의 기본 필순을 알고 바르게 쓴다. ⑤ 한자로 이루어진 한자어를 이해하고, 언어생활에 활용한다. ⑥ 한자를 이용하여 문장의 내용을 이해한다.	① 한자의 음과 뜻을 알고 바르게 읽는다. ② 한자의 음과 뜻을 한자의 짜임을 통해 안다. ③ 한자의 필순을 알고 바르게 쓴다. ④ 학습한 한자로 이루어진 한자어를 찾아보고 언어생활에 활용한다. ⑤ 학습한 한자를 문장의 내용 이해에 활용한다.	① 한자의 음과 뜻을 스스로 알고 바르게 읽는다. ② 한자의 음과 뜻을 한자의 짜임을 통해 스스로 안다. ③ 한자를 필순에 맞추어 바르게 쓴다. ④ 학습한 한자를 언어생활에 활용한다. ⑤ 학습한 한자를 문장의 내용 이해에 활용한다.

제6차 교육과정의 '한자의 음과 뜻 알기'를 1·2학년에서는 '음과 뜻을 알고 바르게 읽는다.', 3학년에서는 '스스로 알고 바르게 읽는다.'로 하여 계열성을 주었으며, 한자의 여러 가지 음을 골라 읽을 수 있는 능력을 중시하고 있다. 그리고 '한자의 짜임', '필순과 쓰기', '언어생활의 활용'은 제6차와 대동소이하나 '학습한 한자를 문장의 내용 이해에 활용한다.'는 것은 이전에 없던 것이다. 제6차에서는 중3에서 '한자를 익혀 언어생활이나 문장 독해에 활용하기'가 있었다. 그러나 한자를 익혀 문장의 내용 이해에 활용한다는 것은 단순히 한자를 문장 독해에 활용한다는 추상적인 의미가 아니라 한자가 직접 한문 문장의 내용에 기여하는 역할을 인정한 것이다. 그러므로 한자는 한자어뿐만 아니라 한문 내용의 요소라는 것을 확인한 언급이다.

〈표II-25〉 제7차 교육과정 중학교 한문과의 한자어

중학교 1학년	중학교 2학년	중학교 3학년
① 한자어의 음과 뜻을 안다. ② 한자어의 짜임을 통해 한자어를 바르게 이해한다. ③ 한자어를 바르게 읽고 쓴다. ④ 성어를 풀이하고 속뜻을 이해한다. ⑤ 학습한 한자어를 언어생활에 활용한다. ⑥ 학습한 한자어가 문장에서 활용됨을 안다. ⑦ 한자어에 담긴 선인들의 삶과 지혜를 이해한다.	① 한자어의 음과 뜻을 안다. ② 한자어의 짜임을 통해 한자어의 뜻을 이해한다. ③ 한자어를 바르게 읽고 쓴다. ④ 성어를 풀이하고 일상생활에 활용한다. ⑤ 학습한 한자어를 언어생활에 활용한다. ⑥ 학습한 한자어를 이용하여 문장의 중심 내용을 이해한다. ⑦ 한자어에 담긴 선인들의 삶과 지혜를 이해한다.	① 한자어의 음과 뜻을 스스로 안다. ② 한자어의 짜임을 통해 한자어의 뜻을 스스로 풀이한다. ③ 한자어를 바르게 읽고 쓴다. ④ 성어의 속뜻을 알고 일상생활에 활용한다. ⑤ 학습한 한자어를 언어생활에 활용한다. ⑥ 학습한 한자어를 문장 독해에 활용한다. ⑦ 한자어에 담긴 선인들의 삶과 지혜를 이해하고, 건전한 가치관과 바람직한 인성을 함양한다.

'한자어'는 '음과 뜻', '짜임', '바르게 읽고 쓰기', '언어생활과 문장 독해에 활용하기'는 제6차의 내용과 대동소이하다. 그러나 '성어'는 '풀이하고 이해하기'에서 '속뜻을 알고 일상생활에 활용하기'로 그 폭이 확장되었다. 그리고 '한자어'에서는 언급되지 않았던 정의적 영역을 추가하여 1·2학년에서의 '⑦한자어에 담긴 선인들의 삶과 지혜를 이해한다.'와 3학년의 '⑦ 한자어에 담긴 선인들의 삶과 지혜를 이해하고, 건전한 가치관과 바람직한 인성을 함양한다.'를 추가하였다. 이는 국어의 어휘로서 존재하는 '한자어'의 영역이라기보다는 '한자어'가 문장을 축약한 성격을 지니는 것과 '고사 성어'의 내용을 추가한 것이다. 그러므로 '한자어'가 지난 제6차 교육과정까지의 '어휘'로서의 자격뿐만 아니라 '한문 문장'에 포함되는 내용도 일부 포함하게 된 것이다. 이것은 '한자어'의 영역이 원래의 용어 개념보다 지나치게 확대되고 있다는 것을 의미한다.

고등학교 교육과정의 '한자'와 '한자어'를 통합하여 살펴보면 다음과 같다.

〈표Ⅱ-26〉 제7차 교육과정 고등학교 한문과의 한자와 한자어

고등학교 한문		고등학교 한문 고전
한자	한자어	한자·한자어
① 한자의 음과 뜻을 스스로 알고 바르게 읽고 쓴다. ② 한자의 짜임을 통해 한자의 형·음·의를 이해한다. ③ 학습한 한자를 언어생활에 활용한다. ④ 학습한 한자를 문장 독해에 활용한다.	① 한자어의 음과 뜻을 스스로 알고 바르게 읽고 쓴다. ② 한자어의 짜임을 통해 한자어의 뜻을 스스로 풀이한다. ③ 성어의 속뜻을 알고 일상생활에 활용한다. ④ 학습한 한자어를 언어생활에 활용한다. ⑤ 학습한 한자어를 문장 독해에 활용한다. ⑥ 한자어에 담긴 선인들의 삶과 지혜를 이해하고, 건전한 가치관과 바람직한 인성을 함양한다.	① 한자와 한자어의 음과 뜻을 알고 바르게 활용한다. ② 성어의 속뜻을 알고 상황에 맞게 활용한다. ③ 한자와 한자어를 언어생활에 스스로 활용한다. ④ 한자와 한자어를 문장 독해에 스스로 활용한다. ⑤ 선인들의 삶과 지혜, 사상과 감정을 이해하고 건전한 가치관과 바람직한 인성을 함양한다.

고등학교에서는 '한자'나 '한자어'보다는 문장에 중심이 맞추어져 있어 중학교에 비해 '한자', '한자어'의 영역이 비교적 소략하다. 그러나 이는 중학교에서 정상적인 한문교육을 받은 내용을 기저로 출발한 것이다. 그러나 제7차 교육과정 중학교 한문과는 '재량 선택' 교과이기 때문에 이러한 계열성과 연계성이 제대로 갖추어질 수 있을 지 의문이다. 배우지 않은 것을 스스로 알고 바르게 쓰며, 스스로 문장 독해에 활용한다는 것은 지나치게 현실과 맞지 않는 내용인 것이다. 더구나 한자도 제대로 모르는 상황에서 정의적인 영역으로 내용을 확대하기는 더욱 어려울 것이다. 그러므로 현장 적합성이 검토되어 영역별 내용이 추출되어야 할 것이다.

〈표II-27〉 제7차 교육과정 중학교 한문과의 한문

중학교 1학년	중학교 2학년	중학교 3학년
① 간이한 문장을 읽고 뜻을 풀이한다. ② 문장의 기본 구조를 알고 간인한 문장을 풀이한다. ③ 평이한 시구를 바르게 읽고 풀이한다. ④ 격언·속담, 명언·명구를 풀이하고, 일상생활에 활용한다. ⑤ 한문에 담긴 선인들의 삶과 지혜를 이해한다.	① 간이한 문장을 바르게 읽고 뜻을 풀이한다. ② 간이한 문장의 구조를 알고 문장을 풀이한다. ③ 허자의 쓰임을 알고 문장 풀이에 활용한다. ④ 평이한 한시를 바르게 읽고 풀이한다. ⑤ 격언·속담, 명언·명구를 상황에 적합하게 활용한다. ⑥ 선인들의 삶과 지혜를 이해하고 건전한 가치관을 형성한다.	① 간이한 문장을 읽고 그 뜻을 스스로 풀이한다. ② 문장의 구조를 알고 문장을 스스로 풀이한다. ③ 허자의 쓰임을 알고 문장 풀이에 활용한다. ④ 문장의 형식을 알고 문장 풀이에 활용한다. ⑤ 평이한 한시를 풀이하고 감상한다. ⑥ 격언·속담, 명언·명구의 속뜻을 알고 일상생활에 활용한다. ⑦ 선인들의 삶과 지혜를 이해하고, 건전한 가치관과 바람직한 인성을 함양한다. ⑧ 전통문화를 이해하고 계승, 발전시키려는 태도를 지닌다.

'한문'의 내용은 제6차와 비교하여 거의 차이가 없으나, 우선 '좋은 글귀'를 '격언·속담, 명언·명구'라는 구체적인 용어로 바꾸어 제시하여 명료화하였다. 둘째 '읽기'를 강조한 것이 두드러진다. 중3에서는 '스스로'라는 용어를 넣어 1·2학년의 학습을 바탕으로 스스로 학습할 수 있어야 한다는 계열성을 부여하였다.

〈표Ⅱ-28〉 제7차 교육과정 고등학교 한문과의 한문

고등학교 한문	고등학교 한문 고전
① 한문을 바르게 읽고 풀이한다. ② 문장의 구조를 알고 문장을 스스로 풀이한다. ③ 허자의 쓰임을 알고 문장 풀이에 스스로 활용한다. ④ 문장의 형식을 알고 문장 풀이에 스스로 활용한다. ⑤ 한시를 풀이하고 감상한다. ⑥ 한시의 기초적인 형식과 특징을 이해한다. ⑦ 격언·속담, 명언·명구의 속뜻을 알고 일상 생활에 활용한다. ⑧ 선인들의 삶과 지혜를 이해하고 건전한 가치관과 바람직한 인성을 함양한다. ⑨ 전통 문화를 바르게 이해하고 창조적으로 계승 발전시키려는 태도를 지닌다. ⑩ 한문 학습을 통하여 한자 문화권 내에서의 상호 이해와 교류 증진에 기여한다.	① 문장을 읽고 스스로 풀이한다. ② 문장의 구조와 형식을 알고 문장 독해에 활용한다. ③ 허자의 쓰임을 알고 문장 독해에 활용한다. ④ 문학류 산문을 풀이하고 감상한다. ⑤ 역사류 산문을 풀이하고 내용을 이해한다. ⑥ 사상류 산문을 풀이하고 내용을 이해한다. ⑦ 각종 산문을 풀이하고 내용을 이해한다. ⑧ 한시를 풀이하고 감상한다. ⑨ 한시의 형식과 특징을 이해하고 활용한다. ⑩ 한문에 담긴 선인들의 삶과 지혜, 사상과 감정을 이해하고, 건전한 가치관과 바람직한 인성을 함양한다. ⑪ 전통 문화를 바르게 이해하고 창조적으로 계승 발전시킨다. ⑫ 한자 문화권 내에서의 상호 이해와 교류 증진에 기여한다.

'한문'은 중·고등학교를 통하여 이루어야 하는 '보편 한문'의 과정을 보여주고 있다. 위의 내용을 살펴보면 한문의 모든 요소를 고루 다 알아야 한다는 것으로 정리할 수 있다. 다만 '한문'과 '한문

고전'의 차이에 대하여 주목할 필요가 있다. '한문'이 보편적이라면 '한문 고전'은 전문적이라고 할 수 있을 것이다. 이른 바 한문 내용을 포괄한다고 일컬어지는 '문·사·철(文·史·哲)'을 비롯하여 이 이외의 산문과 '한시'의 모든 내용을 대상으로 하기 때문이다.

위의 모든 내용을 종합하여 표로 나타내면 다음과 같다.

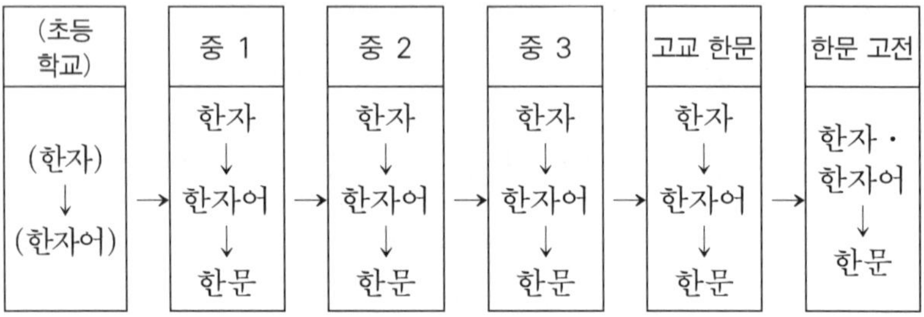

〈그림 5〉 제7차 교육과정 한문과 내용 진행도

교과의 위상에 변화가 있고, 학교 현장에서는 수많은 파행이 이루어지고 있는데도 위의 그림을 보면 제6차 교육과정과 고등학교의 교과명만 바뀌었을 뿐 큰 체제는 변하지 않은 것을 알 수 있다. 이러한 체계는 한문과 교육과정의 내용 및 내용 체계가 서서히 하나의 틀로 굳어져가고 있다는 생각을 가능하게 한다.

Ⅲ. 한문과 교육과정의 배경 요인

한문과 교육과정이 이루어지기 위해서는 교육과정을 이루는 배경 요인들이 존재한다. 그러므로 한문과 교육과정은 어떤 요소로 이루어져 있으며, 이러한 요소들은 어떻게 한문과에 작용하게 되는가에 대한 의문을 제기할 수 있다. 우선 한문은 문자언어라는 점에 주목한다. 한문과 교육은 일반적으로 한자의 학습을 선행하고 문장 해석으로 나아가게 된다. 이러한 과정은 학생들이 한자를 인지하는 과정과 한문 문장 해석의 과정으로 나누어 볼 수 있다. 이는 한문이 갖는 언어학적인 모습을 통하여 그 실체를 파악할 수 있다.

한자가 전래된 이래 우리나라는 한자 문화권의 국가들과 한자·한문이라는 공통의 표기수단으로 교류하여 왔다. 이 과정에서 불교와 유교의 전파는 말할 것도 없고, 문학을 비롯한 수많은 인적·물적 교류가 있었다. 한문과 교육과정은 국경을 넘어 한자 문화권 국가들과 현안을 논의할 수 있는 문화적 바탕을 제공해야 할 것이다.

한편, 한자·한문을 익히는 것은 우리 선조들이 살아온 삶을 되짚어 보는 일이기도 하다. 선인들의 글에는 선인들이 영위했던 삶과 지혜가 녹아 있다. 한문과 교육과정은 사회보편적인 가치를 고전의 내용으로부터 추출하여 현대의 교육에 알맞게 새롭게 정립해야 하는 책무도 가지고 있다.

한문과 교육에서 한자·한문을 익히는 것은 언어생활의 활용이라는 지식·기능적 효용뿐만 아니라 그 내용이 지향하는 정의적 가치에도 관심을 제고하여야 한다. 또한 한자문화권에 대한 이해와 사회보편적인 가치도 교육과정 내용 체계 구성에 반영하여야 한다.

1. 언어 학습과 읽기 교육

한문은 현대 중국에서 언문일치의 양상에 따라 古文・古漢語라고 하며, 글의 활용 양상에 따라 書面語라고 한다.[66]

漢文, 古文, 古漢語 등의 용어는 한문이 일종의 언어라는 것을 뜻하며, 서면어는 한문이 口語로 쓰이지 않고 글로만 쓰인다는 것을 특징적으로 드러낸 용어이다.

현재 한문으로 언어생활을 하는 나라는 없다. 중국의 경우도 이제는 언문일치의 白話 또는 '漢語'라고 하는 중국어를 쓰고 있어서 우리나라에 있는 한문과는 그 양상이 현저하게 다르다. 그럼에도 불구하고 한문은 그 자체로 문장 기술이 가능하다. 우리 글 속에 어휘의 형태로 무수히 녹아 있으며[67], 그 자체로 단어와 어휘 그리고 문법과 규칙을 갖고 있는 언어이다.

이 장에서는 언어학 일반론을 살펴 한문과의 관련성을 조망하며

---

66) '한문(漢文)'을 지칭하는 용어는 다양하다. 우선 중국에서는 언문일치(言文一致)의 양상에 따라 현대어인 백화문(白話文)과 대비되는 말로서 '고문(古文)' 또는 '고한어(古漢語)'라고 하고 있으며, 한국과 일본은 '한문(漢文)'이라고 하고 있다. 또한 글의 성질에 따라 주로 글로 쓰인다고 해서 '서면어(書面語)'라는 용어를 사용하고 있다.

67) 한자・한문이 국어에서 보여주는 형태는 한자어(漢字語)이다. 한자어는 국어에서 한자로 표기가 가능한 모든 어휘를 가리킨다. 그러므로 한자어는 낱낱의 개체로서는 국어에서 언어적 역할 기능이 매우 약하다고 할 수 있다. 그러나 한문의 입장에서 보았을 때는 문자언어라는 입장에서 접근해야 한다. 쉽게 '일출(日出)'이라는 한자어가 국어에 활용되는 양상은 '일출을 보자.' 정도의 단어에 해당한다. 그러나 한문으로 해석하면 '해가 뜨다'라는 문장이 된다. 또한 성어(成語)의 경우는 더 심하다. '금의환향(錦衣還鄕)'이라는 고사 성어(故事成語) 역시 우리말에서는 출세하여 성공한 사람을 지칭해서 '그 사람 금의환향했어요!'처럼 어휘로 활용하지만, 해석하면 '비단 옷을 입고 고향에 돌아오다.'라는 그 자체로 완벽한 한문 문장이다.

언어 학습이론과 읽기 교육의 이론을 검증하여 한문과 교육에 적용해보고자 한다.

가. 언어학과 한문

언어는 말(speech)이다. 글은 언어를 제2차적으로 나타내는 문자 표현이라고 할 수 있다.

말과 글의 가장 큰 차이점은 시간의 지속성이라고 할 수 있다. 말은 입에서 소리로 나가는 순간 사라져 순간적인 속성을 가지므로 시간의 흐름을 따르지 못한다. 그러나 글은 글이 표현된 물체가 사라질 때까지의 시간이 연장되게 된다.

말이 사람의 기억에 존재하여 부담이 된다면 글은 시간과 공간과 사람의 제약 등의 조건이 없이 누구나 읽어볼 수 있다는 장점이 있다. 다만 그 글이 쓰여 질 때의 분위기 등을 알 수가 없어 의사소통의 맥락에서는 말에 비해 상황맥락이 부족한 측면이 있다.

1) 언어의 개념과 한자·한문

인간만이 갖는 고유한 영역으로서의 언어는 자연 현상에서 생기는 소리나 동물들의 울음이나 소리를 통한 의사소통 수단과는 달리 말소리와 의미 내용 사이에 대응관계를 맺어주는 규칙체계로서 실현된 현상으로서의 언어이다. 언어학 사전에서는 언어에 대한 인간의 관심을 다음과 같이 설명하고 있다.

> language〔言語〕 (1) 인간의 의사표현 및 소통의 가장 근본적인 수단으로서 언어학의 제1차적 연구대상이다. 소리와 의미 사이를 맺는 규칙체계로서의 인간의 자연언어(natural language)를 흔히 가리키며, 이는 수학이나 논리학 등에서 쓰는 형식 언어(formal language)와 대조된다. 언어공동체라는 사회적 맥락 속에서의 언어 사용의 측면을 중요시하는 경향과, 모국어 화자의 앎이라는 인지

적 측면을 중요시하는 경향(Chomsky) 등, 수리적 경향, 그 밖에도 여러 다른 관점에서의 '언어'에 대한 접근 방식이 있다.[68]

여기서는 의사소통과 언어 공동체 안에서의 사회적 맥락을 강조하였다. 또한 언어는 다음과 같은 특성을 가지고 있으며, 이러한 특성들은 한문도 예외가 아니다.[69]

한문은 현재 음성언어로서의 의사소통의 도구로 사용되지 않고, 서면어로 남아 있다. 그러나 한자는 形・音・義의 3요소를 가지고 있으며, 이들은 단어를 형성하고 통사적인 구조를 가지기 때문에 언어로서의 요건을 갖추고 있다고 할 수 있다. 언어는 다음과 같은 특성을 가지고 있다고 한다.[70]

가) 恣意性

사물은 개념을 통하여 이름으로 표현되고, 이름은 개념을 연상해서 사물에 대한 이해를 하게 된다. 여기서 이름을 자의적 음성기호(arbitrary vocal symbols)라 하며, 일정한 음성 및 음성의 연쇄성은 특정한 언어 사회의 약속에 의해서만 일정한 의미를 갖게 되며 그 언어 공동체의 범위를 벗어나서는 의미 전달이 불가능하게 된다. 한자 '木'은 '나무'라는 뜻을 가지고 있으며 '목'으로 발음된다.

나) 社會性

언어는 특정한 개인이 만들어 내는 것이 아니라 언어 공동체의 사회 대중의 약속에 의해 이루어진 객관적인 현상이다. 언어 사회

68) 이정민・배영남・김용석 3인 공저, 『언어학 사전』(서울 : 배영사, 2000), 457쪽.

69) 이철수・문무영・박덕유 3인 공저, 『언어와 언어학』(서울 : 역락, 2004), 30~38쪽 참조.

70) 이철수・문무영・박덕유 3인 공저, 위의 책, 30~38쪽. 가)~차)까지 10개 항목에 대하여 일반적인 언어적 특성에 한문을 적용한 것이다.

(Speech Commuity)는 동일한 언어로써 의사를 소통하며 공동생활을 영위하는 사회집단인 언어 공동체를 말한다.

漢字는 일반적으로 중국 고대 黃帝 때의 사관이었다는 倉詰이 새의 발자국을 보고 만들었다는 설이 있지만, 실제로 창힐은 당시에 있었던 한자를 집대성했을 가능성이 높다. 이는 신라의 吏讀도 마찬가지이다. 설총이 만들었다고 알려져 있지만, 설총 역시 당시에 일반적으로 유행하던 것을 정리했을 가능성이 높다. 결국 한자나 이두도 한 개인이 만든 것이 아니라 그 사회가 약속한 문자언어인 것이다.

다) 歷史性

언어가 일단의 언어 공동체의 약속에 의해 성립되었을지라도 그 언어는 그 모습 그대로 있지 않으며 문화의 발달과 인간 사회의 제반 요소에 의해 끊임없이 변화한다. 새로운 말이 생기기도 하고, 의미와 발음이 변화하기도 하며, 쓰이던 말이 없어지기도 한다. 본시 한자의 '東'은 물건을 넣은 자루를 뜻하던 것으로 고대 문자에서는 ''로 쓰였는데 시간이 흐름에 따라 '동쪽'을 가리키는 말로 변화하였다. 그리하여 '東'은 '西'와 만나 '방위'를 뜻하는 '동서남북'의 '동서'라는 뜻으로도 쓰이지만, 현대 중국어의 '東西'는 '물건'을 뜻하는 단어로 쓰인다. 이는 '東'이 처음에 가졌던 '물건'이라는 뜻이 현재까지도 지속적으로 쓰이고 있다는 반증이다. 그러므로 '東'은 시간의 흐름에 따라 '물건'이라는 뜻에서 '동쪽'이라는 새로운 뜻으로 쓰이게 되었지만 다른 형태로 '물건'이라는 뜻도 유지하고 있다는 것을 알 수 있다.

라) 記號性

인간이 가지고 있는 지식, 의지, 언어, 감정 등을 나타내기 위해

사용하는 음성이나 문자 등의 기호를 언어기호라 한다. 언어기호의 특성은 해당 언어사회 구성원이 공유하는 것으로 다른 언어사회 구성원이 공유하는 것과는 구별되는 표현과 전달의 도구이다. 우리말의 문자 언어 기호가 '훈민정음'인 '한글'이라면 '한문'의 문자기호는 '한자'이다. 현대 중국어에서는 타이완의 '주음부호'와 중국의 '한어병음 자모'가 음성 기호로 쓰이고 있다.

마) 體系性

언어는 음성기호와 의미와의 관계가 비록 임의적이기는 하지만, 말의 최소단위로서의 음성, 그리고 통사적 의미와 어휘적 의미를 지닌 상위단위로서의 음성 결합체가 주어진 언어에서 결합되기 위해서는 반드시 일관성이 있다는 것이다. 그러므로 언어는 음성들이 결합되는 방식과 그들이 모형을 이루어 상위단위를 형성하는 방식은 체계적이라고 할 수 있다. 여기서 말하는 체계는 형태(구문론, 형태론, 음운론)와 의미가 결합된 것을 말한다. 언어체계는 한정된 수의 형식규칙과 다수의 어휘요소들로 구성되며, 규칙은 어휘가 삽입될 문법의 기저 구조를 이룬다. 한문은 한자의 위치가 어느 곳에 놓이는가에 따라 문장 성분이 결정된다. 예컨대, '君君臣臣父父子子(임금은 임금답고, 신하는 신하답고, 아비는 아비답고, 자식은 자식답다.)'는 의미상으로 떼어 쓰면 '君君 臣臣 父父 子子'가 되며 같은 한자의 나열로 된 조합이지만 각각 앞의 한자는 주어가 되고 뒤의 한자는 술어가 된다. 또한 '吾師道也'는 S+V+O의 문형이지만, 우리말 해석은 '나는 도를 스승으로 삼는다.'로 S+O+V로 서로 다른 체계를 가지고 있다.

바) 超越性

동물의 경우는 시간과 공간을 초월하여 의사를 전달할 수 없다.

그러나 인간은 과거와 미래에 대하여 또는, 발화의 장소 이외의 것에 대하여 언급할 수 있다. 이러한 언어의 초월성은 모든 언어에게 있어서 공통의 요소이며 한문도 예외는 아니다. 한문은 글자로만 남아 있다는 것이 다른 언어와 다를 뿐 그 표현은 여타의 언어와 차이를 발견할 수 없다.

사) 創造性

새로운 사태가 출현하거나 새로운 사물에 대하여 설명할 필요가 생겼을 때 언어 사용자는 그 언어 능력을 발휘하여 새로운 표현이나 새로운 문장을 만들어낼 수 있다. 이것을 언어의 創造性이라고 한다. 이러한 상황은 무한한 가능성이 열려 있으므로 無限性이라고도 한다. 한문이 실제의 말과 다르다는 것은 입으로 말한 것과 의미 자체의 변화가 있다기보다는 언문을 일치시키지 않고 문어체로 기록하였다는 것을 뜻한다. 그러므로 한문의 경우 화자의 창조적인 언어가 입말 그대로 기록되지 않았다는 점에서는 문제의 여지가 있지만, 입말과 의미가 변화된 것은 아니다. 그러므로 언어의 창의성 역시 한문 문장 안에서 얼마든지 구현될 수 있는 것이다.

아) 分離性

/p/와 /b/는 같은 양순음[71] 계열로 별 차이가 없는 것 같지만 실제로 의미적 변별의 차이가 있다. 이를 언어의 분리성이라고 한다. 현대 중국어의 상황을 살펴보면 한자는 수 만자가 있는데 반하여 실제 발음은 450개 정도여서 음성 기호로는 그 의미를 혼동하기가 매우 쉬운 구조를 가지고 있다. 그래서 하나의 의미를 2음절 이상의 단어로 만들어서 어휘간의 변별력을 높이고 있다. 이러한

71) 두 입술에서 조음하여 내는 소리를 순음(脣音, labials) 또는 양순음(兩脣音, bilabials)이라 한다. /p, b, p', p‘, m/ 등이 이에 속한다.

변별력은 음성 기호의 분리성을 바탕으로 한 것이라고 할 수 있다. 현재 국어에서 사용되고 있는 '한자어'의 경우도 '同音異義語'의 처리를 놓고 한글전용론과 국한혼용론이 갑론을박을 벌이고 있는데 이 문제의 해결 역시 언어의 분리성을 바탕으로 해야 할 것이다.

자) 二重性

한 언어에서 사용되는 서로 다른 음은 모두 합해도 그 수는 많지 않지만, 그들을 여러 가지로 결합하면 여러 가지 단어들이 만들어지게 되며, 그들 단어는 모두 의미가 달라진다. 한자어로 예를 들면 '社會'와 '會社'의 경우를 들 수 있다. '社會'는 '공동생활을 하는 인류의 집단' 또는 '세상'이라는 뜻으로 쓰이지만 '會社'는 '상행위 기타의 영리를 목적으로 설립된 사단 법인'이라는 뜻으로 쓰이고 있다. 이러한 이중성은 인간 언어의 경제적 특징의 하나이다. 그 이유는 한 언어에서 사용되는 서로 다른 음은 모두 합해도 그 수가 많지 않지만, 그들을 여러 가지로 결합하면 여러 가지 단어가 만들어지게 되며, 그들 단어는 모두 의미가 달라지기 때문이다.

차) 文化的 傳承

언어가 한 세대에서 다음 세대로 이어지는 과정을 문화적 전승이라고 한다. 인간은 生得的으로 언어를 습득할 소질이 있지만 어느 특정 언어를 사용하여 발화하는 능력을 갖는 것은 아니다. 또한 언어를 습득하는 것은 문화적 공동체 속에서 다른 화자를 통하여 습득되는 것이지, 부모의 유전자에서 얻어지는 것이 아니다. 국어에서 한문을 배웠던 세대에게 있어서는 한자·한문의 사용이 당연해 보이고 또 익숙하지만, 한글 전용으로 교육되어온 세대들은 한자를 거의 암호 수준으로 이해하고 있다. 이는 인터넷 축약의 경우 단적으로 드러난다. '安寧하세요?'는 어떻게 해도 '안녕하세요?'로 발음이 되지만 '안녕하세요?'는 '안냐세요?'로 축약되고 있다. 또 '先生님'을 읽으면 '선생님'이지만 '선생님'은 '샘'으로 축약되고 있다. 이러한 현상은 학습자가 어떤 환경에 놓이는가에 따라 언어를 배우는 상황은 달라진다는 것을 증명하는 것이다.[72)]

이상에서 살펴본 바와 같이 한자·한문은 '의사소통의 수단'과 같은 일반적인 언어 이론에 완전히 부합하지는 않는다. 그러나 음성언어로 사용되지 않는다는 것과 언문일치가 되지 않는다는 것을 제외한 나머지는 모두 언어학 이론에 부합하며, 이는 한문 자체가 과거에 文語로서 의사소통의 수단으로 사용되었으며 독특하고 독립적인 언어체계를 가지고 있다는 것을 증명하고 있다.

2) 음성언어와 문자언어

현대는 컴퓨터의 발달로 인한 인터넷의 활용과 휴대용 전화기의 문자 메시지, TV와 인터넷 방송에서의 자막 활용 등을 통하여 문자 언어의 효용이 확대되고 있다. 문자언어는 음성언어를 기록으로 표현하기 위한 수단이다. 음성언어가 가지는 시간과 공간의 제약이라는 문제를 문자언어는 해결하였으며, 그러한 기록들은 화자와 청자의 상호작용뿐만 아니라 많은 사람들이 공유할 수 있는 자료로 남게 되었다.

한문은 즉석에서 이루어지는 의사소통의 상호작용으로서의 맥락을 가지고 있지 않지만 문자언어로서 그 역할을 가지고 있다. 그러므로 음성언어와 문자언어를 비교·대조하는 것은 한문이 어떠한 특질을 가지고 있는가에 대한 많은 논의 중의 하나를 규명하는 일이다.

---

72) 우리나라의 현대인들에게는 이런 언어 축약의 현상이 비교적 익숙한 것이다. 한문을 주로 배웠던 70·80대와 국한문을 배웠던 50·60대 그리고 들쭉날쭉 한문을 배우고, 배우지 않았던 세대들은 각기 다른 문화 환경 속에 있었으며, 언어 구사 능력도 다른 것으로 인정되고 있다. 그러므로 어문정책은 일관성을 가지고 있어야 하며, 이 과정에 한문의 역할을 과소평가하는 것은 스스로를 왜곡하는 것이다.

가) 문자의 개념과 효용

프랑스 언어학자 페브리에는 "문자란 분절적이며 본질적으로 순간적인 말을 고정시키기 위하여 쓰이는 수단, 즉 말을 적어내는 것이요, 말과 그 음성을 재생할 수 있는 것이다."[73] 라고 하였다. 이 말을 다시 풀어 보면 다음과 같은 조건을 제시한 것을 알 수 있다. 첫째, 문자는 말을 고정화하는 것으로, 입말을 기호화・시각화한 것이다. 둘째, 문자는 분절적 음성으로 재생할 수 있어야 한다. 그러므로 부호나 표시는 엄밀한 의미에서 문자라고 할 수 없다. 부호나 표시는 음성으로 고정될 수 없으며, 분절적 음성으로 재생되지 않기 때문이다. 음성이 이미 발음되어 밖으로 표현되면 그 음성은 영원히 사라지게 되는데 반하여 문자는 시간과 공간을 초월하여 존재할 수 있다. 미묘한 감정의 상태를 직접 전달하지 못하는 단점에도 불구하고 문자는 큰 역할을 하고 있다. 역사의 기록에서부터 신문, 잡지, 편지, 일기, 논문 등 문화현상의 대부분이 문자를 통해서 이루어지고 있다.

우리는 한글이 창제되기 이전에 거의 모든 기록을 한자・한문을 사용하여 표기하였다. 부연하면 정부의 공문서뿐만 아니라 개인의 모든 기록까지도 한자・한문을 사용하였던 것이다. 만약 한자라는 문자언어를 사용하지 않았다면 당시에 논의되었던 수많은 음성언어로 된 모든 언어 행위들에 대한 기록은 현대에 전달되지 않았을 것이다.

한자・한문은 음성이나 뜻을 나타내는 낱낱의 기호체계라기보다는 그 자체로 완전한 문자언어이다. 그러므로 역사적으로 이루어진 모든 한문 기록들은 페브리에의 지적대로 현재에도 분절적 음성으로 재생될 수 있으며, 그 뜻을 완전하게 재현할 수 있는 것이다.

---

73) 이철수・문무영・박덕유 3인 공저, 위의 책, 288쪽에서 재인용.

나) 음성언어와 문자언어

언어는 자신의 의사를 상대방에게 전달하는 기능을 가진 음성기호체계이다. 일반적으로 의사전달 방법에는 비언어적 방법과 언어적 방법이 있다. 비언어적 방법은 동작언어(gesture language)와 신호언어(signal language)로 나뉜다. 언어적 방법은 음성언어와 문자언어로 나뉜다.

음성언어는 화자의 발음기관을 통해 나오는 음성으로 청자의 청각에 호소하는 언어로 제1차 언어라고 하며, 문자언어는 음성언어의 단점을 보완하기 위해 문자로 시각에 호소하는 언어로 제2차 언어라고 한다. 현대는 인터넷을 비롯한 휴대전화 등 대중 통신 매체의 발달로 말미암아 문자언어의 약진이 두드러지고 있다. 이철수·문무영·박덕유는 음성언어와 문자언어의 차이를 다음과 같이 설명하고 있다.

> 음성언어는 청각의 감각기관을 수단으로 하며 시간과 공간적으로 제한을 받지만, 문자언어는 시각적인 수단에 의한 것으로 시·공간의 제한을 받지 않는다. 또한, 음성언어는 화자의 발화에 의한 직접적인 반응으로 동적인 특성이 나타나지만, 문자언어는 간접적인 반응으로 정적인 특성을 갖는다. 또한 음성언어는 감정 표현이 자유롭고, 직접 문답이나 자동 이해가 가능한 반면, 문자언어는 생각을 정리하거나 수정이 가능한 장점을 갖는다. 그리고 음성언어는 선천적으로 습득되지만, 문자언어는 후천적으로 습득된다.[74]

이철수 등은 음성언어와 문자언어를 다음 표와 같이 비교하였다.[75]

---

74) 이철수·문무영·박덕유 3인 공저, 위의 책, 39쪽.
75) 이철수·문무영·박덕유 3인 공저, 위의 책, 289쪽 표 요약.

구분	음성언어	문자언어
1. 표출 작용의 매개체	하나의 의미를 음성, 즉 청각기호로 표상함	음성을 대신하여 하나의 개념을 시각기호로 표상함
2. 발생적 견지	제1차적 언어. 언어의 기원은 알 수 없으나 태초부터 제1차적 언어인 말이 있었을 것임을 알 수 있음.	제2차적 언어, 문자는 음성언어에 뒤지며, 음성의 종속적 존재로서 음성기호로 환원이 가능함.
3. 환기작용의 과정	직접적임. 음성과 의미가 직접적으로 상호 환기작용을 함.	간접적임. 문자는 항상 중간에 음성을 매개시켜 환기작용을 함.
4. 전달과 보존	화자와 청자간의 직접적인 관계, 즉 동일한 시간과 장소에서 수행되는 절대적 조건에 구속됨. 이 결함을 보충하기 위하여 녹음·녹화 등이 생김.	시각적 부호로 지상이나 화면에 정착시켜 음성언어의 결함을 보충·구제함.
5. 구성양식	선조적 구성	평면적 구성
6. 표현 및 그 효과	직접적이며 동적인 표현. 특히 발음에 의한 미묘하고도 동적 표현이 가능함. 진화성.	간접적이며 정적인 표현. 보수성으로 인하여 음성언어와의 간극이 커지며, 정서법·표준말 등의 개정이 불가피함.

위의 표를 통하여 문자언어는 음성언어의 한계를 극복하기 위하여 생성되었다는 것을 알 수 있다. 문자가 생성되기 이전에는 서로 약속된 음성언어가 동일한 시간과 장소 그리고 상황적 맥락에서 의사소통을 이루었을 것이다. 그러나 문자로 개념을 시각 기호로 표상하면서부터 상이한 시간과 장소를 가진 他者의 의사를 음성의 재생으로 확인하였을 것이다. 일반적으로 평상시에 문법을 고려하여 말하는 사람은 거의 없으나, 문자 언어는 특정한 언어 구사에 대한 상황 맥락을 고려할 수 없기 때문에 문법이 중요한 요소로 작용하게 되었을 것이다.

나. 언어 학습과 한문

한문과 교육과정을 구성하는 데는 한문이 문자언어 체계라는 것을 염두에 두지 않을 수 없다. 한문으로 쓰인 글들은 단순한 한자의 나열이 아니라 의미의 표상과 더불어 문법 체계까지 모두 포함하고 있기 때문이다. 그러므로 언어 습득에 관한 이론은 한문과 교육의 근간이 되는 것이며, 한문과 교육의 연구는 이 부분에 더 많은 연구를 필요로 한다.

아동들은 어떻게 언어를 습득하는가? 한문은 수많은 언어 중에서 어떠한 특성을 가지고 있으며 그 양상은 어떠한가? 그것을 익히고 활용하는 방안은 무엇이며, 어떤 인지적 과정이 작용하는가? 등등 수많은 물음들을 해소하기 위해서는 한문 학습에 대한 포괄적인 연구가 필요하다. 그러므로 우선 아동들의 언어 습득과 제이언어로서의 한문에 관하여 살펴볼 것이다. 그리고 읽기 교육을 이루고 있는 스키마와 문식성을 바탕으로 한 한문 문장 독해의 과정을 검토할 것이다.

1) 아동의 언어 습득

인간이 언어를 학습할 수 있는 능력에 대하여는 이미 많은 연구가 진행되어 있다. 인간이 태어나서 점진적이고 연속적으로 자기중심으로부터 벗어나서 사회적 언어를 쓰는 과정을 언어 습득의 과정이라고 할 수 있다. 이런 언어발달의 과정을 '인간화의 과정'이라고도 하는데, 특히 아동이 언어를 습득하는 자체는 놀랍고 신비한 일로 생각되고 있다. 그 이유는 첫째, 母語의 습득 속도가 매우 빠르고 둘째, 모든 아동이 언어를 습득한다는 사실 셋째, 언어 습득이 인간에게 한정되어 있다는 사실 등을 들고 있다.[76] 따라서 언어습

---

76) 서울대학교 국어교육연구소, 『국어교육학사전』(서울 : 대교출판, 1999),

득과 발달에 대한 연구는 주로 영아(嬰兒)로부터 아동기를 대상으로 이루어지고 있다.

19세기 독일의 생리학자인 빌헬름 프레예르(Wilhelm Preyer)가 자신의 아들의 신체 및 정신적 성장 과정과 언어습득 과정을 3년에 걸쳐서 상세히 기록한 다음 『어린이의 정신(Die Seele des Kindes)』이라는 책으로 낸 것이 어린이의 언어 습득 연구의 이정표적인 업적이었다. 그 이후로 영국의 심리학자인 설리(Sully)와 미국의 심리학자인 신(Shinn) 등의 업적이 추가되었고, 미국의 심리학자인 레오폴드(Leopold)와 독일의 심리학자인 스테른(Stern)부부의 연구가 발표되면서 인간 언어에 대한 연구는 생리학으로부터 심리학으로 넘어왔다고 할 수 있다.

20세기 들어서 언어를 인지나 사고의 관계 속에서 언어습득과정을 연구하는 학자들이 배출되었는데 대표적인 인물이 피아제(Piaget)이다. 피아제는 언어와 사고가 어린이들의 발달과정과 불가분의 관계에 있다고 보고, 어린이의 언어습득과정을 보면 그들의 인지나 사고의 발달과정을 알 수 있을 것이라고 생각하였다. 그리하여 제네바의 루소 연구소에 언어실험실을 차리고 6세의 두 어린이를 연구하여 『어린이의 언어와 사고(The Language and Thought of the Child)』라는 저서를 발표하였다. 이 책의 내용을 통하여 알 수 있었던 것은 첫째, 어린이의 언어는 일정한 기간에 걸쳐서 단계별로 발달되어 가는 인지력이나 사고력에 따라 습득되고 발달된다는 것이다. 둘째, 어린이의 언어는 자기중심적인 언어(반복, 독백, 이중독백)와 사회화된 언어(두 사람 이상의 대화)로 나뉘어지는데 반드시 자기중심적인 언어를 먼저 한 뒤에 사회화된 언어를 구사한다는 것이다.

그 이후 러시아의 심리학자인 비고츠키(Vygotsky)는 피아제와

529쪽.

비슷한 의도와 입장에서 어린이의 언어습득과정을 연구했지만, 『사고와 언어(Thought and language)』란 책에서 피아제가 내린 결론과 거의 정반대의 결론을 내렸다.

피아제의 설명에 따르면 어린이의 지력은 크게 감각운동기(태어나서 만 2세경까지), 전조작기(만2세에서 7세경까지), 구체적 조작기(만 7세에서 11세경까지), 형식적 조작기(만 11세부터 15세경까지) 등의 네 단계를 거치면서 발달하게 되어 있는데, 그의 언어에 관한 능력이나 지식도 그것에 맞추어서 발달되게 되어 있다는 것이다. 이에 대하여 김진우의 설명은 보다 사실적으로 그 내용을 보여준다.

> 어린이들은 모두 만 한 살 경에는 하나의 단어로 한 문장의 뜻을 나타내는 일어문(一語文)들을 사용할 수 있게 되고, 만 두 살 무렵에는 두 개의 단어를 하나로 연결시킨 이어문(二語文)들을 사용할 수 있게 되며, 그 후 만 세 살 경에는 한 문장 안에 세 개에서 다섯 개까지의 단어가 들어서게 되는 다어문(多語文)들을 쓸 수 있게 되고, 그 뒤 만 네 살이나 네 살 반경에는 다어문에 섞여 있던 여러 형태의 문법적 오류나 하자들을 완전히 바로 잡을 수 있게 된다.[77]

위의 내용이 어느 나라의 아동에게도 해당되는 것이라면 우리나라의 아동들도 예외가 아닐 것이다. 그렇다면 우리나라의 아동들은 그것이 고유어·한자어·외래어 어떤 것이든 상관없이 우리말을 이루고 있는 내용 요소에 대하여 5세 이전에 이미 알게 된다는 것을 뜻한다. 이 뿐만 아니라 아동들은 1년쯤에 첫 단어가 나타나는 것을 시작으로 엄청난 속도로 단어를 익혀가는 데 대략 하루에 다섯 개 이상의 단어를 배운다고 추정하며, 10세까지 수만 개의 단어를 배운다는 것이다.[78] 그러므로 중·고등학교에서 한문을 배우

---

77) 金鎭宇, 『言語習得의 理論과 實相』(서울 : 한국문화사, 2001), 51쪽.
78) 존 R, 앤더슨 지음, 이영애 옮김, 『인지심리학과 그 응용』(서울 : 이화여

는 학생들은 한자어의 어휘를 이미 언어습득과정과 국어 수업을 비롯한 교과 수업을 통해서 어떤 식이든 이미 알고 있다는 전제가 성립된다. 한문과의 언어생활에 대한 교과 내용은 이들이 한글 또는 통사적으로 알고 있는 어휘들을 한자로 바꾸어 주며, 이 내용을 한자어의 짜임으로 풀어서 그 본질적인 내용을 알게 함과 동시에 어휘를 파생하며 바르게 활용하는 것에 중점을 두어야 할 것이다.

2) 제이언어와 한문

한문의 언어적 특성을 밝히는 것은 현재의 한문과 교육의 특성을 밝히는 작업에 다름이 아니다. 불과 100여 년 전만 해도 공문서가 거의 한문으로 작성되었으며, 집권 양반들을 비롯한 지식층들은 거의 예외 없이 한문을 자신의 뜻을 나타내는 표기수단으로 사용하였다. 그러나 상황이 바뀌어 구한말 한글〔國文〕을 주 언어로 사용한다는 칙령과 해방 후 한글 전용을 어문정책의 기본 방향으로 설정하면서 한문은 표기수단으로서의 국어의 자리를 거의 한글에게 내주었다. 그 이후로 한문은 외국어라고 불리기도 하면서, 현재 대학수학능력시험에서는 제2외국어와 함께 '한문/제2외국어 영역'으로 분류되어 있다.

그러나 한문은 위에서 살펴본 바와 같이 외국어와는 다른 자체의 특성과 역사적 상황을 가지고 있기 때문에 제2외국어라고 할 수 없다. 그러므로 한문은 모국어도 아니며 외국어도 아니다. 역사적으로 한문과 유사한 양상을 가지고 있는 것으로 유럽에서의 라틴어를 상정할 수 있다. 이와 같은 언어를 일반적으로 '제이언어'79)라고

자대학교 출판부, 2002), 370~373쪽 참조. ; 이상금, 정세화, 이은화, "유아기 언어의 특성 및 기능에 관한 연구," 『논총』 제22집(서울 : 한국문화연구원, 1973). 이 논문에 의하면 우리나라 어린이들은 2세에서 3세 사이에는 1,105개의 단어를 사용하였고, 3세에서 4세 사이에는 1,595개를, 4세에서 5세 사이에는 2,487개의 단어를 사용하였다고 한다.

79) H. H. Stern 지음, 심영택・위호정・김봉순 옮김, 『언어교수의 기본개

한다. 스턴은 'L1'과 'L2'의 특징을 다음과 같이 설명하고 있다.

L1이란 용어는 무엇보다도 한 개인이 유아기와 아동 초기에(이 때문에 '제일' 혹은 '토박이'), 그리고 일반적으로 가정 안에서(이 때문에 '모어') 습득한 언어를 가리킨다. 둘째로, L1이란 용어는 그 언어에서 특유한 숙달성 정도를 나타낸다. 이는 그 언어에 대한 직관적이고, '토박이 화자와 같으며', '완전한(최고의)', 혹은 '완벽한' 구사를 암시한다.

L2('비토박이어', '제이언어', '외국어')라는 개념은 개인에게 L1이 우선적으로 유용하다는 것을, 즉 이중 언어 능통의 어떤 형태를 암시하고 있다. L2 용어들의 집합을 사용하는 것 역시 언어 습득에 관련된 것과 언어 구사의 특성과 관련된 것을 지칭하는 이중적인 기능을 가지고 있다. 둘째로 L2에 해당하는 용어들은 일차언어에 비교하여 숙달성이 낮은 언어를 가리키기도 한다. 그 언어는 개인들에게 '미숙하거나', '이차적인' 언어이다. 이들 언어는 '덜 친숙하거나', '새롭고', '낯설게' 느껴진다.80)

또한 스턴은 제이언어의 의미에 대하여 다음과 같이 정리하였다.

'제이언어'라는 용어는 두 가지 의미를 가지고 있다. 첫째, 그것은 언어 학습의 시간적 순서를 지시한다. 제이언어는 토박이어보다 더 늦게 습득하거나 습득된 언어이다. 둘째, '제이언어'라는 용어는 일차적이거나 우세한 언어와 비교하여 언어구사 능력의 수준을 의미하기도 한다. 이러한 두 번째 의미에서 '제이언어'는 화자의 실제

념』(서울 : 夏雨, 2002), 9쪽 참조. '모어(mother tongue)', '토박이어(native language)'와 '제이언어', '외국어'에 대한 상식적인 구분을 하면 처음 두 용어를 '일차언어(primary language)' 혹은 'L1'이라 하며, 두 번째의 두 용어는 '이차언어(secondary language)' 혹은 'L2'라 한다.

80) H. H. Stern 지음, 심영택・위호정・김봉순 옮김. 위의 책, 11~14쪽 요약.

적인 혹은 생각하고 있는 보다 낮은 수준의 숙달성을 가리킨다. 따라서 '제이'는 '미숙함' 혹은 '이차적임'을 의미한다.[81]

현재 한문은 위에서 스턴이 말한 상황에서 자유롭지 않다. 초등학교에서 한자·한문은 정규교과가 아닐 뿐만 아니라 중학교에서는 '재량 선택'교과이며, 고등학교에서는 선택교육과정의 '선택'교과일 뿐이다. 그러므로 'L1'이라고 할 수 있는 '국어'에 비하여 늦게 습득되고 있으며 또한 대단히 '미숙한' 양상을 보이고 있다. 그러나 스턴은 'L2'와 외국어의 차이를 설명함과 동시에 그 습득 상황도 구별된다는 점을 지적하고 있다.

> 제이언어는 그 나라 안에서 사용되는 것이므로, 보통 언어공동체가 수천 마일 밖에 있기 쉬운 외국어보다는 더 많은 환경적 지원을 받으면서 학습된다. 외국어는 보다 공식적인 수업과, 환경적 지원의 결여를 보상할 수 있는 방법들을 필요로 한다. 반면에 제이언어는 그 환경 안에서 널리 사용되고 있기 때문에 비공식적으로 ('주워들으면서') 학습되는 경우가 많다.[82]

현재 한문은 역사적 배경에 따라 우리 속에 깊이 파고들어 있는 수많은 환경적 지원을 받으면서 자신도 모르는 사이에(Stern의 표현대로 '주워들으면서') 익혀가고 있다. 이러한 상황은 유럽의 라틴어 교육도 유사한 것으로 보인다. 유럽에서 제이언어로 취급되고 있는

81) H. H. Stern 지음, 심영택·위호정·김봉순 옮김, 위의 책, 14쪽.
82) H. H. Stern 지음, 심영택·위호정·김봉순 옮김,, 위의 책, 18쪽. '제이언어'와 '외국어'는 오늘날 그 구분이 필요하다는 합의가 이루어져 있다. 한 나라 안에서 비토박이어가 학습되고 사용되면 '제이언어'라는 개념이 적용되고, 국가 혹은 국경 밖의 한 언어 공동체를 참조하여 비토박이어가 학습되거나 사용되면 '외국어'라는 개념이 일반적으로 적용된다. '제이언어'는 보통 한 나라 안에서 공식적인 지위나 인정된 기능을 가지고 있는 반면에 '외국어'는 그렇지 못하다.

라틴어에 대하여 박경자·강복남·장복명은 다음과 같이 말하고 있다.

> 제이언어 교수의 전통은 고전시대와 르네상스 시기에 고전어에 종속되어 현대를 사는 학생에게 라틴어규칙을 가르치는 데에 치중하였으며, 또한 문학의 장식물로서 의사소통을 제외한 채 문자어(written language)를 교수하며 문학의 이해를 강조하였다.[83)]

위 글은 흡사 전통적인 한문의 오늘날의 양상을 설명한 것처럼 보인다. 한자·한문의 어휘가 국어 어휘의 많은 양을 차지하고 있으며, 선조들이 지은 한문 문장들이 방대하게 축적되어 있기 때문이다. 그리고 한문이 현재는 서면어인 문자어로 남아 있는 것도 위의 상황을 뒷받침 한다. 한문 전적의 상당수가 문학이라는 것도 위의 내용과 일치를 보인다.

박경자 등은 위의 말에 전제를 달고 '언어교수학'이라는 용어에 대한 설명을 가하였다.

> 언어교수학은 제이언어 교수와 학습연구의 문제점을 진단하고, 언어교수 분야를 독립적인 학문으로 발전시키기 위한 목표와 연구 방향을 설정하여, 하나의 확립된 학문으로서의 이론을 갖고 있는 분야이다.[84)]

---

83) 박경자·강복남·장복명 공저, 『언어교수학』(서울 : 박영사, 2005), 2쪽.
84) 앞의 책, 같은 곳. 물론 한문을 반드시 '제이언어'라고 할 수 있는 것은 아니다. 제이언어 역시 의사소통 능력을 중요시하는 데 반하여 한문은 의사소통에 대한 고려는 필요하지 않다. 모어의 이해를 위하여 필요하기도 하고, 그 자체의 문장을 풀이해야 하는 상황은 있지만 발화는 없는 것이다. 그러므로 모어, 모국어, 외국어, 제2외국어 등보다는 제이언어와 그 성격이 유사한 측면이 많지만 완전히 일치한다고는 할 수 없다. 다만 제이언어의 양상에서 의사소통을 제외한다면 한문의 현재의 양상과 더욱 일치하는 부분이 많아지는 것 또한 사실이다.

스턴은 이러한 이론을 제이언어에 적용하여 학습을 점검하는 틀을 다음과 같이 제시하였다.

〈제이언어 학습의 점검 틀〉85)

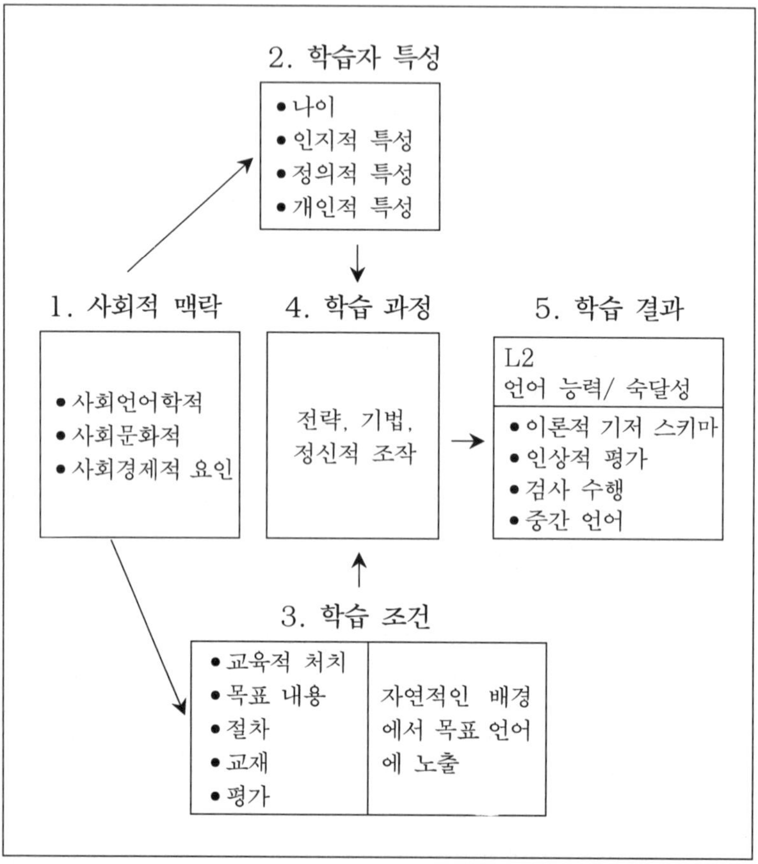

위의 변인 중에서 '1. 사회적 맥락', '2. 학습자 특성', '3. 학습 조건'은 '4. 학습 과정'과 그것을 통한 '5. 학습 결과'를 결정하는 요소이다. 이러한 복합적인 과정으로 제이언어의 학습 양상을 통합적으

85) H. H. Stern 지음, 심영택·위호정·김봉순 옮김, 위의 책, 360~381쪽 참조.

로 살펴볼 수 있을 것이다. 결국 '한문'을 제이언어로 볼 것인가 아닌가에 대한 문제가 선행되어야 하며, 그 이후 이러한 변인들에 대한 고찰은 한자·한문 교육이 성공하느냐 그렇지 않느냐에 대한 점검의 준거로 작용하게 될 것이다. 여기서 하나 중요한 것은 '5.학습 결과'에서 'L2'로서의 '언어 능력'에 관한 것이다. 제이언어의 최종의 목표는 '언어 능력'을 숙달하게 하는 데 있다고 전제할 수 있다. 여기서 '언어 능력'은 한문과에 적용하면 '한문 능력'이라는 말로 변화시킬 수 있으며 과연 우리나라의 상황에서 '한문 능력'은 무엇을 의미하는가에 대한 개념 정의가 필요하게 된다.86)

환원하여 말하면 '한문 능력'이란 '한국인이 한자 어휘를 얼마나 알고 있는가?', '고전의 한문 원전을 능숙하게 읽을 수 있는 수준인가?'의 두 가지에 대한 답변이다. 현재 한문과 교육의 큰 줄기는 이전에 말한 바와 마찬가지로 첫째, '언어생활'에 들어 있는 어휘를 익혀 '언어생활'에 활용하는 것이며 둘째, 한문 원문을 독해하는 것이다. 여기서 둘째의 문제는 '중학교, 고등학교에서 어느 정도의 수준의 도달을 목표로 할 것인가?'라는 물음의 답이라고 할 수 있다.

다. 읽기 교육과 한문 교육

한자·한문을 학습할 때 가장 먼저 다가오는 것은 한자 획의 복잡성이다. 그러므로 한자의 학습에는 시각이 먼저 작용하게 되며 시각적인 확인 이후 그 글자의 모양〔形〕과 소리〔音〕에 따른 뜻〔義〕

86) 교육법전편찬회 편, 『교육법전』(서울 : 교학사, 2006), 1524쪽. '국어기본법'에서는 '국어 능력'을 다음과 같이 정의하고 있다. "5.'국어 능력'이라 함은 국어를 통하여 생각이나 느낌 등을 정확하게 표현하고 이해하는 데 필요한 듣기·말하기·읽기·쓰기 등의 능력을 말한다." 여기에는 현재 국어과 교육과정에서 '국어 지식'과 '문학' 영역에 대한 언급이 없다. 즉 국어를 직접 음성언어와 문자언어로 활용할 수 있는가에 대한 능력을 '국어 능력'이라고 정의한 것이다. 그러나 '한문 능력'을 어떻게 볼 것인가에 대한 논의는 아직 이루어지지 않았다. 다만 교육법의 이러한 내용은 '한문 능력'을 정의하는 데 깊은 시사를 주는 것이라고 할 수 있다.

을 재인하는 과정을 거치게 된다. 더구나 한자의 덩이인 문장의 경우에는 한자의 다양한 뜻 중에서 그 문장에 맞는 내용을 골라내야 하는 과정을 거치게 되며 그 이후 문법적 요소가 작용하여 독해에 이르게 된다. 이러한 과정은 한자에 대한 스키마와 문장 독해에 관한 스키마의 활용이 절대적이며 그에 따른 문식성이 기능하게 되는 것으로 이해할 수 있다. 따라서 한문의 독해는 한문 독해와 관련된 스키마와 문식성에 대하여 짚어보아야 할 것이다.

1) 스키마

스키마는 사전 지식 또는 배경 지식으로 독자의 인지구조와 관련된다. 스키마는 형식스키마와 내용스키마가 있다. 형식스키마는 글이나 이야기가 전개되는 방법, 즉 독자의 이해를 돕기 위하여 필자가 전형적으로 사용하는 담화 구조나 규약에 대한 지식으로 학자에 따라서는 텍스트적 스키마라고도 한다.[87] 내용 스키마는 사물이나 사건에 대한 기존 지식으로 영역 특수 지식인 동시에 보다 일반적인 세상 지식이기도 하다. 곧 내용 스키마는 독자의 상상의 세계나 현존하는 지식에 관계된다.

한철우 등은 스키마가 독해와 기억에 수행하는 기능에 대하여 다음과 같이 정리하고 있다.

첫째, 스키마는 글에 담긴 정보를 받아들이기 위한 이상적인 지식 구조를 형성해 준다.
둘째, 스키마는 무엇이 중요한 것인지의 판단을 도와준다.
셋째, 스키마의 기능은 추론을 가능하게 하는 것으로서 이는 스키

87) 한철우 · 박진용 · 김명순 · 박영민 편저, 『과정 중심 독서 지도』(서울 : 교학사, 2003), 19쪽. 형식스키마는 구조지식으로서 텍스트 구조 자체와는 구별되는 개념이다. 곧 형식스키마는 독자가 가진 지식의 하나로서 독자의 머릿속에 존재하지만, 텍스트 구조는 텍스트를 구성하고 있는 정보들 간의 상호 관계로서 독자가 아닌 텍스트라는 객관적인 실체 속에 존재한다.

마의 가장 중요한 역할 중 하나이다.

넷째, 스키마의 기능은 학습 자료의 요약과 편집을 수월하게 도와준다.

다섯째, 스키마의 기능은 정보 탐색에서 탐색의 순서와 절차를 제공하여 준다.

여섯째, 스키마의 기능은 수많은 정보들을 어떤 일관성 있는 형태로 재구성하여 준다는 것이다.[88]

이러한 스키마의 기능은 읽기 교육에서 '읽기 전 활동'의 중요성을 일깨우고 있으며, 또한 새로운 내용을 진행할 때에 기존 스키마에 대한 환기가 필요하며, 학습자의 문화적 특성에 맞는 스키마에 관련된 '읽기 자료'를 제시하여야 한다는 것을 말해 주고 있다.

결론적으로 스키마는 자신의 경험을 인식하고, 이해하고, 기억하는 수단이다.[89] 이에 부연하여 이성영은 스키마의 범위에 대하여 다음과 같이 설명하였다.

> 스키마는 추상성의 층위를 달리는 지식의 위계 구조이므로, 독해에 작용하는 스키마도 위로는 전체적인 글의 내용, 즉 화제에 대한 배경지식으로부터 아래로는 자모 하나하나에 대한 지식까지 여러 층위의 지식이 모두 포함된다.[90]

우리나라에서 살고 있는 사람들은 누구나 본인의 의지와 상관없이 한문에 관련된 자료와 내용을 접하게 된다. 그것은 사람들의 이름으로부터 地名, 수많은 器物들 그리고 표지판・문화재・고전 전적과 언어생활에 이르기까지 다양하고도 풍부한 문장과 어휘들이

---

88) 한철우・박진용・김명순・박영민 편저, 위의 책, 21~22쪽 요약.

89) N. N. Spivey 지음, 신헌재・박태호・이주섭・김도남・임천택 옮김, 『구성주의와 읽기・쓰기』(서울 : 박이정, 2004), 80쪽.

90) 이성영, 『국어 교육의 내용 연구』(서울 : 서울대학교출판부, 2000), 114쪽.

다. 이러한 한문과 교육에 대한 스키마(사전 지식)는 중·고등학교 교육의 중요한 기초이다. 또한 본격적인 한문과 교수·학습 이전에 이와 같은 사전 지식을 제공함으로써 보다 효과적인 교수·학습이 가능해 질 것이다.

2) 文識性

문식성이란 영어의 'literracy'에 對應되는 용어로서 전통적으로 읽기 분야에서 사용되어 왔으며 그 의미는 글을 읽을 수 있는 능력을 나타내는 것이다. 굳이 풀이를 하자면 '글을 아는 것'이라고 개념을 규정할 수 있지만 그 한계는 분명하지 않다. 다만, 문식성은 '문자의 올바른 발음'에서부터 '일상생활에서 글을 효과적으로 활용하는 것'까지를 모두 포함하는 넓은 개념으로 사용되고 있다.[91] 그러나 이러한 정의도 문식성의 모든 것을 설명하는 것은 아니며 학자에 따라서 시대의 흐름에 따라서 점점 그 내용이 복잡해지고 있다고 할 수 있다.[92] 처음에는 글을 읽거나 쓰는 인간 행동 그리고 그에 대한 교육을 행동주의적 관점으로 파악하였다가, 후에 인지주의적 관점으로 바뀌었고, 다시 사회적 구성주의 관점으로 바뀌어 간 것이다. 이 중에서 문식성에 대한 사회적 구성주의의 관점은 크게 다음의 세 가지 측면을 가지고 있다.

첫째, 일반적으로 필자와 독자, 그리고 교실 상황에서 교사와 학생은 모두 언어를 통해 지식을 구성한다. 그런 점에서 구두 언어나

91) 노명완·이차숙, 『문식성 연구』(서울 : 박이정, 2002), 42~44쪽.
92) 앞의 책, 44~47쪽 참조. 초기의 읽기 연구자 Spache는 '일련의 단어의 지각'으로 규정하였으며, Kaestle는 '기초적 수준에서 언어를 해독하고 이해하는 능력 즉 문자를 보면서 이를 일상 구두에 일치시켜 읽고 이해하는 능력'으로 규정하였으나, Goodman은 '읽기'를 '심리언어학적 추측 논리'라고 규정하였으며, Venezky는 문식성을 '인지적 기능'으로 규정하였다. 그리고 Calfee & Nelson·Barber는 '사고와 의사소통의 도구로서 언어를 활용하는 능력'으로 이해하였다.

> 문자 언어는 모두 지적 및 사회적 발달의 기초를 이룬다. 사람이 상대를 이해하는 것은 언어를 통해서다.
>
> 둘째, 읽기와 쓰기, 문식 행위는 모두 고등 수준의 정신 작용이다. 그런데 이 고등 수준의 정신 작용은 교실 내외의 여러 의미 있는 언어적 사태에서 사용되는 언어활동을 통해서 학습된다.
>
> 셋째, 학습은 여러 학습자들 사이에 상호작용 속에서 일어난다. 특히 한 공동체, 예를 들면 학교 교실이나 사회생활 공동체에서 자신보다 더 지적인 사람과의 상호작용은 학습 유발 효과가 더 크다.93)

위의 내용은 인간이 언어를 매개로 해서 얻는 것에 대한 여러 양상을 보여준다. 언어를 문식한 지식을 바탕으로 지적・사회적 발달의 기초를 이루며, 고등정신을 학습할 수 있다는 것이다. 다만 한문과에서는 문자언어인 한자・한문을 학습하는 과정에서의 문식성에 대한 관심을 가지고 있다. 이에 대하여 노명완・이차숙은 다음과 같이 설명하였다.

> 읽기 및 쓰기 즉 문자를 다루는 행위인 문식성은 생물학적 성숙의 결과가 아닌 학습된 결과이다. 그런 점에서 고등 수준의 심리적 과정들도 생물학적 성숙의 결과가 아니라 학습의 결과이다. 그 단적인 증거가 음성 언어는 자연적이어서 모든 인류 부족이 갖고 있지만, 문자 언어는 인공적이어서 문명이 발전된 인류만 갖고 있다는 점이다. 여기서 우리는 문명, 읽고 쓰는 문식성, 그리고 고등 수준의 심리적 과정들 사이에 내재하는 깊은 관련성을 엿볼 수 있다.94)

한문 역시 인류가 발명한 문자체계로서의 언어이며, 이는 학습으로서 해결해야 할 내용이다. 음성언어가 가지고 있는 한계를 극복하는 과정에서 문자는 태동되었으며, 이를 재인하는 과정에서 문

93) 앞의 책, 51쪽.
94) 노명완・이차숙, 위의 책, 54쪽.

식성의 문제가 대두되게 된다. 특히 한자는 획이 많고 表意文字라는 특징을 가진 세계 유일의 문자이기 때문에 더욱 쉽지 않은 과정을 거친다고 할 수 있다.

3) 독해

한문을 독해한다는 것은 한자를 알고 한자・한문에 관한 스키마를 활용하고 문식성을 발휘하여 내용을 파악하는 것으로 이해할 수 있다. 여기서 한문과는 다루어야 할 내용을 두 가지로 나눌 수 있다. 하나는 국어의 어휘를 확장하는 개념에서의 한자어에 관한 것이며, 다른 하나는 실제의 한문 문장을 독해하는 것이다. 한자어는 어휘 교육의 측면에서 다루어야 할 것이며, 문장 독해는 국어의 읽기와 관련하여 '읽기'의 이론을 적용하는 것이 바람직할 것이다.

가) 어휘 습득

어휘는 일정한 범위 내에서 사용되는 단어의 집합이라고 정의할 수 있다. 그리고 어휘력은 어휘에 대한 총체적 지식이라고 정의할 수 있다. 어휘는 모든 글의 표현과 이해에 밑바탕이 되며, 사물과 생각을 인지하는 최초의 매개라는 인식에서 출발한다. 글을 읽으면서 알지 못하는 단어가 나오면 독해에 지장을 초래하게 되며 자칫 글을 이해 못하는 상황도 일어날 수 있다. 이에 대하여 정기철은 현재 우리 언어 현실은 그 동안 순 우리말을 사용하자고 주장하는 사람이 많았지만 우리말을 살려내고 현대 사회의 다양성에 맞게 발전시키고 보급하는 사람은 많지 않았다고 지적하면서, 현재 우리말만 가지고는 효과적인 의사소통을 할 수 없다고 하면서 다음과 같이 주장하였다.

한자어는 오랫동안 우리 민족과 같이 하였기 때문에 우리말화 한

> 것이 많다.(중략) 통계 조사마다 다르긴 하지만 대략 우리가 쓰고 있는 말 중에서 85% 내외가 한자어라는 것은 우리말 조사나 어미를 제외한다면 거의 모두의 낱말이 한자어에서 유래하였다는 것을 의미한다.
>
> 따라서 우리말과 관련한 한자어에 대한 접근은 두 가지 방향에서 이루어져야 할 것이다. 하나는 지금 쓰고 있는 한자어를 점차 우리말로 바꾸어나가는 것이고, 다른 하나는 지금 쓰고 있는 한자어를 더욱 분명하고 적확하게 사용할 수 있도록 교육하는 것이다.[95]

한문과에서의 어휘 지도는 후자에 해당될 것이다.

또한 정기철은 어휘 학습의 기본적인 인식에 대하여 다음과 같이 지적하였다.

> 효율적인 어휘 학습을 위해서 ① 낱말이 자주 사용되는 문맥과 상황 속에서 학습되어야 하고 ② 쓰기 연습을 통해 효과적인 낱말 사용을 터득하게 하여야 하며 ③ 낱말의 짜임을 정확하게 기억할 수 있도록 하여야 하며 ④ 가장 적절한 시기에 어휘 학습이 이루어져야 한다.[96]

이 내용을 한자어에 적용하면 다음과 같다.

① 한자어는 낱낱의 단어를 지도하기보다는 적절한 국어 문맥을 사용하여 지도하는 것이 바람직하다.
② 한자어를 넣어 국한문의 문장을 지어보는 것이 효과적이다.
③ 한자어의 짜임을 이해하는 것이 중요하다.
④ 한자어를 분류하여 학교 급별에 맞는 어휘를 선정하여 지도하는

---

95) 정기철, 『읽기 교육의 이론과 실제』(서울 : 역락, 2000), 261~262쪽.
96) 정기철, 위의 책, 215쪽.

것이 바람직하다.

이러한 내용은 현재의 한문 교과서에도 반영이 되어 있을 뿐만 아니라 학교 현장에서 이루어지는 한문과 교수・학습에서도 충실히 적용되고 있다고 할 수 있다. 다만 ④의 어휘 분류는 치밀한 연구를 통하여 학교 현장에 투입되어야 할 것이다. 이에 대한 연구는 어휘 습득의 순서를 고려하면 타당한 결론을 얻기가 쉬울 것이다. 어휘 습득의 순서는 단순한 것에서 복잡한 것으로, 구체적인 것에서 추상적인 것으로, 비변별적인 것에서 변별적인 것으로, 분산적인 것에서 조직적인 것으로, 자아 중심적인 것에서 사회중심적인 것으로 발달한다고 한다.

이충우는 『국어교육학사전』에서 어휘가 습득되는 절차를 다음과 같이 정리하였다.

① 단어는 문맥을 통해 이해되고 습득된다(언어적 문맥・장(場)의 원리)
② 어휘는 실물을 보거나 그대로 행동하거나 경험함으로써 습득된다.(사회 문맥적 원리)
③ 어휘는 이미 습득한 어휘를 기반으로 하여 비교하거나 유추함으로써 새로운 어휘를 습득한다.(유추의 원리)
④ 어휘는 구체적인 문맥에 반복 사용함으로써 이해되고 습득된다.(반복의 원리)
⑤ 어휘는 말하거나 글짓기에 사용함으로써 그 의미 기능을 확실히 습득한다.(표현의 원리)[97]

이 원리들은 국어에 사용되는 어휘로서의 한자어의 습득에도 적

97) 서울대학교 국어교육연구소, 『국어교육학사전』(서울 : 대교출판, 1999), 512쪽.

용이 가능하지만 한문 문장 독해를 위한 한자의 습득에도 적용할 수 있다.

한자를 익히는 방법은 다양하다. 그러나 전통적인 방법은 千字文을 시작으로 모든 전적을 거의 외우다시피 하였다. 그러나 ①에 의하면 문장을 통하는 방법도 매우 효과적이라는 것이다. 한자·한자어를 문장으로 익히는 방법에는 두 가지가 있다. 하나는 국한문 혼용문을 통해 익히는 것이고, 다른 하나는 한문 문장을 통해서 익히는 것이다. 국한문 혼용을 통한 방법에 대하여는 필자가 이미 논한 바 있다.[98] 그리고 문장을 통하여 익히는 방법도 충분히 고려할 수 있다. 한문이 다른 외국어에 비하여 익히기 쉬운 것은 대개의 내용을 이미 숙지하고 있으며 다만, 한자로 그렇게 표기된다는 것을 모를 뿐인 경우가 많기 때문이다.

한자는 상형 문자가 많다. 그리고 그 상형 문자를 조합하여 만든 문자는 더욱 많다. 그러므로 실물을 보여주는 것은 한자 학습에 매우 효과적인 방법이다. 그러므로 ②의 방법 역시 한문과에서는 적극적으로 시도하여야 할 것이다. 그리고 국한문 혼용의 글짓기, 주변에 있는 한글로 쓰여 있는 한자어를 한자로 바꾸는 작업들은 흥미를 불러일으킬 뿐만 아니라 학습효과도 높을 것으로 예상된다. 이에 대한 연구는 학교 현장에서 실행 연구를 통하여 검증해야 한다.

나) 문장 독해

현재의 문장을 읽는 이론은 크게 '독해'와 '독서'로 나눌 수 있다. 한문과에서 독해와 독서를 구분하는 것은 선인들이 남긴 전적을 읽어가는 과정과 목적이 어떠해야 하는가에 대한 대답이다. 이에는

98) 拙稿, 「漢字語 敎授·學習 方法에 對한 硏究」, 『漢字漢文敎育』 第二輯(서울 : 韓國漢字漢文敎育學會, 1995). 이 논문에서 필자는 중학교 교과서에 나오는 한자어를 모두 넣어서 한글로 글을 짓고 단계별로 한자를 노출시키다가 결국 한자어만을 남겨서 교수·학습하는 과정을 보였다.

이성영이 이야기하는 독해와 독서에 대한 구별을 참고할만하다.

> 읽기는 흔히 독해와 독서로 구분한다. 그 개념적 구분의 근거는 분명하지 않지만, 현재 현장에서 통용되고 있는 독해와 독서의 개념적 구분은 다음과 같다.
>
> 독해란 읽는 글의 의미 내지는 정보의 정확한 수용에 초점을 두어 고증적으로 읽는 읽기를 뜻한다.(생략) 그러므로 독해 지도는 대개의 경우 국어과내에서의 읽기 지도를 의미하는 것으로 보인다.
>
> 반면에 독서는 주로 교양 획득을 위한 읽기나 문학 작품 읽기와 같이 정서적인 목적의 읽기를 지칭한다.(생략) 독서는 독해 기능뿐 아니라 태도나 습관에도 관심을 가지며 교과서에 얽매이지 않는 탈교과적인 행위라고 할 수 있다.[99]

만약 한문 문장을 읽을 때 독서라는 의미를 사용한다면 이는 현재 국어로 되어 있는 것과 같은 의미의 '독서'가 될 것이다. 한문과 교육이 '독서' 교육이 되기 위해서는 한문 독해의 능통을 전제로 하는 것이며 이는 현재 대학에서 한문 관련 학과에 재학하는 학생들에게도 쉽지 않은 일이다. 그러므로 중·고등학교의 학생들이 한문 문장을 독해한다는 것은 '독서'의 의미로 사용할 수 없다. 따라서 한문에서의 독해도 국어와 마찬가지로 '읽기'와 같은 내용이 되어야 할 것이다.

독해 능력은 언어 능력, 일반 지능, 지식, 기능의 네 가지로 구성된다고 한다. 그 중 학습에 의하여 후천적으로 획득되는 것은 지식과 기능이다.[100] 여기서 독자가 가지고 있는 지식이 바로 스키마이다. 스키마 이론에서는 독해를 주어진 글과 독자의 배경지식이 상호작용하는 과정으로 파악한다. 이러한 스키마를 바탕으로 한 읽

99) 이성영, 『국어교육의 내용 연구』(서울 : 서울대학교 출판부, 2000), 82~83쪽.
100) 앞의 책, 110쪽.

기는 결국 문자로 부호화(encoded)된 기호(code)들을 풀어내어(decoding) 의미를 이해하는(comprehending) 과정이다. 그러나 이 과정은 그리 쉬운 과제가 아니라고 한다. 그 근본적인 이유는 바로 아동들이 익숙해 하는 음성 언어와 새로 배우는 문자 언어의 본질적 차이 때문이라는 것이다.101)

한문의 어려움은 이런 곳에 있다. 한문은 서면어로만 존재하기 때문에 음성언어로 변환하거나 그 뜻을 재인하는 과정이 국어보다는 복잡하고 어렵다고 할 수 있다. 한자 자체의 복잡함으로 인하여 어렵게 여기는 것을 생각한다면 한문은 모어나 토박이어가 아닌 제이언어적 성질을 가지고 있어서 하나의 문장을 독해하는 과정이 더욱 쉽지 않을 것이다. 그러나 하나의 문장 독해에서 그치는 것은 한문을 안다고 할 수 없으므로 결국 텍스트에 대한 이론을 적용하지 않을 수 없다. 한철우 외 3인은 여러 관점에 바탕을 두고 이루어진 다양한 텍스트 정의들이 가지고 있는 기본적인 공통점을 뽑아서 다음과 정리하였다.

> 첫째, 텍스트는 문장의 상위 단위(unit beyond the sentence)로서 한 문장 이상으로 된 문장의 연속체이다.
> 둘째, 이 문장들의 연속체는 서로 관련되어 있는 문장들의 연속체이다. 즉 텍스트를 구성하는 문장들은 문장들의 단순한 집합이 아니라 그 이상이라는 것이다.
> 셋째, 텍스트는 구어일 수도 있고 문어일 수도 있으며, 그 길이는 텍스트 구성에 아무런 역할을 하지 않는다.102)

한문 고전의 문장들 중에서 성어, 속담·격언, 명언·명구는 대

---

101) 노명완·이차숙, 위의 책, 163쪽 참조.
102) 한철우·박진용·김명순·박영민 편저, 『과정 중심 독서 지도』(서울 : 교학사, 2003), 81쪽.

개 하나의 문장으로 이루어져 있다. 그러나 대개의 문장은 위의 텍스트 이론에 부합하는 것이며 이런 텍스트의 구조에 의하여 독해가 이루어져야 한다. 다만, 한문은 다양한 층위의 텍스트가 존재하므로 학교 급별 위계에 의한 분류작업이 선행되어야 하며 그렇지 않을 경우는 처음부터 무리한 독해가 진행될 가능성이 높다.

다) 문화

독해의 과정이 이루어지면 그 내용을 파악하고 그에 대한 이해와 감상으로 나아가게 된다. 이러한 이해와 감상은 문장 그 자체를 파악할 뿐만 아니라 그에 들어 있는 문화도 함께 파악하는 것으로 이해할 수 있다. 김진우는 언어와 문화의 관계에 대하여 다음과 같이 언급하고 있다.

> 언어는 문화의 핵과 같은 것이다. 따라서 언어를 배운다는 말은 문화를 배운다는 말과 결국 같은 말이다. 또한 언어는 일종의 사회적 제도이기도 하다. 그러므로 어린이가 어떻게 사회화되느냐를 알아보는 데는 그가 어떻게 말을 배우는가를 알아보는 것보다 긴요하고 핵심적인 과제는 없다.103)

위의 언급은 어린이를 예로 들었지만 결국 누가 어떤 언어를 배우는 것이든 그 언어 속에 들어 있는 문화를 배우는 것이라는 점은 동일하다. 그러므로 한문이 한자문화권과 우리나라의 전통에서 나온 것이라면 한문을 배우는 것은 한문 문화를 배우는 것이라고 할 수 있는 것이다. 이것은 김진우의 다음과 같은 언급에서도 확인할 수 있다.

---

103) 金鎭宇, 『言語習得의 理論과 實相』(서울 : 2001, 한국문화사), 30쪽.

> 언어습득을 통해서 사회화과정이나 문화화 과정을 연구하다보면 한 언어의 단어 하나하나에는 그 사회나 나라의 사회적 규약이나 문화적 관행 등이 모두 담겨 있기 때문에 단어를 배운다는 것은 곧 사회적 규약이나 문화적 관행을 배우는 일이라는 것을 즉각 깨달을 수 있게 된다. 또한 그렇게 하다보면 사회화과정이나 문화화 과정의 핵심적 과제는 바로 그 사회나 나라의 정신적 가치체계나 신념체계 등을 전수받는 일인데, 이런 작업의 큰 부분도 궁극적인 의미에서 보자면 언어에 의해서 이루어지게 된다는 사실도 깨닫게 된다.[104]

한문은 한자문화권의 나라가 공유하는 콘텐츠이다. 그러므로 한문의 문화에 대하여 아는 것은 한자문화권에 대한 접근도 자연스럽게 이루어지는 것이다. 한자문화권에 대하여 아는 것은 한문을 독해하는 과정에서 빼놓을 수 없는 한문과 교육의 영역이기도 하다.

2. 한자문화권의 紐帶

현재 한국・중국(대만)・일본의 삼국으로 나뉘어 있는 동북아시아의 판도는 과거로 돌아갈수록 복잡한 양상을 드러낸다. 끝없는 민족들의 이동과 그에 따른 영토의 각축 그리고 이에 순과 역을 반복하며 교류되는 수많은 문화들이 있었다. 넓은 영토의 중국은 말할 것도 없지만 한반도와 그 북부에서도 많은 나라들이 세워지고 또 멸망하기를 거듭하였다. 이는 일본의 경우도 예외가 아니다.

지리적으로 붙어 있는 나라들의 경우 예외 없이 서로 은혜와 원한을 교차시키며 역사를 만들어가기 마련이다. 이러한 내용은 가시적이든 그렇지 않든 간에 혹은 느끼든 못 느끼든 간에 서로 상대의 문화를 공유하고 있는 것이다.

---

104) 앞의 책, 35쪽.

중국은 우리나라와 국경선을 맞대고 있어 끝없는 영토 전쟁과 인적 물적 교류가 있어 왔다. 그러므로 지금의 국경선은 과거의 국경선이 아니다. 이는 당시의 국력과 상관이 깊은 일일 수밖에 없었던 것이다. 고구려가 밀고 밀리는 전쟁을 중심으로 한 교류를 가지고 있었다면, 백제는 바다를 통한 외교로서 중국과 교류하였다. 신라가 당나라와 연합을 하여 고구려와 백제에 맞선 것은 주지하는 바이다. 우리 선조들은 중국의 수많은 왕조가 興亡盛衰를 거듭할 때 등거리 외교를 하기도 하고 혹은 조공을 하기도 하였다. 혹은 강하게 버티다가 전쟁의 소용돌이 속에서 패전의 아픔을 맞이하기도 하였으니 이 와중에 많은 교류가 일어난 것은 당연한 것이다.

일본 역시 삼국시대로부터 고려시대 조선시대를 거치며 피차 피할 수 없는 역사적 사실들을 생산하여 왔으며 이것은 지금도 마찬가지다. 일본은 주로 우리나라와 상대를 많이 했지만 중국과의 직접 교류도 적지 않았다. 이러한 삼국의 교류는 북경과 서울과 동경을 묶어 'BE-SE-TO Belt'라는 연대를 말하기에 이르렀다.105) 'BE-SE-TO Belt'의 핵심은 동양문화이며 이 동양문화의 바닥에는 '漢字'라는 콘텐츠가 자리 잡고 있는 것이다. 단순한 사신의 교류가 아닌 정신사적인 흐름에서 동양 삼국의 교류는 서로의 발전에 심각한 영향을 주고받았으며 이는 현재로 이어져 미래를 지향하게 하는 원동력이 되고 있다. 따라서 동양문화의 교류는 한문과 교육에서 빼놓을 수 없는 매우 중요한 교육과정의 내용이며 이에 대한 교육은 향후 동양 각국의 문화 공감뿐만 아니라 글로벌시대에 서양문화와 대비되는 우수한 문화로 기능하게 될 것이다.

---

105) 김상홍, "'BE-SE-TO Belt'에서 한국 한문교육의 문제," 『漢字漢文教育』 第十二輯(서울 : 韓國漢字漢文教育學會, 2003). 이 논문에서 필자는 16억 인구의 유일한 공통 문자인 漢字에 대한 교육을 소홀히 한다면 "BE-SE-TO(북경-서울-동경) Belt"에서 소외될 것은 자명한 일이라고 하면서, 북한과 일본에서의 한문 교육은 他山之石이 아닐 수 없다고 지적하였다.

가. 한자 문화권의 형성

한자는 다른 문명의 상형문자와 마찬가지로 사물의 모양을 본뜨는 것에서부터 출발하였다. 그리고 그것을 사용해 의사를 표현 하였으며, 그로 인해 동양은 선사의 시대로부터 역사의 시대로 전환하였다. 한자는 시대의 발전과 더불어 그 자체의 변화를 가짐과 동시에 주변의 지역으로 그 효용이 확대되면서 하나의 문화권을 형성하였다. 그리하여 각기 다른 말을 사용하는 異民族들이 한자라는 표기 수단을 사용하여 각기 자신들의 역사와 문화를 기록할 수 있었다. 또한 그들은 서로 한자를 매개로 하여 의사소통을 수행하였으므로 한자는 고대로부터 중세를 거쳐 현대에 이르는 중요한 표기 수단으로 자리 잡았다.

한문은 현대의 한국인에게 한자문화권(동양문화권)이라고 하는 문명권이 가지는 동질성과 이질성을 연결하는 주체가 되어 있다. 현대에도 이백과 두보의 한시는 한·중·일을 막론하고 자주 암송·인용되고 있다. 또한 과거로부터 현재에 이르는 유교·불교 등 동양 문화의 전래와 교류는 한자 문화권 국가들의 동질성을 확인해 주고 있다. 그러므로 한자 문화권의 유대는 과거를 바탕으로 미래를 지향하는 소중한 과업이 되고 있다.

1) 한자의 출현

한자가 언제 형성되었는가에 대한 학설은 분분하여 확실치 않다. 불과 100여 년 전까지만 해도 갑골문의 발견은 중국의 문화에 대한 인식을 충격적으로 전환할 수밖에 없었다. 전설상의 시대로 여겨지던 상(商→殷)이 역사의 시대로 다가왔기 때문이었다. 그러나 연구 결과 갑골문은 이미 완성된 글자의 형태를 가지고 있었으며, 모든 문장을 충분히 나타낼 수 있는 어문규칙까지도 가지고 있다는 것이 알려지면서 그 이전에 '또 다른 문자의 형태가 있지 않았겠는가?'에 대한 의문이 꼬리를 물었다.

그 후 1930년대 이래 중국의 여러 곳에서 고고학 발굴 작업이 이루어졌다. 그 중 주목할 만한 것은 陶器記號의 발굴이었다. 이는 商 이전 시기 및 상대의 것으로 추정되는 여러 가지 부호가 새겨진 도기 파편들로서 여러 지역에서 발굴되었다.106) 이 시기들은 신석기 중기에서 후기에 걸치고 있다. 따라서 이전에 여러 곳에서 다양하게 쓰이던 문자들이 商代에 이르러 통일되었을 것이라고 주장하는 학자들이 등장하게 되었다.107) 이에 최영애는 "한자의 기원을 B.C. 4000년의 반뽀(半坡)기호까지 올라갈 수 있다는 가능성을 활짝 열어두자."108)고 제안하였다. 그러나 이 모든 것이 완전히 확인된 것은 아니며 아직도 연구단계에 머무르고 있다.

2) 한자의 발전과 한자 문화권

도기기호들이 발견되고 이것들이 한자의 기원에 대한 근거를 제공할 것이라고 하는 것은 아직 연구단계에 있다. 그러나 甲骨文은 누구나 인정하는 명실상부한 중국 고대의 문자체계이다. 갑골문은 '龜甲·獸骨'에서 온 명칭이다.109) 갑골문은 淸 光緖 25년(1899)

---

106) 최영애, 『한자학강의』(서울 : 통나무, 1995), 144쪽 참조. 최영애에 의하면 발굴된 지역을 방사성탄소측정연대순으로 다음과 같이 나열하고 있다. 陝西 西安 半坡, 臨潼縣 姜寨, 山東 大汶口, 諸城 前寨, 章丘縣 城子崖, 河南 偃師 二里頭, 鄭州 二里岡, 河北 藁城 台西, 河南 安陽 小屯, 그리고 長江 이남 지역으로 江西 淸江縣 吳城 등이다.

107) 상대에 들어서 문자 통일이 이루어졌을 것이라고 주장하는 학자는 고고학자군으로 張光直, 李孝定, 雲惟利 등이다. 그러나 아직 이들의 주장을 확신할 만한 사료는 나오지 않고 있다. 도기기호들은 기호체계로서 갑골문과 통할 수 있는 가능성을 가진 것이 상당히 있으나 문장이 출현하지는 않았다. 그러므로 아직 이러한 주장은 가설에 그치고 있다.

108) 최영애, 앞의 책, 184쪽.

109) 최영애, 앞의 책, 187쪽. 최영애에 의하면 陸懋德이 『晨報副刊』에 「甲骨文之發見及其價値」라는 논문을 1921년 12월 25일에 발표하였는데 '갑골문(甲骨文)'이라는 명칭은 여기서 최초로 등장하였다고 한다.

북경에서 벼슬을 하고 있던 王懿榮에 의해 최초로 발견되었다. 이후 容庚, 王國維, 董作賓, 郭沫若 등의 대학자들에 의해 연구되어 그 진면모가 밝혀지게 되었다.

갑골문의 연구가 이루어짐에 따라 그 내용이 드러나기 시작했는데, 갑골문의 내용은 商代 후기에 盤庚이 도읍을 옮긴 이후로 마지막 왕인 紂王까지 商의 왕실에서 행해진 점복기록이다. 이것이 밝혀진 과정에 대하여 최영애는 다음과 같이 말하고 있다.

> 왕꾸어웨이〔王國維〕가 일찍이 1917년에 쓴 「殷卜辭中所見先公先王考」는 갑골복사자료의 고석을 통하여 『史記』 「殷本紀」의 商王朝世系에서 世次 상의 약간의 착오까지 교정한 불후의 역작으로, 이로부터 갑골문 자료가 상대 역사 연구의 중요한 고증자료로서의 발걸음을 내딛게 되었다. 바로 앞서 언급한 것처럼 갑골학의 역사는 문자시기에서 사료시기로 접어들게 된 것이다.[110)]

처음에는 단순히 고대 문자로서의 역할을 했던 것이 왕국유에 의해 전모가 밝혀지면서 사료의 역할을 담당하게 되었다는 것이다. 그러므로 갑골문의 가치는 그 무엇으로도 바꿀 수 없는 귀중한 세계적 문화유산인 것이다.

시간이 흐르면서 청동기 시대가 도래하였다. 商〔殷〕은 이미 후기에 청동기 시대를 맞이하고 있었다. 그러므로 갑골문의 시대 후반에 청동기에 글자를 새긴 것들이 있었는데 이를 金文이라고 한다. 갑골문은 칼로 파낸 것이라 날카롭고 가는 직선을 사용하는데 반하여 금문은 주조과정을 통해 생겨난 것이므로 획이 굵고 곡선이 많으며 획의 마무리가 둥그렇게 되어 있어서 쉽게 구별할 수 있다. 특히 왕명으로 제작된 큰 그릇들의 銘文들은 금문의 특징을 여실히

110) 최영애, 위의 책, 205쪽.

보여준다.[111] 금문의 시기는 대체로 周대에 주류를 이루지만 주대에는 이미 竹簡을 비롯한 帛書가 사용되고 있었다. 그러므로 점차로 서사도구가 발달함에 따라 한자의 발전도 촉진되어 秦에 이르러서는 춘추전국시대에 각 나라마다 다르게 쓰고 있던 한자를 통일하게 되었다.

秦始皇은 전국을 통일하고 승상 李斯에게 명하여 문자를 통일하게 하였다. 굽은 획을 펴고, 많은 획을 줄여 그 전 시대의 복잡한 문자를 간략하게 정리하였는데 이것이 바로 小篆이다. 이 소전이야말로 진시황의 크나큰 업적의 하나이며 이로부터 중국의 문자의 발전은 비약적으로 이루어지기 시작했다. 그 이후 소전을 넘어선 隸書라는 문자가 나타났다. 예서의 출현에 대하여 하영삼은 다음과 같이 설명하고 있다.

> 한나라 때의 중심 글자가 되었던 예서는 언제쯤, 그리고 어떤 과정을 거쳐서 형성되었던 것일까? 이는 한자학계에서도 많은 관심거리이자 논란거리가 되고 있는 문제이다. 『설문해자(說文解字)』「서문(序文)」과 채옹(蔡邕)의 「성황편(聖皇篇)」 등과 같은 전통적인 해석은, 진시황이 정막(程邈)이라는 사람을 시켜 감옥 관리의 편의를 도모하기 위해 전서체를 단순화시켜 처음으로 예서를 만들게 했다는 기록에서 그 기원을 찾는다. 그러나 현재 출토되고 있는 고고

---

111) 청동기물을 용도별로 나누면 요리를 할 수 있던 정(鼎), 격(鬲), 언(甗)과 음식 그릇이었던 궤(簋), 수(盨), 보(簠), 돈(敦), 두(豆) 등이 있으며, 술그릇으로 작(爵), 각(角), 가(斝), 고(觚), 치(觶), 굉(觥) 등이 있으며, 술항아리로 존(尊), 이(彝), 유(卣), 부(瓿), 뢰(罍), 호(壺), 우(盂) 등이 있었으며, 물그릇으로 화(盉), 이(匜), 반(盤), 감(鑒) 등이 있었고, 그 외에도 악기나 무기 수공업용 도구와 농업용 도구 등을 들 수 있다. 대체로 명문이 있는 것이 많지 않지만 명문이 있는 것들 중에서도 긴 글이 써 있는 것은 더욱 많지 않다. 그러나 그 중에서도 대우정(大盂鼎)은 강왕(康王)이 뛰어난 장군이었던 우(盂)에게 조상의 관직을 잇도록 명하고 수레, 말, 옷가지와 1,700명이 넘는 백성을 준 기념으로 우가 만들었다고 씌어 있다. 이외에도 유명한 것으로 모공정(毛公鼎), 산씨반(散氏盤) 등이 있다.

> 발굴 자료에 근거해 볼 때, 예서의 형성은 이러한 전통적인 해석과는 다소 다른 부분이 있다. 즉 전국시대 진(秦)나라 문자의 속체에서도 이미 예서의 필법과 유사한 부분이 나타나고 있는가 하면, 통일 진나라의 초기 연대에 속하는 수호지 제11호 무덤에서 출토된 진나라 죽간을 비롯해 진나라 통일 직전의 연대에 해당하는 제4호 무덤에서 출토된 간독 등에서도 그 형태를 찾을 수 있다. 이렇게 볼 때 예서는 전국시대 말기에 이미 그 기본적인 형태가 형성된 것으로 상정할 수 있다.[112)]

위의 글처럼 예서는 秦에서 기원되어 전국시대 말기에 기본적인 형태가 형성되었고, 보편적으로 사용하게 된 것은 한나라 이후라는 것을 알 수 있다. 그 증거로서 '馬王堆'를 예로 든다.

1973년 중국 湖南省의 省都 長沙市의 동쪽에 있는 '馬王堆'라는 세 무덤이 발굴되었다. 여기서 수많은 부장품이 출현하였는데 그 중에서 가장 세상의 주목을 끈 것은 '帛書'이다. 여기서 출현한 글들은 현재에 전해지지 않는 것들을 포함한 것이었다. 대체로 『老子』, 『戰國策』 등과 발굴 당시까지 전하여지지 않았던 占卜書들이 함께 있었다. 책의 내용과 글자를 판독한 결과 이 무덤은 한나라 초기의 것임이 밝혀졌고 여기에 쓰인 글자들은 소전에서 예서로 옮겨가는 과도기의 서체였으며 '草篆 : 흘린 전서'이라고 불리기도 하였다.[113)]

漢이 들어선 후 이미 한자는 篆書의 시대를 넘어 隷書의 시대로

---

112) 하영삼, 『한자의 세계』(부산 : 늘함께, 1998), 237~238쪽. 하영삼은 기원은 진(秦)으로 가지만 예서가 보편적으로 자리를 잡는 것은 한나라 무제 말기에서 선제 때쯤 형성된 것으로 보고 있다.

113) 阿辻哲次 지음, 金彦鍾·朴在陽 옮김, 『漢字의 역사』(서울 : 학민사, 1994), 126~134쪽 참조. 유명한 이야기로 마왕퇴에서는 2000년 전 여성의 주검이 발견되었는데, 너무도 생생해서 살갗은 탄력이 있었고 해부도 할 수 있었다. 해부 결과 죽은 까닭은 심장병으로 추정되었고 류머티즘이 있었으며, 위 속에서 참외씨가 나와 죽기 직전 참외를 먹은 것도 알 수 있었다. 이 무덤에서 수많은 백서(帛書)들이 썩지 않고 나올 수 있었던 것도 이렇게 탁월한 보존의 결과이다.

접어들기 시작하였으며, 漢武帝 때는 그 쓰임이 정착되어가고 있었다. 예서는 전서보다 매우 쓰기가 쉽고 간편해서 일반적으로 퍼질 수 있었다. 그러므로 이미 중국 문화는 한자 문화가 일반적으로 자리를 잡았다고 할 수 있는 시기가 도래한 것이다. 이러한 바탕 위에 한무제가 제위에 오르자 국제정세는 요동을 치기 시작하였다. 한무제는 이전의 골칫거리였던 흉노와의 끝없는 공방을 통해 서역으로 통하는 길을 확보하여 비단길(silk road)를 개척하여 동서양의 교류를 열었다. 또한 古朝鮮을 멸망시키고 漢四郡을 설치하는 등의 정복정책을 실시하여 중국의 문화가 인근의 지역으로 퍼지는 계기를 제공하였으며, 유교를 국교화하여 학문의 체계를 정비하였다. 그러므로 중국의 문화는 사방으로 확산되었으며, 이는 한자문화권이 형성되는 계기를 제공하였다. 그러므로 한자문화권의 교류가 처음에는 인적 물적인 通商의 교류를 통하여 이루어졌다기보다는 전쟁 등의 역사 속에서 일어났던 것이다.

나. 한자 전래와 고대 동아시아의 교류

1) 동양 삼국의 교류의 시원

우리나라에 한자가 전래된 시기는 분명치 않다. 분명한 것은 당시의 강역으로 볼 때 한사군의 시대에는 그 강역이 한반도의 평양까지 이르렀으므로 이 땅에서도 한문이 쓰였다는 것을 쉽게 납득할 수 있다. 그러므로 우리나라에 한자가 전해진 것은 아무리 늦어도 한사군의 설치보다 늦을 수는 없다. 혹은 이미 한사군의 시대에는 보편화되었는지도 모르는 일이다. 그러나 이 시기에도 낙랑에서 약간의 한족이 주둔했던 흔적의 인장 정도가 발견될 뿐 실질적인 증거는 나타난 바가 별로 없다. 그러나 다음의 기록을 보면 이미 한문은 보편적인 동양문화의 바탕이 되고 있음을 증명한다.

『後漢書』「東夷傳」에 다음과 같은 기록이 있다.

> 57년에 왜의 노국이 공물을 가지고 와서 축사를 했다. 사신은 자기 스스로 대부라고 하였다. 노국은 왜국의 남쪽에 있다. 광무제는 인수를 주었다. 안제 영초 원년 왜국왕 수승 등이 백성 160인을 바치며 만나기를 청했다.114)

광무제는 후한을 일으킨 임금이며, 왜국은 일본을 지칭한다. 인장을 하사하는 것은 벼슬을 내리는 것이므로 이미 한나라 때에 일본과 중국이 조공의 관계를 맺고 있는 것을 알 수 있다. 그리고 지금부터 약 200여 년 전에 일본 후쿠오카현 시카노시마에 있는 밭에서 金印章이 발견되었다. 이 도장에는 '漢倭奴國王'이라는 글자가 새겨져 있다. 시카노시마에서 발견된 금도장은 『후한서』에 기록되어 있는 바로 그 금인장으로, 그 한자는 '한왜노국왕'으로 판단된다. 이런 사실로 보아 『후한서』의 기술이 역사적 사실에 근거한 것임을 알 수 있다.115)

주목할 만한 것은 일본이 조공을 하고 후한의 광무제가 인수를 하사했다는 것은 이미 한문이 일본에서도 상당히 발전하고 있었다는 반증으로 이해할 수 있다. 당시의 항해술이나 여행을 위한 장비를 생각할 때 한반도를 거치지 않고 중국으로 바로 가기가 어려웠다는 것을 생각하면 한반도와 일본은 여행의 루트로서 같은 문화를 공유하고 있었을 것은 자명한 것이다.

『후한서』「夫餘傳」에 부여왕은 49년에 후한의 광무제에게 공물을 보낸 이래 해마다 조공하였으며116), 120년에는 조공하고 印綬

---

114) 『後漢書』 卷 85,「東夷列傳」第75. 建武中元二年, 倭奴國 奉貢朝賀, 使人自稱大夫, 倭國之極南界也. 光武賜以印綬. 安帝 永初 元年, 倭國王帥升等獻生口百六十人 願請見.

115) 전국역사교사모임(한국)·역사교육자협의회(일본), 『마주 보는 한일사 I』(서울 : 사계절, 2006), 41쪽.

를 받은 기록이 있다.

> 120년 부여 왕은 왕자를 후한의 궁정에 파견했다. 안제는 왕자에게 인수(印綬)와 금 비단을 수여했다.[117]

1958년 낙랑군 관청이 있던 평양시 장백동의 널무덤에서 '夫租濊君'이라 새겨진 은도장이 출토되었다. 1961년에도 그 인근의 덧널무덤에서 '夫租長人'이라고 새겨진 銀印章이 발견되었으며, 또 낙랑군 관청 유적지에서 출토된 封泥[118]에는 '夫租丞人'이라는 글자가 새겨져 있었다.

중국의 官制는 秦나라 이후 印章으로 관리되었다.[119] 그러므로 인장과 印綬를 가지고 있다는 것은 외교가 활발하게 이루어졌다는 것을 의미하기도 하며, 또한 조공이 이루어졌다는 것도 알 수 있다. 중국의 황제가 이민족의 족장들에게 인수를 수여한 것은 그들을 그 지역의 국왕으로 임명하고〔冊〕, 그 영토를 공인하는〔封〕 대신 정기적인 조공의 의무를 지게 한다는 뜻이 있었다. 이렇게 冊封된 주변의 여러 민족들은 필연적으로 한자를 비롯한 한문 문화를 받아들이게 되었다. 이후 중국에 보내는 문서는 한자를 사용한 한문이었으며 이 문서의 봉인에는 중국으로부터 받은 인장이 쓰였던 것이다.

---

116) 『後漢書』卷85, 「東夷列傳」第75, '夫餘國', 二十五年, 夫餘王遣使奉貢光武厚答報之 於是使命歲通.

117) 『後漢書』, 위의 곳. 永寧元年, 乃遣嗣子尉仇台, 詣闕貢獻. 天子賜尉仇台印綬金綵.

118) 봉니(封泥) : 종이가 발견되기 이전에는 상대에게 글을 보낼 때 밖을 끈으로 동인 다음 진흙을 바르고 그 위에 인장을 날인하여 그 글의 출처를 확인하게 하였다.

119) 인장(印章)에 의한 관제의 관리를 살펴보면 다음과 같다. 황제(皇帝)는 옥인(玉印), 왕후장상(王侯將相)은 금인(金印), 공경대부(公卿大夫)는 은인(銀印), 이하 벼슬아치는 동인(銅印)이었으며, 인장의 위에 올라앉는 인꼭지인 인뉴(印鈕)의 형상, 그리고 인장을 메는 끈인 인수(印綬)의 색깔도 규정이 있어 노란색, 자색, 녹색, 청색, 흑색으로 나누었다.

2) 초기 한·일의 교류

일본에는 우선 삼국의 사람들이 건너가 정착함으로부터 교류의 문이 열리기 시작했다고 할 수 있다. 3세기 후반에서 7세기까지의 고분시대에 한반도에서 왜국으로 건너간 사람들을 일본에서는 渡來人이라고 한다. 『마주보는 한일사Ⅰ』에서는 다음과 같이 말하고 있다.

> 도래인이 일본에 건너온 시기는 4기로 나눌 수 있다. 1기는 전설의 시대로, 도래인이 처음으로 건너온 시기다. 2기는 5세기로, 전설의 시대 이후 새롭게 도래한 사람들이 여러 가지 기술을 왜국에 전했다. 3기는 6세기로, 유교와 불교를 전해서 아스카 문화의 기초를 만들었다. 4기는 7세기 후반으로, 백제와 고구려가 멸망해 다른 시기보다 비교적 많은 사람들이 바다를 건너가 왜국의 정치와 문화에 커다란 영향을 끼쳤다.[120]

우리나라와 일본의 문화적인 교류에 대해서는 阿直岐와 王仁의 이야기가 가장 잘 알려져 있다. 아직기와 왕인이 일본에 가게 된 사건은 도래인 1기의 이야기로서 『日本書紀』에 다음과 같이 기록되어 있다.

> 15년 가을 8월에 백제왕이 아직기라는 자를 파견하여 준마 두 필을 헌상하였다. 아직기는 또 경전을 잘 읽었기 때문에 태자 우지노와키이라즈코가 스승으로 삼았다. 천황이 아직기에게 "당신을 능가하는 박사가 있는가?"라고 물으니 "왕인이라는 자가 우수합니다."라고 대답했기 때문에 가미츠케노키미의 조부인 아라타와케와 간나키와케를 백제에 파견하여 왕인을 초청했다. 이 아직기는 아직기사의 시조이다.

120) 전국역사교사모임(한국)·역사교육자협의회(일본), 『마주 보는 한일사Ⅰ』(서울 : 사계절, 2006), 81쪽.

> 16년 봄 2월에 왕인이 왔기 때문에 태자는 왕인을 스승으로 삼고 여러 전적을 배워 통달했다. 이 왕인은 서수(書首)들의 시조이다.[121]

이 이야기는 물론 전설상의 시기의 일을 기술한 것이다. 시기와 사실의 진위를 알 수 없고 일본인들이 기록한 것이어서 표현이 거칠기는 하지만 아직기와 왕인이 일본에 가게 된 연유와 그들의 행적에 대하여 잘 드러나 있다.

그 뒤 3기의 도래인들의 기록은『일본서기』에 나타난다. 513년에 오경박사가 백제에서 왜국으로 건너갔으며 516년에는 다른 오경박사가 가서 이미 있던 사람들과 교대를 했다고 한다. 오경박사는 五經을 강의하면서 왜국의 유교교육을 담당하였다. 554년에도 오경박사와 승려가 교대를 하기 위해서 일본으로 건너갔으며, 易博士, 曆博士, 醫博士, 採藥士, 樂人 등이 새로이 부임하였다. 이와 같이 일본 고대 문화의 상당부분을 백제에서 담당했다는 것을 알 수 있다. 그렇다고 해서 일본이 삼국시대에 백제하고만 교류를 한 것은 아니었다.

3) 불교의 전래와 발전

기원전 6세기 경 현재의 네팔과 인도의 국경부근의 샤카〔釋迦〕족에 속하는 카필라 성에 태어난 고타마(Gautama) 혹은 싯다르타(Siddārtha, 목적을 이룬 이)는 낳자마다 북쪽을 향해 길게 일곱 발자국을 걸어가 오른손으로 하늘을, 왼손으로 땅을 가리키며 사자와 같은 목소리로 외쳤다. "하늘 위와 땅 아래 오직 나만이 홀

121)『日本書紀』,「應神紀」十五年秋八月壬戌朔丁卯, 百濟王遣阿直岐 貢良馬二匹. 阿直岐亦能讀經典 卽太子菟道稚郎子師焉. 於是天皇問阿直岐曰, 如勝汝博士亦有耶. 對曰, 有王仁者 是秀也. 時遣上毛野君祖荒田別 巫別於百濟 仍徵王仁也. 其阿直岐者 阿直岐史之始祖也. 十六年春二月, 王仁來之 則太子菟道稚郎子師之, 習諸典籍於王仁 莫不通達. 故所謂王仁者 是書首等之始祖也.

로 존귀하다〔天上天下唯我獨尊〕." 이 아이가 장차 부처님이 될 아기였다.[122] 이후 生老病死의 고통을 알게 된 고타마는 이를 없애기 위한 노력을 하다가 30세에 가출을 하여 6년의 고행 끝에 확연한 깨달음에 이르렀으며 드디어 부처(깨우친 사람)가 되었다. 부처는 제자들을 모아 자신의 깨달음을 가르쳤다. 그 후 제자들이 또 다른 사람을 가르치면서 불교는 발전을 거듭하여 인도의 아쇼카 왕이 불교를 믿게 되면서 크게 융성하였다.

이후 기원전 1세기경 인도 서북부를 중심으로 초기 18개 部派불교의 사변적, 개인적, 소수 엘리트 중심적 성향에 반대하는 진보적 승려들의 혁신운동이 일어났다. 이들은 이전의 불교를 '小乘'이라고 하며 자신들을 '大乘'이라고 하였다. 이 대승불교가 중국으로 전파되었다가 한반도로 들어오게 되게 되었다.

가) 불교의 전래

우리나라에 불교가 들어온 것은 가야 김수로 왕의 부인 許王后가 인도로부터 왔으므로 이 때 불교가 들어왔을 것이라고 보기도 한다. 그러나 그 영향을 알 수 없다.

본격적으로 들어온 것은 고구려 小獸林王 2년(372)에 前秦 왕 符堅이 승려 順道를 보내 불상과 경전을 보냈다고 하는 데 이것이 삼국 중 최초로 불교를 받아들인 것이다.[123] 백제는 枕流王 원년(384)에 東晋의 摩羅難陀가 들어와 불교를 전파하기 시작하였다. 신라에 불교가 들어온 것은 두 나라에 비해 대단히 늦은 訥祗王 때 고구려를 거쳐 온 阿道라는 승려가 처음으로 불교를 전파했으나 이는 민간차원의 비밀포교였다.

그 후 양나라 사신이자 승려인 元表가 경주에 오면서 비로소 왕

---

122) 오강남, 『불교, 이웃 종교로 읽다』(서울 : 현암사, 2006), 31~32쪽 참조.
123) 김부식, 『三國史記』 卷第18, 「小獸林王」條(서울 : 대제각, 1995) 二年, 秦王符堅 使及浮屠順道送佛像經文.

실에 불교가 전해졌다. 그러나 신라는 귀족들이 전통사상과 마찰을 일으키는 불교의 공인을 반대하다가 6세기 초 法興王(514~540) 14년(527)에 異次頓(503~527)이 순교하면서 비로소 공인을 얻었다. 그러나 불교는 먼저 전래된 고구려나 백제보다는 왕권의 비호를 받은 신라에서 護國佛教로서 크게 진흥되었다. 23대 법흥왕부터 28대 眞德女王(647~654)에 이르는 100여 년간은 왕명을 불교식으로 지었으므로 '왕이 곧 부처(王卽佛)'라는 사상이 깔려 있었다고 할 수 있다.[124) 또한 승려 圓光이 제시한 화랑도의 世俗五戒는 국가에 대한 충성과 부모에 대한 효도 그리고 전쟁에 임해서 물러나지 말 것 등 당시의 불교의 호국적인 모습을 잘 보여 준다고 할 수 있다.

나) 불교의 발전과 교류

삼국시대의 불교가 '왕이 부처'라는 정치 이데올로기라는 기능이 강했다면, 통일신라의 불교는 학문적・철학적 불교로 발전한 양상이 두드러진다. 일찍이 552년 백제의 성왕은 금동 불상, 불구, 경론 등을 왜국의 긴메이 천황에게 보내고 불교를 믿을 것을 권했는데 당시 일본의 도래인들은 법당을 만들고 불상에 예배하는 등 불교를 믿고 있었다. 6세기에는 고구려에서는 慧慈, 慧灌, 曇徵, 백제에서는 曇慧, 慧聰, 觀勒 등의 승려가 명성을 떨쳤다. 이후 삼국과 일본은 불교를 매개로 하여 많은 교류가 이루어졌다.

신라는 통일 전부터 圓光, 慈藏, 圓測, 義湘 등 명승이 당나라에 유학하여 신라의 불교를 드높였다. 당나라에 유학하지 않은 元曉(617~686)는 『大乘起信論』과 『金剛三昧經』을 비롯한 수많은 경전에 註疏를 달아 우리나라는 물론 중국에도 많은 영향을 미쳤다. 또한 慧超(704~?)는 성덕왕 18년(719)에 당나라에 들어갔다가

---

124) 한영우, 『다시 찾는 우리 역사』(서울 : 경세원, 2005), 131~132쪽 참조.

인도와 페르시아, 아라비아 등 서역까지 가서 수십 국의 성지를 순례하고, 성덕왕 26년(727)에 당나라에 돌아와 기행문인 『往五天竺國傳』 3권을 썼다. 신라의 승려들은 활발한 국제 교류 활동을 하였으므로 당시의 불교 수준은 대단히 높은 것이어서 여러 종파가 형성되었다.

고려는 불교를 국교로 하고 통일신라에 이어 많은 훌륭한 승려를 배출하였다. 그 중에서도 大覺國師 義天(1055~1101)과 普照國師 知訥(1158~1210), 太古和尙 普愚(1301~1382) 등을 들 수 있다. 의천은 고려 문종의 아들로 중국 송나라에서 선종을 비롯한 여러 종을 배우고 돌아와 천태종을 전파하는 한편 宋, 遼, 日本 등지로부터 불경을 모아 편찬하는 중책을 수행하였다.

이와 같이 동양의 삼국은 불교를 통한 외교를 강화하였으며, 그로 인하여 불교문화는 한·중·일 고대사회의 문화 교류의 축으로서의 역할을 수행하였다.

다) 불교와 한문교육

불교가 이 땅에 들어온 지 1600여 년이 지나고 있다. 법흥왕 이후 신라와 고려는 모두 불교를 국교로 하였으며 이 때문에 현재 우리나라 국보와 보물의 80%가 불교 유물이라고 할 정도로 우리나라의 역사와 불교는 불가분의 관계이다. 그러므로 八萬大藏經을 비롯한 수많은 경전과 생활 속에 배어 있는 불교의 유산은 이루 헤아릴 수 없을 정도이다.

불교 경전은 산스크리트어로 쓰인 원본의 그대로 우리나라에 들어온 것이 아니라 주로 중국에서 중국어로 번역된 상태로 국내에 반입되었다. 그런 까닭으로 산스크리트어의 고유명사를 음역한 내용을 제외한 나머지는 모두 한문 문장으로 이루어져 있다. 이는 현재에 사용되는 많은 용어의 원천이 되고 있다.[125] 이러한 용어들은 단순히 한문교육의 자료를 제공할 뿐만 아니라 그 속에 들어 있는 뜻이 학습자들의 정의적인 영역에 대한 학습의 가치를 지니게 되었다. 또한 역사적으로 한・중・일 교류의 한 축을 이루는 요소로서 간과할 수 없는 문화 동질성을 내포하고 있다. 이것은 한문과 교육에서 조선시대 이전의 교육 내용을 다룰 때 반드시 다루어야 하는 문화적 배경이다. 숭유억불 정책에 의하여 그 勢가 대단히 위축되기는 하였지만 조선시대의 불교도 그 뿌리는 여전히 살아남아 새로운 싹을 틔워내었다.

4) 유교 문화의 교류

유교는 불교를 비롯한 도교 등과 동양문화의 주류를 이어왔다. 유교는 공자로부터 비롯되었으며, 끝없이 변화 재생산되면서 현대에 이르렀다. 삼국시대 유교를 받아들여 국가의 통치에 도입한 이후 송나라의 주희에 의해서 발달한 성리학은 조선의 모든 가치를 재는 기준이 되었다. 그러므로 우리나라는 조선왕조 500년을 거쳐 유교가 생활화되었으며 퇴계・율곡에 이르러 사상의 정점을 맞이하기도 하였다. 그리고 이러한 한국 유학은 다시 일본에 수출되면서 한문 문화권이 유교 문화라는 공통의 사상을 가지게 되었다.

가) 유교의 발생

유교가 孔子[126]로부터 출발했다는 것은 주지하는 바이다. 공자는 어려서 아버지를 잃었으며,[127] 이로 인하여 어린 시절에 빈한

125) 朴英燮, "國語 漢字語의 起源的 系譜 硏究," 成均館大學校 博士學位 請求論文, 1987, 42~55쪽. 여기서 박영섭은 한문식 불교어에 대하여 "원래부터 중국에서 自生된 것이 아닌 한자어를 말한다고 하면서 불경에 나타난 梵語 의 표음(音譯)이요, 다른 하나는 그것을 다시 飜譯 造語한 것이다."라고 말하고 있다. 그 예로는 가람, 건달파, 다비, 단말마, 보디, 부처, 사리, 아수라 등 많은 용어를 제시하고 있다.

126) 공자(孔子, BC 552~479) 이름은 구(丘), 자(字)는 중니(仲尼)

한 상황을 맞이할 수밖에 없었다. 그러므로 공자는 어려서부터 여러 가지 천한 일들을 하면서 어머니를 봉양한 것으로 보인다. 그러나 공자는 어떤 일이든 최선을 다하여 이후 공자의 명성이 점차로 높아져 상류계층의 존경을 받았다. 공자는 52세가 되던 해 노나라 정공이 제후에 오르자 드디어 임용되어 재상의 일을 대신하였는데 이 시기가 공자가 자신의 의지를 정치적으로 가장 뜻을 힘껏 펼친 시기라고 할 수 있다.

공자는 이후 노나라를 떠나 14년 동안 衛·宋·陳·蔡·楚를 떠돌며 유세를 하였지만 관리로 등용되지 못했다. 그리하여 66세에 고향인 노나라로 되돌아와 후세 교육에 혼신을 다하였다.

공자와 공자의 제자에 대하여 가즈 나오키는 다음과 같이 정리하고 있다.

> 첫째로 주목해야 할 것은, 공자의 문인이 매우 많았다는 것이다. 『史記』「孔子世家」에 "공자는 詩·書·禮·樂으로써 가르쳤다. 제자는 대충 삼천이었으며, 몸소 六藝에 통한 자는 72명이었다."라고 하였다.
>
> 둘째로 주의할 것은, 孔門에 재주가 높고 능력이 비상한 선비가 많았다는 것이다. 곧 "德行에는 顔淵·閔子騫·冉伯牛·仲弓이요, 言語에는 宰我·子貢이요, 政事에는 冉有·季路요, 文學에는 子游·子夏이다."라고 한 것이 그것이다.
>
> 셋째로 주의해야 할 것은, 공자의 문인들이 공자에게 심복하였다는 것이다.[128]

이후 유교는 공자의 제자들을 통하여 孟子[129]에게 전달되었다.

---

127) 司馬遷, 『史記』 卷四十七 「孔子世家」 第十七(서울 : 景仁文化社, 1989), 478쪽. 丘生而叔梁紇死葬於防山

128) 가노 나오키 著 吳二煥 譯, 『中國哲學史』(서울 : 乙酉文化社, 1998), 108~110쪽 요약.

그리고 秦始皇帝의 焚書坑儒로 추춤하였다. 그러나 漢나라 이후 수많은 유학자를 배출하면서 면모를 일신하며 송나라 朱熹[130]의 性理學・명나라 王守仁[131]의 陽明學에 이르게 되었다. 그리고 이웃나라로 파급되어 많은 영향을 끼쳤다.

나) 유교 문화의 교류

先秦儒學이 다양한 경로를 통하여 우리나라에 입성한 이후 우리나라에서는 유학을 진작하고 그 흥기에 노력하였다. 고려의 국교가 불교였다는 것은 주지의 사실이지만, 국가 행정적 내용은 유교적이었다는 것 역시 새로운 일이 아니다. 특히 고려 중・후기 이후에 수입된 송나라의 朱子學은 조선조 500년의 국교가 되어 주자학적 세계관을 펼치게 되었다. 이것은 국가에서 성리학의 구체적 실행이라는 역사상 보기 드문 상황이었다. 그러므로 성리학은 정치・경제・사회・문화 등의 모든 면에 영향을 끼치게 되었다. 이는 다시 많은 학자들에 의하여 발전을 거듭하였으며 退溪와 栗谷에서 그 정점을 맞이하게 된다. 그러나 여기서 그친 것은 아니고 조선 성리학은 그 이후에도 조선을 지배하는 이념으로서의 사명을 다하였다.

임진왜란 이전 일본은 선진 유학과 주자학이 성글게 들어와 이도저도 아닌 어정쩡한 상태였으며 그마저도 불교의 승려들에 의한 공부가 더 깊은 정도였다. 그러던 것이 임진왜란 때 강항이 왜군에 포로로 잡혀 일본으로 압송되면서 상황은 반전된다. 姜沆은 成渾의 제자로서 일본으로 연행된 후 세이카(후지와라 세이카, 藤原惺窩)를 만나 그를 교육하였다.[132] 다음은 강항이 일본에 있던 당시의 일

129) 맹자(孟子, B.C. 371~289) 본명은 가(軻), 추(鄒) 사람이다.

130) 주희(朱子, 1130~1200) 자(字)는 원회(元晦) 혹은 중회(仲晦), 휘주(徽州) 婺源(무원) 사람이다.

131) 왕수인(王陽明, 1472~1528) 자(字)는 백안(伯安), 시호(諡號)는 문성(文成), 절강(浙江) 여요(餘姚) 사람이다.

132) 본국에 돌아온 후 강항은『看羊錄』을 저술하였는데 이 책은 일본 체류 시의

을 잘 보여준다.

> 히로미츠(아카마츠 히로미츠, 赤松廣通)는 인근 지역의 영주로서 무장이었지만 새로운 사상인 주자학을 도입하여 일본을 개혁해 보자는 뜻을 지닌 개혁가였다. 세이카는 이 점에서 히로미츠와 의기투합하였으며 주자학에 대한 지적 욕구에 갈급하였던 이들에게 강항은 좋은 스승이었다. 후시미성에서의 이 세 사람의 만남과 교류는 세이카가 유학자로서 자립하게 되고, 나아가 주자학이 근세 일본의 교학으로 수용되는 계기를 만들었다는 점에서 일본 유학사상 큰 의미를 지니는 것이다. 실로 에도유학의 탄생이 이루어지는 순간이요, 현장이었다. (생략) 미숙한 상태에서 머물던 중세 유학인 주자학이 본격적으로 전개되는 것은 16세기 말 세이카에 의해서였다. 특히 『사서오경왜훈(四書五經倭訓)』은 일본의 유학에 주자학적 이해가 본격적으로 시작된 출발점이 되는 것이다. 그를 일본의 주자학, 혹은 근세 유학의 비조라고 부르는 이유도 여기에 있다.133)

당시 일본에서는 유학이 漢學 중심이거나 漢唐學과 宋學이 절충된 형태였기 때문에 본격적인 주자학의 세계로는 나아가고 있지 못했던 것이다. 그러던 것이 강항에 의하여 본격적인 주자학의 세계로 진입하게 된 것이다. 그리하여 일본에서는 조선의 대유학자인 退溪의 저작이 대단히 존중되고 있었다고 한다. 1719년 조선통신사의 제술관으로 수행한 申維翰의 『海游錄』에서는 그 상황을 다음과 같이 언급하고 있다.

> 오사카에 서적이 많은 것은 실로 천하의 장관이다. 우리나라 여

체험과 견문을 모아 낸 보고서로 유명하다. 당시 일본의 현상 및 지리, 역사, 풍속 등 내용이 광범위하면서도 정확하여 자료적 가치가 아주 높은 책이다.

133) 한일관계사학회 편, 『한일관계 2천년 보이는 역사, 보이지 않는 역사』 근세(서울 : 경인문화사, 2006), 295~300쪽.

> 러 성현들의 문집 중에서 왜인이 존상(尊尙)하는 것은 『퇴계집(退溪集)』에 버금가는 것이 없다. 즉 집집마다 이것을 읽고 이야기한다. 여러 서생들과의 필담에서도 묻는 항목은 반드시 『퇴계집』 중의 말을 제일로 한다.[134)]

이는 동양 삼국의 문화가 상당한 공통점을 갖게 된 일면을 구체적으로 증명하는 예이다. 중국을 통해 들어온 주자학이 일본에 전래되면서 주자학이라는 것이 동양 삼국의 공통의 사상이 될 수 있었다는 것, 이것이야말로 동양문화라는 내적 보편성을 보여준다.

다. 한자 문화권의 유대와 미래 지향

1) 한자 문화권의 교류

우리나라에서 척결해야 할 정신적인 문제는 많겠지만, 중국에 대한 외교의 문제를 말할 때면 역사적으로 늘 慕華思想과 事大主義를 들고 있다. 이는 청나라가 명나라를 멸망시키자 야만이 중화를 이긴 말도 안 되는 사건이라 하여 이제 중화사상을 지켜갈 주체는 우리 밖에 없다고 하면서 스스로 '小中華'를 자처한 것에서 극에 달한다고 할 수 있다. 그러나 우리의 실학자들은 청의 문화가 康熙, 乾隆시대에 대단히 융성하게 되자 청나라의 문물을 배울 것을 주장하였다. 그것이 이른 바 北學派였다. 이러한 청조의 문명이 우리나라를 거쳐 일본에 다다르게 된 것에 대하여 일본의 학자인 후지츠카 치카시(藤塚鄰)는 자신의 박사논문인 「朝鮮朝에 있어서의 清朝문화의 移入과 金阮堂」의 導言에서 다음과 같이 쓰고 있다.

> 하루는(후지츠카가 중국에 갔을 때 - 필자 주) 한남서림(翰南書

---

134) 이진희・강재언 지음 김익한・김동명 옮김, 『한일교류사』(서울 : 학고재, 1998), 149쪽에서 재인용.

林)을 지나다가 무심코 『사가시(四家詩)』라는 책을 들여다보았는데 뜻밖에도 권두에서 '박제가(朴齊家)'라는 이름 석 자를 발견하고 뇌리에 잠겨 있던 그 이름에 대한 생각이 불현듯 솟아올라 놀라움과 기쁨을 금할 수 없었다. 더 자세히 살펴본 후에 그는 이덕무(李德懋), 유득공(柳得恭), 이서구(李書九)와 나란히 사가(四家)라고 불리웠던 신흥학자였음을 알게 되었다. 더욱이 그 책에는 청의 이조원(李調元), 반정균(潘庭筠) 두 명현(名賢)의 서문이 있고 또한 비평까지 실려 있었다. 나는 그제서야 비로소 박제가가 비범한 영재임을 알게 됨과 동시에 조선인과 청나라 유학자 사이에 깊은 학연(學緣)이 있었음을 알고 대단한 흥미를 갖게 되었다.[135)]

이어서 후지츠카는 완당 김정희와 그의 역할에 대하여 다음과 같이 계속 부연하고 있다.

특히 박제가의 제자로서 조선 500년 역사상 보기 드문 영물(英物) 완당(阮堂) 김정희(金正喜)가 출현하여 연경에 들어가서 옹담계(翁覃溪), 완운대(阮芸臺) 두 경사(經師)를 알게 되고 여러 명현(名賢)들과 왕래하여 청조 학문의 핵심을 잡아 귀국하자 조선의 학계는 '실사구시(實事求是)'의 학문에로 빠른 진전을 보여 오백년 내 보지 못하였던 새로운 일면을 나타내게 되었다.

오랜 동안 조선의 학계를 일컬어 송명(宋明)의 말기적 학문 이외에는 아무것도 없다고 하고, 청조문화가 동방으로 유입되었다는 데 대해서는 거의 이를 인정치 않았던 것은 실로 편협한 견해였음을 알게 되는 동시에 이 중대한 문제를 연구하는 것이 매우 긴요한 일임을 알게 되었다.[136)]

이러한 후지츠카의 언급은 조선후기에 동양 삼국이 어떠한 학문

---

135) 藤塚鄰 著, 박희영 역, 『추사 김정희 또 다른 얼굴』(서울 : 아카데미하우스, 1994).
136) 藤塚鄰 著, 박희영 역, 위의 책, 같은 곳.

적 교류가 있어 왔는가에 대한 반성적 고백이며, 조선 문화에 대한 존경심의 발로이다. 이러한 교류는 청과 조선에만 있었던 것이 아니고 한·중·일에서 모두 일어나 자연스러운 교류가 상호간에 이루어졌다. 『일본한문학사』에 언급되어 있는 다음의 내용은 한·중·일의 교류의 내용을 유감없이 보여준다.

> 오규우소라이의 학술은 멀리 해외에까지 미쳤다. 조선에서는 이덕무·유득공·김정희 등이 한결같이 찬미하였다. 중국에서는 1836년(道光 16년)에 전영(錢泳)이 그의 「변도변명(辨道辨名)」에 「일본국 저래소전(日本國徂徠小傳)」을 붙여서 『해외신서(海外新書)』로 출판하였다. 후지사와 토오가이(藤澤童孩)는 일찌감치 그것을 입수하여 축하연을 열고 그 전말을 기록해서 『영관록(榮觀錄)』이라고 이름 붙였다.137)

동양 문화의 이러한 역사적인 교류는 서로에 대한 신뢰 또한 강하여 한국은 중국의 것을 받아들이기에 익숙하게 되었으며 서구를 비롯한 다른 나라에 대하여 보여준 거부와 같은 것은 있지도 않았다. 우리가 우리의 모습을 갖는 것이 중국과는 다른 성격을 갖는 것이 당연하겠지만 이것은 대단한 동질성이며 그 동질성을 바탕으로 보이지 않은 동의가 있다는 사실도 간과해서는 안 된다. 이러한 중국문화의 이입에 대하여 이우성은 다음과 같이 그 성격을 토로하였다.

> 중국문화를 대표하는 한자문화(漢字文化)는 그대로 우리나라의 문물(文物)을 이루었고, 유교(儒敎)의 전장제도(典章制度)는 우리나라 통치기구에 그대로 도입되어 체제로 굳어지기도 했다. 이리하

---

137) 猪口篤志 著, 심경호·한예원 역, 『일본한문학사』(서울 : 소명출판, 2000), 326~335쪽 참조.

여 우리나라가 중국으로부터 수입한 것은 중국의 토산인 한자(漢字)·유교(儒敎)뿐 아니라 인도 원산인 불교(佛敎)도 중국의 가공품으로 받아들였다. 불교 경전이 모두 중국 역서일 뿐 아니라 중국에서 성립한 불교 종파(宗派)들이 우리나라에 그대로 들어와서 토착화되었다. 물론 삼국시대, 특히 신라의 승려들 중에는 멀리 원산지 인도를 순례하고 돌아온 이들이 적지 않았다고 생각되지만 그 영향은 미미하였다. 반대로 중국에 유학하여 대성해 돌아온 승려들이 우리나라 불교사(佛敎史)에 있어서의 비중이 몇 배나 큰 것이었다. 원광(圓光)·의상(義湘) 등 일대의 종장들의 예만 보더라도 알 수 있는 것이다.[138)]

이우성은 우리나라에서 중국을 어떻게 생각하는지에 대한 의견을 피력한 것이다. 얼핏 들으면 중국의 것이 아니면 받아들이지 않았다는 사대주의의 원천으로 들릴 가능성이 없지도 않지만 이우성의 논의는 우리가 중국과의 교류에서 너무나 많은 것을 받아들이다 보니 중국 문화의 수입에 아무런 제동이 가해지지 않아서 우리나라와 중국은 문화적으로 거의 동질화되어 갔으며 적어도 문화 형태나 관념 형태에는 두 나라 사이에 거의 隔違가 없을 정도가 되었다는 것이다.[139)] 이러한 상황은 일본도 예외가 아니었다. 다음의 내용은 그것을 말해 준다.

1719년 통신사의 경우, 제술관으로서 수행한 신유한의 『해유록』은 당시 일본 출판계의 상황에 대해서, "나라 안의 서적은 우리나라(조선)로부터 온 것이 백이라고 하면, 남경(南京)으로부터 해상들이 가져온 것은 천을 헤아린다. 고금의 이서(異書, 진귀한 책), 백가의 문집으로서 서점에서 간행된 것이 우리나라에 비해서 열 배도

138) 李佑成, "韓國文化에 끼친 大陸文化의 영향," 『韓國의 歷史像』(서울 : 創作과 批評社, 1982), 274쪽.
139) 앞의 책, 같은 곳.

넘는다."라고 말하고 있다. 당시부터 이미 일본의 문인들은 외래문화에 대해 왕성한 호기심을 불태우고 있었다. 일본은 바로 출판왕국이었던 것이다.140)

이와 같이 동양 삼국은 수많은 인적·물적 교류를 통하여 서로의 문화를 받아들였다. 이러한 교류는 구한말까지 꾸준히 이루어지며 서로에 대한 이해와 동질성이라는 공감대를 형성하였던 것이다.

2) 한자 문화권의 미래 지향

20세기 들어서 중·일 전쟁과 일본의 한반도 침탈과 강점으로 동아시아는 다시 임진왜란보다 심한 반목을 갖게 되었다. 이러한 역사는 현재까지도 동양 삼국의 무거운 짐이 되고 있다. 게다가 중국의 사회주의화, 남·북한의 분단, 일본의 동아시아 침략 등으로 한·중·일 삼국의 교류는 거의 50여 년간 단절되다시피 하였다. 더구나 최근에는 한·일의 독도 영유권 문제, 한·중의 동북공정 문제, 중·일의 조어도 영유권 문제 등으로 동양 삼국은 아직도 못다한 전쟁을 치르는 듯한 양상을 보이고 있다. 그러나 이는 모두 역사적으로 세 나라가 함께 어우러져 역사와 문화를 공유하며 살아왔기 때문에 일어나는 일이라는 것을 알 수 있다.

전쟁의 참화, 서구의 침탈 등으로 후진을 면치 못하고 있던 동아시아의 여러 나라들은 20세기 후반에 들어서면서 경제적으로 잠을 깨며 서서히 강국으로서의 면모를 드러내고 있다. 특히 한·중·일·대만·홍콩·싱가포르 등 한자 문화권의 약진은 두드러진 것이다.

한자 문화권의 교류가 잠시 소원해진 순간 각국의 한자 사용 양상은 매우 다른 방향으로 진행되었다. 모든 한자에 해당되지는 않지만, 우선 현재 중국은 상당수의 한자를 簡化하여 쓰고 있으며,

140) 이진희·강재언 지음 김익한·김동명 옮김, 『한일교류사』(서울 : 학고재, 1998), 148~149쪽에서 재인용.

일본도 나름의 약자를 사용하고 있다. 이에 반하여 타이완과 한국은 繁體를 지속하여 쓰고 있다. 또한 중국은 역사적으로 문어에서 구어로 어문이 진행됨에 따라 말글의 양상이 크게 변화하였다. 일본은 한자・한문을 혼용하고 있다. 그러나 우리나라는 한글 전용의 기치에 따라 특정한 경우만 국한 혼용을 하고 있어서 전통의 한문과 점차로 괴리가 커져가고 있다. 한자・한문에 대한 각국의 행보는 각국이 모두 한자를 쓰면서도 한자가 서로 통하지 않는 상황이 발생하게 되었다. 이는 흡사 진시황제가 중국을 통일하기 이전의 육국의 문자사용 실태와 유사한 상황이다. 그러므로 이에 대한 통합의 움직임이 각국의 대표들을 통하여 이미 상당히 이루어져 있다. 그러므로 이제야 삼국은 출판문화를 공유할 수 있는 토대를 마련하였다. 이른 바 'BE-SE-TO Belt'는 충분한 역사적 교감과 생활 속에 들어 있는 한자문화의 코드를 맞추는 작업이 될 것이다. 이는 그동안 동북아 삼국이 역동적으로 발전해 온 원동력이 되었으며 이후의 미래에도 끝없는 문화 콘텐츠를 생산하게 될 것이다.

3. 사회 보편적 가치 추구

우리나라는 전통적으로 많은 가치를 축적하였다. 이에는 전통적인 무속뿐만 아니라 삼국시대에 들어온 불교를 비롯하여 중국의 제자백가의 영향이 있었으며, 고려 말부터 강력한 헤게모니로 다가온 성리학이 그 자리를 이어 사고를 지배하였다. 조선왕조 500년의 과정에서 성리학을 중심으로 형성된 윤리적・도덕적 가치는 사회의 보편적 가치로 자리매김을 하였다. 그러나 19세기 말 서구의 동양진출과 일본의 강점 및 몇 차례의 국제적인 전쟁과 물질 중심주의의 대두로 인한 무한 경쟁의 몰가치적 시대의 조류에 따라 전통적인 가치체계는 심각한 위협을 받으며 그 위상이 격하되었다. 새로운 가치의 정립이 이루어지기 전에 전통의 가치가 무너져가는 상황에서 이 시대는 새로운 가치체계의 출현과 동시에 전통과의 조화를 기대하게 되었다.

전통적인 교육은 가정교육으로부터 시작되었다. 가정교육은 태교로부터 출발하여 유아기를 거쳐 아동기·청소년기까지 가정이 주체가 되어 일상생활을 통하여 이루어지는 비정규적인 교육이다. 그러나 가정교육은 공교육이 보편화되지 않았던 사회에서 사회가 요구하는 보편적인 가치를 미리 익히는 예비 학교로서의 역할을 담당했었던 것이다. 따라서 전통적인 가정교육에 관심을 갖는 것은 우선 현재의 우리의 모습이 그 속에 들어있기 때문이며 둘째는 전통적인 가치 중에서 현대로 이어지는 것들에 대하여 한문과 교육의 역할을 확인하기 위한 것이기도 하다.

전통 사회의 보편적 가정형태인 확대가정은 사회의 축소판이었다. 그러므로 가정에서의 가치는 사회에서도 중요한 가치로 인식되었으며 또한, 사회의 가치는 가정에서도 중요한 가치로 인식되었다. 그러므로 전통 사회의 저작물인 한문 전적에는 당시에 중요시하던 사회의 가치들이 보편적으로 깔려 있다고 해도 과언이 아니다. 이러한 가치들은 모든 경전들이 지금도 중요시되는 것처럼 현대 사회의 인간형이나 인간관계에서도 중요시 되고 있다. 그러므로 이 장에서는 한국 전통 사회의 모습을 바탕으로 전통적인 가정 교육을 살펴보게 될 것이다. 그리고 한문과의 내용 중 사회 보편적 가치를 담고 있는 내용을 제시하여 정의적인 영역의 확대를 시도해 보고자 한다.

가. 한국의 전통적 가정교육

현대사회는 고도의 산업화와 인구의 폭발적인 팽창, 무한경쟁의 시대라고 할 수 있다. 이에 대하여 현대의 가정교육은 지식의 양적인 팽창에 따른 지식 중심 교육과 현실 대응 교육이라는 형태로 드러나고 있다. 이는 바람직한 인간을 양성한다는 취지보다는 사회에서 성공을 거두어야 한다는 기대에 대한 배려라고 할 수 있다. 현대 사회는 부부와 미혼자녀로 이루어진 핵가족이 보편적인 가족의 형태로 자리 잡고 있다. 전통적인 확대가족의 형태는 이미 상당히 가치가 감소하고 그 내재적 의미가 약해졌지만 확대가족의 장점과 가정교육에 대한 의미는 비인간화해가는 현대에서 되새길만한 가치가 충분하다고 본다.

전통적인 가정교육은 첫째, 현대처럼 공교육이 발달하지 않은 사회에서 미래에 진출하게 될 사회를 준비하는 예비교육의 성격을 지니고 있었다. 둘째, 사회의 보편적인 가치를 조부모, 부모를 통하여 미리 몸에 익히는 과정이었다. 그러므로 전통적인 가정교육은 본격적으로 교육기관에 나아가 면학을 하기전과 후 그리고 사회에 진출을 예비하는 종합적인 교육이 이루어졌던 것이다.

1) 한국 전통사회의 특징

한국의 전통 가정교육은 사회가 처한 독특한 시대적 맥락 속에서 이루어졌다고 할 수 있다. 유혜령은 한국 전통사회의 특징을 가부장적 절대왕권사회・봉건제 농업사회・수직적 신분사회・유교 윤리관 사회의 네 가지로 파악하고 있다.[141] 한국 전통사회의 절대왕권적 정치 체제는 그 성격 면에서 가부장적 특징을 나타냈다. 이것은 우선 한국 전통 사회가 가족의 결합체인 동족을 근간으로 하는 확대된 가족 사회의 성격을 지니고 있다는 데서 그 가부장적 특성을 찾아볼 수 있다. 그러므로 한국 전통 사회가 기강과 제도라는

---

141) 유혜령, "전통 가정교육의 사회적 배경,"『한국인의 전통가정교육사상』(서울 : 정신문화연구원, 1993), 7~14쪽.

측면에서 안정감을 가질 수 있었던 것은 왕권과 가부장권의 남성 적장자의 세습이 혈연의 논리에 의거하여 합법화되어 자동으로 진행되었기 때문이다.

한국전통 사회는 농업을 기반으로 하는 사회였다. 이는 개인과 가족과 씨족 그리고 국가에 이르기까지 사회 전반의 공동체 의식을 형성하게 하여 개인이 개인으로서 존재하는 것이 아니라 가족을 대표하며 그 지역을 대표해야 한다는 의식으로 발전하였다.

한국의 전통 사회는 신분제를 중심으로 하는 사회였다. 신분제는 기본적으로 지배층과 피지배층을 전제로 한 것이며 이는 수직적인 사회의 전형이라고 할 수 있다. 이러한 신분제도는 생득적으로 얻어지는 것이며, 또한 결혼조차 자신의 계층에서 해야 하기 때문에 세습이 될 수밖에 없었고, 신분세습은 고정된 사회적 수직관계를 형성시켰으며 수직적인 사회 윤리를 형성하였다.

유교적 윤리 사회라는 것은 유교의 덕목이 사회 규범의 기준이었다는 것이다. 유교의 윤리는 기본적으로 효제를 예로 들 수 있다. 孝가 부모에 대한 공경이라면 悌는 웃어른에 대한 공경을 담고 있다.[142] 수많은 유교의 덕목 중에서도 五倫과 五常은 가장 기본적이고 보편적인 것이었다.

2) 전통적 가정교육

한국 전통의 가정은 3~4대가 함께 생활하는 대가족을 이루고 살았다. 당시는 농업을 중심으로 경제적 생활을 유지하는 것이 보편적이었기 때문에 가족 공동체라는 의식이 모든 것에 우선하였다. 그러므로 가정교육도 특정한 시간이 없이 일상의 생활에서 주로 이

---

142) 『論語』「學而」第一.

有子曰, 其爲人也孝弟 而好犯上者鮮矣. 不好犯上而好作亂者 未之有也. 君子務本 本立而道生 孝弟也者 其爲仁之本與.

子曰, 弟子入則孝 出則弟 謹而信 汎愛衆 而親仁 行有餘力 則以學文.

루어졌으며 이는 비형식적인 교육으로서 나이를 먹고 성장해 감에 따라 그 때 그 때 행해지는 생활 교육이었다. 그러므로 일정한 형식과 제도에 의한 것이 아니라 아동의 일상생활 속에서 이루어지는 간접교육이라고 할 수 있다. 가정교육의 내용을 아동의 성장과 더불어 살펴보면 태교에서 시작하여 유아 및 어린이교육 그리고 청소년 교육으로 분류할 수 있다.

가) 태교

태아는 임신의 순간부터 전 가족의 관심사가 된다. 이러한 관심은 태아와 모친에 대한 배려로 이어지며, 특히 모체는 태아를 위하여 모든 일거수일투족을 삼감은 물론 태아를 위한 행동으로 점철되는 임신 기간을 보내게 된다. 이것을 태교라고 하며, 태교의 목적은 태아가 장차 훌륭한 사람으로 성장해 달라는 간절한 염원이다.

태교에 대한 중국의 문헌으로는 『大戴禮記』, 『顔氏家訓』, 『小學』 등에 단편적으로 기록된 것이 있으며, 이러한 내용이 우리나라에 전래되어 인간교육의 첫 단계로 정착되고 강조되기에 이르렀다.[143] 『胎中訓文』은 정몽주의 모친 이씨가 쓴 우리나라에서 가장 오래된 태교기록이다. 이후 많은 태교 서적이 발간되었으며, 본격적인 태교서인 『胎敎新記』가 師朱堂 이씨에 의해 집대성되었다. 『태교신기』는 당시 전통사회에서 단편적으로 취급되던 태교 내용을 종합적이고 체계적으로 서술하였다. 사주당 이씨 자신이 일남이녀를 성공적으로 태교하여 양육한 경험과 박학한 독서지식을 토대로 하여 철저한 모성으로서의 정성으로 동양 최초의 창의적인 대저술을 이루었던 것이다.[144] 이는 우리 선조들이 태교에 대하여 얼마나 많은 관심을 가지고 있었는가를 보여주는 예이다.

143) 유안진, 『한국전통사회의 유아교육』(서울 : 서울대학교출판부, 1998), 128~154쪽 참조.
144) 앞의 책, 137쪽 참조.

태교는 동양의 인간 기원에 관한 사고를 보여주는 단적인 예이다. 서구의 나이를 세는 방법이 태어나는 시간을 기준으로 하여 만 나이로 하고 있는 데 반하여 동양은 태어나자마자 1세가 된다. 이는 어머니 뱃속에서 있던 10개월을 인정하는 것이다. 따라서 동양에서는 잉태되는 시점부터 바로 사람으로 인정되는 것이다. 생명윤리가 사회 전반에 중요한 문제로 부각되고 있는 이 때, 태교는 우리의 전통의 사상이 다시 중요한 가치로 작용할 수 있다는 시사를 준다.

나) 유아 및 어린이의 가정교육

유안진에 따르면 授乳期의 아동들은 모친을 중심으로 한 조모의 대리모적 참여의 교육을 받았다. 배변 훈련을 시작으로 '고운 세 살'에 이르면 남아의 사회화에는 부친과 조부의 참여가 시작되고, 여아에게는 조모 및 모친 등 집안의 성인 여성이 여아의 사회화를 담당하게 하였다.

대체로 5~6세경이 되면 어린이 교육이 시작되었다. 남아는 조부나 부친과 함께 사랑방에서 생활하도록 생활의 장이 바뀌었다. 그래서 미래의 성인 남성으로서 필요한 지식과 기능과 태도 교육을 받았다. 선대 조상의 이름, 조부모의 함자 부르는 법, 초보적인 문자 교육[145], 아동 자신의 신상정보 등을 배웠다. 家風, 家道에 대한 초보적 교육이 이 시기부터 시작되어, 7세 정도에 이르면 본격적으로 성별에 따른 역할 교육을 받았다.

여아는 안채가 생활의 장이었고 교육의 장소였다. 성인 여성과 함께 생활하며 4, 5세까지는 남아와 비슷한 내용의 사회화 과정을 거쳤다. 그리고 7세경이 되면, 성인 여성에게 요구되는 가족 및 사회적 역할에 대한 지식, 태도, 기능을 여성 가족들로부터 배워나갔

---

145) 문자 교육은 주로 漢字 교육이었으며, 『千字文』, 『童蒙先習』 등의 蒙學 教材를 중심으로 이루어졌다.

다. 이홍우는 다음과 같이 정리하였다.

> 교육적으로 의미 있는 가정생활의 측면을 다섯 가지의 원리로 파악하고자 한다. 그것은 다음과 같다.
>
> 1. 자녀를 원만한 인격자로 길러내는 것은 가정생활의 핵심적 기능이다.
> 2. 자녀는 '엄부자모'라는 표현에 나타나 있는 것과 같은 두 가지 상반된 권위에 의하여 교육된다.
> 3. 자녀는 가정생활을 통하여 사회 전체에 통용되는 규범을 학습한다.
> 4. 가정에서 자녀는 사회의 '교육받은 집단'에 공유되는 지적 유산이 활용되고 전수되는 것을 경험한다.
> 5. 가정생활은 자녀로 하여금 그가 외따로 떨어진 '단순한 개인'이 아님을 경험하게 한다.146)

이 시기 부모의 역할은 '嚴父慈母', '父傳子傳', '父母八字半八字' 등으로 말해지는 책임론으로 이어졌다. 엄부와 자모의 역할을 살펴보면 동일하게 자녀를 사랑하는 마음을 바탕에 깔고 아버지는 끝없이 엄하게 자녀의 노력과 약점을 보완하기를 요구하며, 어머니는 아직은 약한 존재인 자녀에게 힘을 주고 안식처를 제공함으로써 올바르고 바람직한 인간으로의 성장을 돕는 것이 전통 가정에서의 유아 및 어린이 교육의 핵심이라고 할 수 있다. 이러한 유아 및 어린이 교육의 핵심 역시 유교적 사고의 전달에 다름이 아니었다. 그러

---

146) 李烘雨, "傳統 家庭教育의 方法的 原理," 『韓國人의 傳統家庭教育思想』(서울 : 韓國精神文化硏究院, 1993), 135쪽. 여기서 이홍우는 이 다섯 가지 원리는 전통 가정생활의 특징을 나타내는 다섯 가지 상징과 관련되어 있다고 하면서 胎教, 사랑방, 儀禮, 膾炙名句, 族譜를 들고 있다. 여기서 사랑방은 부친의 생활교육, 의례는 일반적인 관혼상제의 일을 처리하는 방법이며, 회자명구는 당시의 사람들이 보편적으로 가지고 있던 글귀를 익히는 것이며, 족보는 자신의 위치가 씨족 집단에서 어떤 위치에 있으며 또한 어떻게 기여해야 하는 지에 대한 것이다.

므로 이러한 가정교육은 향후 유교적 가치에 적응하는 교육이었을 뿐만 아니라 그 사회가 가지고 있는 보편적인 가치를 익히는 과정이기도 하였던 것이다.

다) 청소년기의 가정교육

조선시대 전통적인 가정에서의 청소년기는 양반가에서는 立身揚名을 위하여 과거를 준비하는 과정이며, 常民家에서는 어른이 되는 중간의 과정으로 농사일을 비롯한 생업에 대한 지식과 절차를 배우는 시기라고 할 수 있다. 조선시대 전통적인 양반가에서는 유교를 통해서 배운 내용을 실생활에 실천하는 곳이 바로 가정이었다. 이계학은 유교 교육의 이념에 대하여 다음과 같이 말하고 있다.

> 유가(儒家)의 경전 속에 나타나 있는 인간과 인(仁)에 대한 설명에 따르면 인은 '사람다움'이고, 사람의 본질은 '사람다움'에 있으며, 그것은 하늘로부터 부여 받은 것이고, 인간의 마음이며, '사람다움'을 실현한 이가 바로 군자(君子)이다.(생략) 유가의 교육이념은 '삶다운 삶'을 실현하는 데 있고, '삶다운 삶'은 군자만이 실현할 수 있으며, 그는 바로 '삶다운 삶'을 실현하는 '사람다운 사람'임을 알 수가 있다.147)

이는 가정에서부터 사회로 연결되는 유교 교육의 진행 상황을 말해 준다. 그러므로 조선시대의 이상향은 군자가 되는 것이며, 군자는 '사람다운 사람'이라는 것이다. 그러므로 청소년기의 가정교육은 '사람다운 사람'이 되는 본격적인 과정이었다. 또한 청소년기의 가정교육은 장차 가정과 씨족사회를 짊어지고 갈 立身揚名의 교육이 이루어졌다. 그러므로 학문적인 공부는 서당과 서원을 통하여

147) 李啓鶴, "韓國人의 傳統 敎育思想과 家庭敎育,"『韓國人의 傳統家庭敎育思想』(서울 : 韓國精神文化硏究院, 1993), 260쪽.

이루어졌겠지만 그 과정의 경제적이거나 정신적인 면을 담당하는 것은 가정의 기대와 격려였다.

나. 사회 보편적 가치 추구를 위한 한문과 교육

유교적 전통사회의 규범이 우리의 정신과 육체에 배어 있는 상황에서 맞이한 일제 강점기와 광복 그리고 전쟁으로 인한 피폐와 서구문명의 급격한 도래는 동양의 문화와 서구의 문화가 조화롭게 융합할 여유를 갖지 못한 채 혼란스럽게 뒤섞이는 상황을 맞이하게 되었다. 다시 말해 우리 사회는 현대의 새로운 가치체계를 만들어 가는 과정에서 전통적 규범의 긍정적인 것은 고양하고, 부정적인 것은 과감히 떨쳐버리는 스스로의 혁신을 하지 못한 채 서구의 가치를 받아들였던 것이다. 그러한 영향으로 가치판단의 기준도 바뀌어 언행의 當爲性을 중시하던 전통사회에 비하여 현대에는 能力을 중요시하게 되었다. 경제력은 약해도 인간답게 살겠다던 선인들의 정신은 현대의 배금주의, 물질만능주의 등에 의해 현저히 약화되었다. 오히려 정치적으로 민주화되고 경제적으로 풍요로워졌음에도 불구하고 인간들은 소외되어 자살율이 높아지고 있으며, 경제적인 가치에 의하여 모든 것이 판단되는 가치 왜곡이 이루어진 것이다.

이러한 불합리에 대하여 한문과는 선인들의 삶과 지혜를 통하여 올바른 가치관과 바람직한 인성을 함양하여 극복할 수 있을 것으로 판단한다. 고전에는 이러한 내용들이 산적해 있다고 할 수 있다. 그러므로 이에 대한 가능성을 짚어보는 것은 한문과 교육과정 내용체계의 정의적인 영역의 효용을 드러내는 것이다.

1) 사회 보편적 가치와 한문과 교육

우리나라는 역사적으로 다양한 문화를 흡수·체득하며 생활해 왔다. 과거 100여 년간의 사회적 가치의 혼란과 동요 속에서 다수의 부정적인 가치가 팽배해 왔으며 이는 현대 사회의 심각한 문제가 아닐 수 없다. 이에 대하여 홍승직은 이질적인 문화요인의 변칙적 접합으로 현재 한국사회가 당면하고 있는 역기능적 가치관을 다음과 같이 지적하고 있다.

첫째, 배금주의(拜金主義) 둘째, 권력만능주의(權力萬能主義) 셋째, 구호주의(口號主義) 넷째, 과시주의(誇示主義) 다섯째, 형식주의(形式主義) 여섯째, 편의주의(便宜主義) 일곱째, 이중적 사고방식(二重的 思考方式) 여덟째, 노동천시주의(勞動賤視主義) 아홉째, 관존민비주의(官尊民卑主義) 열째, 보상주의(報償主義)148)

그러나 전통적 가치관에서는 물질이나 금전 등 현실적인 이익과 재물을 밝히는 것은 卑俗하게 생각하였으며, '安貧樂道'를 이상향으로 하는 풍류와 예술, 그리고 학문과 도덕 등의 정신적 가치를 중시하였던 것이다. 이에 대하여 배용광은 다음과 같은 해결책을 내놓고 있다.

物質이나 金錢 그리고 權力이 우리들의 現實生活에 重要하지 않은 것은 아니지만 어디까지나 人間을 위하고 人間다운 生活을 營爲하는 데 必要한 手段的 補助的 價値로 所重한 것이지 그 自體가 尊貴한 것은 아니다. 그런데도 機械가 人間을 隷屬시키고, 黃金이 人間을 업신여기며, 權力이 人間 위에 君臨한다면 이것이야말로 深刻한 主客의 顚倒이다. 하루바삐 權力萬能이나 黃金萬能主義 風潮를 淸算하고 人間을 價値體系의 頂上에 올려놓음으로써 人間의 主體性과 自律性은 回復시켜야 할 것이다.149)

---

148) 裵龍光, "東西洋 規範文化의 變化에 관한 社會學的 硏究," 『韓國社會의 規範文化』(城南 : 韓國精神文化硏究院, 1983), 79쪽에서 재인용.
149) 裵龍光, 위의 책, 84쪽.

우리나라 전통의 가치는 인간존중의 사상이며 민본사상이기도 하다. 인간관계의 아름다움이나 자연친화적인 생활은 우리의 자랑이며 이에 서구의 합리적인 사고와 평등주의적 사고가 결합된다면 보다 이상적인 사회 보편적인 가치를 만들어 갈 수 있을 것이다. 이에 한문과의 효용성은 더욱 긍정적으로 작용할 가능성이 생긴다. 한문과는 교과 목표에서 이 점을 또렷하게 명시하고 있기 때문이다.

라. 선인들의 삶과 지혜를 이해하고 건전한 가치관과 바람직한 인성을 함양한다.
마. 한문 기록에 담긴 전통문화를 계승 발전시키며, 한자 문화권 내에서의 상호 이해와 교류 증진에 기여한다.[150)]

위의 내용은 한문과 교육에서 담당해야 할 정의적인 내용을 담고 있다. 우리 선조들의 기록은 거의 한문으로 되어 있으며 또 대부분의 내용들은 유교적인 성향을 바탕에 깔고 있는 것이다. 그러므로 한문 전적에 담긴 선인들의 삶과 지혜의 이해를 바탕으로 건전한 가치관을 형성할 수 있으며, 이는 또한 바람직한 인성을 함양하는 과정으로 기능할 것이다. 이어 한문 기록에 담긴 선인들의 전통문화를 계승 발전시키는 내용 역시 우리의 전통적 규범을 바탕으로 한 서구문화의 융합을 도모하는 것이라고 할 수 있다. 또한 한자 문화권 내에서의 상호 이해와 교류를 증진하는 것도 한문 문화권의 보편적인 가치를 바탕으로 이루어지는 것이 바람직할 것이다.

2) 사회 보편적 가치를 수렴한 한문과 교육의 내용

한문과의 내용 중 한자・한자어・한문을 익히는 지식의 영역과 그것을 활용하는 기능의 영역을 제외한 나머지는 가치의 영역이라

150) 교육부, 『제7차 교육과정 한문, 교련, 교양 선택 과목 교육과정』(서울 : 교육부, 1997), 29쪽.

고 할 수 있다. 가치의 영역은 태도로도 말해지며 일반적으로 정의적 영역이라고 할 수 있다.

한문과의 내용을 통하여 얻을 수 있는 덕목은 인간이 가지는 거의 모든 덕목을 망라한다고 할 수 있다. 예컨대, 『經書』를 비롯한 유학서들에 들어 있는 '忠恕, 孝悌, 仁義禮智信〔五常〕, 五倫, 淸儉' 등 모두 실천하기 어려울 만큼 많은 덕목이 존재한다. 이러한 덕목들은 가정교육의 부실에서 오는 不孝・尊屬傷害,物質萬能 또는 拜金主義, 我田引水격의 利己主義, 下剋上 등의 많은 문제들에 대한 해답을 제시하기도 한다.

다만 한문과는 중・고등학교의 교육을 전제하는 것인 만큼 그들에게 적절한 내용을 선정하여 제시해야 할 것이며, 이는 한문과 교육과정의 의의를 계승하는 것이어야 한다.

다음의 글들은 그러한 덕목에 관하여 교수・학습 할 수 있는 내용을 예로 든 것이다. 이러한 글들을 독해한 후에 학습자에게 그 내용에 대한 감상과 자신의 생각을 글로 쓰거나 또는 발표하게 하는 것으로 정의적 영역에 대한 학습 목표를 달성할 수 있을 것이다. 그러므로 원문과 해석 그리고 그 가치에 대한 부분을 예시해 보았다.

〈예시1〉 청렴함과 의로움

[원문] 子曰 飯疏食飮水하고 曲肱而枕之라도 樂亦在其中矣니 不義而富且貴는 於我如浮雲이니라. 『논어(論語)』

〔해석〕 공자께서 말씀하셨다. "거친 밥을 먹고 물을 마시며, 팔을 굽혀 베더라도 즐거움이 또한 그 속에 있느니, 의롭지 않고서 부유하고 또 귀함은 나에게 뜬구름과 같으니라."

〔가치〕 공자께서 거친 밥을 먹고 물을 마시며 팔을 굽혀 베는 것을 즐기는 것이 아니라, 가난한 상황에서도 安貧樂道하는 즐거움을

버리지 못한 것으로, 의롭지 못한 부귀를 뜬 구름처럼 가볍게 여기신 것이다.

〈예시2〉 자주적인 의지

[원문] 許衡이 暑中에 過河陽할새 暍甚이러니 道有梨하여 衆爭取食이나 而獨危坐어늘 或言 世亂하여 此無主라 하니 曰 梨無主언정 吾心獨無主乎아 하더라. 이덕무, 『사소절(士小節)』

〔해석〕 허형이 더위 중에 하양을 지나갈 때 더위를 심하게 먹었는데, (마침) 길에 배나무가 있어 여러 사람들이 다투어 취하여 먹었으나, (그만) 홀로 바르게 앉아 있자, 어떤 사람이 말하기를 "세상이 어지러워 이것은 주인이 없습니다."라고 하였다. (그러자 그가) 말하기를 "배나무는 주인이 없을지언정 내 마음에 유독 주인이 없겠는가?"라고 하였다.

〔가치〕 아무리 자신이 불편해도 남의 것을 취하지 않는 청렴함과 굳은 의지가 허형에게 있다. 편리와 자신의 이익을 추구하는 현대인의 삶의 방식과 대조적이다.

〈예시3〉 효도의 방법

[원문] 伯兪有過어늘 其母笞之한대 泣이어늘 其母 曰 "他日笞에 子未嘗泣이러니 今泣은 何也오?" 對曰 "兪得罪에 笞常痛이러니 今母之力이 不能使痛이라. 是以로 泣이라" 하다. 故로 曰 父母怒之에 不作於意하고 不見於色하며 深受其罪하여 使可哀憐이 上也요. 父母怒之에 不作於意하고 不見於色이 其次也요. 父母怒之에 作於意하고 見於色이 下也라. 유향, 『설원(說苑)』

〔해석〕 백유가 잘못이 있으니 그 어머니께서 매질을 하셨는데

(백유가) 울었다. 그 어머니께서 말씀하셨다. "다른 날 매질에 네가 일찍이 운 일이 없었는데 지금의 울음은 어찌된 것이냐?" (백유가) 대답하여 말했다. "제가 죄를 얻었을 때 매질이 항상 아프더니 지금 어머니의 힘이 (저를) 아프게 할 수 없습니다. 이런 까닭으로 울었습니다."하였다. 그러므로 말하기를 "부모님께서 노여워하실 때 (마음에) 반감을 일으키지 않으며 얼굴에 드러내지 않으며 그 죄를 깊이 받아서 애련하게 할 수 있음이 으뜸이다. 부모가 노여워하실 때 (마음에) 반감을 일으키지 않으며 얼굴에 드러내지 않는 것이 그 다음이요. 부모가 노여워하실 때 마음에 반감을 일으키며 얼굴에 드러내는 것은 낮은 것이다.

〔가치〕 효가 덕목이라는 것을 모르는 사람은 없다. 그러나 현대에는 효를 어떻게 하는 것인지조차 모르는 사람이 많다. 선인들의 이러한 태도는 현대인의 삶에 적용해도 매우 가치로운 효의 모습이다.

〈예시4〉 스승 공경

[원문] 李恒福이 居相位에 有達官來謁이라도 皆坐而受拜러니, 一日은 有報申訓導在門커늘 公이 徒跣而出하여 迎入升堂하고 俛受所言하며 應對甚恭이라. 家人이 怪問之하니 是는 公이 兒時에 所受業者也라. 翌日에 公이 往謝所館하고 將綿布十餘端과 大米數石하여 以供旅次之用한대 其人 曰 "行旅所需는 數斗米로 足矣라." 하고 其餘는 謝不受하니 可見其人之賢이 必有所可其敬者요. 而亦見公尊師好德之誠이 足以爲範於衰世矣라.

강효석, 『대동기문(大東奇聞)』

〔해석〕 이항복이 재상에 있을 때, 높은 벼슬아치들이 찾아와서 뵈어도 모두 앉아서 절을 받았다. 하루는 신 선생님이 문에 있다고 알리니 공이 맨발로 나가서 맞이하여 마루에 오르고 머리 숙여 하는 말을 들으며 응대함이 매우 공손했다. 집안사람이 괴이하게 여

겨 물으니 이분은 공이 어렸을 때 수업을 받은 분이라고 했다. 다음날 공이 머무는 곳에 가서 사례하고 면포 10여단과 쌀 몇 석으로 여행의 비용으로 드리니 그 사람이 말하기를 “여행에 필요한 것은 쌀 몇 말로 족하다.”하고 그 나머지는 사양하고 받지 않으니 그 사람의 어짊이 반드시 공경할만한 바가 있음을 볼 수 있으며, 또한 공의 스승을 존경하고 덕을 좋아하는 성의가 쇠락하는 세상에 모범이 될 만하다.

〔가치〕 이항복의 스승에 대한 예의와 그 스승의 언행은 그 스승의 그 제자라는 것을 알게 한다. 師弟同行에 대하여 생각할 만하다.

한문 문장에 들어 있는 정의적인 영역의 내용들은 이와 같이 현대에서 잃어가고 있는 우리의 전통적인 가치를 되살려 아름다운 삶을 영위할 수 있는 바탕을 제공하고 있다. 이러한 내용들은 꾸준히 발굴하여 내용을 범주화하고 그 범주들에 대한 덕목을 현대에 되살리는 노력을 해야 한다.

Ⅳ. 한문과 교육과정의 쟁점

한문과 교육과정은 한문과 교육의 총체적인 계획이며 過程이다. 이는 한문과 교육은 어떤 내용으로 이루어지며, 어떻게 진행되어야 하는가에 대한 답변이다. 그것들을 체계적으로 정리한 것이 내용 체계이다. 이는 한문과 교육의 내용을 포괄하는 용어로 위계성과 연계성을 고려하여 진술되어야 한다. 그러나 내용 체계를 일목요연하게 구성하기는 쉽지 않은 일이다.

왜냐하면 한문과는 한문과 자체의 내용과 함께 다른 교과와도 연계를 가지고 있으며(도구 교과적 성격), 또한 한문과의 양상을 명확하게 드러내는 용어를 발견하여 사용하기도 쉬운 일이 아니기 때문이다. 게다가 중학교에서 처음으로 교과가 설치되는 문제와 재량 선택 교과여서 고등학교에서 처음으로 한문을 접하는 학생이 다수 생겨나고 있다. 또한 초등학교에서부터 한자를 사교육 시장에서 접한 학생, 중학교에서 처음으로 한문 학습을 시작한 학생, 고등학교에서 처음으로 한문을 시작한 학생, 아예 고등학교까지 전혀 한문을 배우지 않는 학생 등 출발점이 전혀 다른 이질적인 집단에 대한 교육 방안까지 마련해야 한다.

다양한 문제에 학자들의 다양한 의견, 그리고 교육과정 내용 체계 구성에 자체의 난제 요인이 작용하고 있다. 그 중에서도 한문과가 내적으로 안고 있는 문제로 꼽을 수 있는 것은 '한문 교육용 기초 한자 1,800자'(이하 '1,800자'라 한다.)에 관한 것이다. 한문과 내용 기준이 되고 있는 1,800자의 문제는 교육과정의 모든 내용에 영향을 미치고 있다. 그러므로 학계의 다양한 의견에도 불구하고 해결의 실마리는 아직도 요원하다.

두 번째, 한문과 교육과정 내용 체계의 대영역으로 설정되어 있는 '한자어'에 관한 것이다. 이 또한 많은 학자들의 이의에도 불구하고 제5차 교육과정부터 제7차 교육과정까지 대영역으로 설정되었다. 한자어는 한문과와 국어과의 교집합으로 작용하는 긍정적인 측면이 있다. 그러나 한문과의 내용 영역으로는 적절치 않다는 것이 일반적인 의견이다. 그에 대한 비판적 검토를 통하여 한문과 교육과정 내용 체계의 영역 설정에 관하여 되짚어 볼 것이다.

세 번째는 현행 중·고등학교의 교과서는 전혀 위계성과 연계성이 고려되지 않고 있다. 그러므로 고등학교 교과서를 바탕으로 각급학교 한문과 교육의 내용·수준 문제를 검토하여 이 문제에 대한 해답을 구하고자 한다.

1. 한문 교육용 기초한자 1,800자의 의의와 기능

'한문 교육용 기초 한자 1,800자'는 '한문을 교육하는 데 기초가 되는 한자 1,800자'라고 풀어서 해석할 수 있다. 부연하면 국어를 위한 것도 아니고, 수학·과학·역사·지리·윤리 등을 위한 것이 아니고 오로지 '한문 교육용'이라는 것이다. 이에 대하여 한문과가 교과로 존속하는 데 기여한다고 하는 긍정적인 의견과 더불어 이로 인하여 한문과 교육의 모든 내용이 영향을 받게 되어 교육되어야 할 내용이 제대로 교육되지 못하는 역기능이 있다는 의견이 상충하고 있다. 이러한 문제에 대한 대안을 마련하기 위해 1,800자의 선정과 그 역할 그리고 이에 대한 제도권 밖 사교육 시장에서의 문제까지 검토해 보기로 한다.

가. 1,800자 선정

현재 한문과 교육에서 1,800자는 그 기능이나 역할에서 대단히 중요하다고 아니할 수 없다.151) 한글전용이 공포된 이래 한문과는 그 설 자리를 잃었으며 가까스로 1972년에 일반 교과로 부활하여 명맥을 이어왔다. 이에 '1,800자'는 문교부 훈령에 명시되어 한자・한문을 교육해야 한다는 명분에 커다란 역할을 하기도 하였다. 그러나 이에 대한 다양한 의견의 표출과 한글 전용론과 국한혼용론이 대결하면서 1,800자는 논의의 쟁점으로 부상하였다.

한글 전용론에서는 한자는 철저히 한문과에서 담당하고 절대로 초등학교를 비롯한 국어에 들여놓을 수 없다고 주장한다. 반면에 국한혼용론자들은 '한문 교육용 기초 한자 1,800자'는 그 명칭이 옳지 않으며 '교육용 기초 한자 1,800자'여야 한다고 주장하면서 '한문'은 한문과에서 교육하고 국어 어휘의 70% 이상을 차지하는 한자어 교육은 국어에서 해야 한다고 주장하고 있다. 그러나 현재 한자 교육의 대부분은 한문과 교육에서 담당하고 있으며 이는 한문

---

151) 한문 교육용 기초한자 1,800자에 대한 연구는 다음과 같다.
金相洪, "漢文教育用 基礎漢字 1,800字 調整의 基本 方向,"『漢文教育研究』第15號(서울 : 韓國漢文教育學會, 2000).
陳在敎, "'한문교육용 기초한자 학교급별 구분'에 대하여,"『漢文教育研究』第15號(서울 : 韓國漢文教育學會, 2000).
朴英鎬, "教育用 漢字數의 檢討,"『漢文教育研究』第15號(서울 : 韓國漢文教育學會, 2000).
교육인적자원부, 『漢文教育用 基礎漢字 1800字 調整白書』(서울 : 교육인적자원부, 2001).
金相洪, "2001學年度부터 適用되는 調整된 漢文教育用 基礎漢字의 考察,"『漢文教育研究』第16號(서울 : 韓國漢文教育學會, 2001).
박삼서・김왕규, "2000년도 제정 '한문 교육용 기초 한자 1,800자'와 21세기 한자・한문 교육의 방향,"『교육과정평가연구』제5권 제1호(서울 : 한국교육과정평가원, 2002).
金相洪, "韓國의 漢文 教育用 基礎漢字 變遷考,"『漢文教育研究』第21號(서울 : 韓國漢文教育學會, 2003).

과 교육에도 심각한 영향을 미치고 있다. 이 장에서는 1,800자가 등장하게 된 배경과 선정의 과정 그리고 현재 한문과 교육 과정에 미치는 영향에 대하여 살펴보고자 한다. 그리고 1,800자가 가지는 한계에 대하여 한문과 교육이 담당해야 할 내용도 살펴볼 것이다.

1) 선정과 조정의 배경

광복 이후 한자 폐지에 대한 보완책으로 1951년 9월 문교부(현재의 교육인적자원부)는 상용한자 1,000자를 제정하였다.152) 그 후 1957년 11월 한자 빈도 조사를 기초로 선정한 300자를 추가하여 1,300자를 제정하였다.

이어서 1970년 1월 1일부터 정부는 훈령 제 68호를 발령하여 정부의 모든 기관에서의 문자사용은 한글로, 또 민원서류도 한글로 쓰도록 하였다. 그리고 문교부령 251호를 발령하여 국민학교(현재의 초등학교) 4학년 이상의 교과서에서 한자를 노출시켰던 근거 조항인 초등학교 교육과정 국어과 제4학년 읽기 중의 "1. 일상생활에서 쓰는 한글과 한자, 숫자, 로마자와의 구별을 알도록 한다."를 삭제하였다. 이로서 1970년 1월 1일부터 한글전용이 실시되었으나 급작스러운 한자의 완전 폐지에 따른 여러 가지 부작용에 대한 우려가 제기되었다.

정부는 1972년 2월 28일 개정, 공포된 교육법 시행령에 의거하여 중학교 이상 전문학교 이하의 한문 교육 실시 계획안을 대통령에게 보고하고, 한문 교육용 기초 한자 1,800자를 선정하였다. 그리고 문교부는 문교부령 제300호(1972.6.5)로 중학교 교육과정에

152) 金相洪, "韓國의 漢文 敎育用 基礎漢字 變遷考,"『漢文敎育硏究』第21號(서울 : 韓國漢文敎育學會, 2003). 이 논문에는 한문 교육용 기초 한자 1,800자의 제정에 대하여 자세히 논의되어 있다. 이 논문에서 김상홍은 '한국의 한문교육용 한자 변천 약사'를 개관한 다음 제1차 1,000자의 제정으로부터 제4차 조정에 이르는 과정을 고증하여 일목요연하게 정리하였다.

한문 교과를 신설하고, 주당 1~2시간의 '한문'교과 수업을 2학기부터 실시하도록 하였다.

대통령은 문교부 장관에게 친전(1972.7.23)을 보내어 한문 교육의 취지(친전의 내용 : 한글 전용을 원칙으로 하고, 실생활에 필요한 최소한의 한자를 가르침.)를 재인식할 것을 촉구하였으며, 따라서 한문 교과서의 내용에서는 실생활에 필요한 한자, 한자어의 교육이 강조되었다.[153] 이렇게 한문 교육용 기초 한자 1,800자는 한글 전용의 문제를 해결하기 위한 대안으로 선정된 것으로 중학교용 900자와 고등학교용 900자로 나뉘어져 있다.

이후 한문 교육용 기초 한자 1,800자는 한문교육의 근간으로 작용하였으며, 이는 이후 어문생활 및 사회문화의 발전과 민족문화 창달에 큰 역할을 수행하여 왔다고 볼 수 있다.

그 후 30여년의 시간이 흐름에 따라 그 시대의 언어 환경과 사회적인 변화에 적절한 것인지 아닌 지에 대한 의론이 꾸준히 제기되었다. 또한 문화관광부는 1999년 2월 9일 국립국어연구원에서 실시한 '한자 사용 빈도'조사 연구 결과에 근거하여, '한자 병용 방안'을 추진하면서 한문 교육용 기초 한자를 사용 빈도가 높은 한자로 조종할 필요성을 대통령에게 건의하였다. 이어 국립 국어 연구원에서 조정안을 완성하고 국어 심의회 한자분과위원회의 자문을 받은 다음 교육부(현 교육인적자원부)에 조정 협조를 요청하였다. 이에 따라 교육부는 그간의 논의를 받아들여 한문 교육용 기초 한자 1,800자를 조정하기로 하였다.[154]

---

153) 정준섭, 『국어과 교육과정의 변천』(서울 : 대한교과서주식회사, 1996), 106~108쪽 참조.

154) 金相洪, "漢文敎育用 基礎漢字 1,800字 調整의 基本方向," 『漢文敎育研究』 第15號(서울 : 韓國漢文敎育學會, 2000), 2~3쪽. 이 논문에서 저자는 '한문 교육 · 전통 계승 · 환경 변화에 따른 교육의 정상화 · 언어 문자 생활 · 한문 문화권 · 통일 후의 대비 · 조정된 한자의 실시에 대하여 제도적으로 보장할 것' 등 조정의 기본 방향 7개 조항을 제시하고 있다.

2) 선정의 기준

교육인적자원부에서 출간한『漢文 敎育用 基礎 漢字 1,800字 調整 白書』에서는 선정 기준에 대한 요건을 ① 한자·한문 교육에서의 학습성과 지적 수준 제고의 효율성 ② 일반 공공에서의 사용도 ③ 각 글자의 기능도 ④ 표의적 유용성·표의효과, 의미의 중요도, 식별성, 그리고 문장 표기 안에서의 구실을 제시하였다. 그리고 동아시아의 한자 문화권에 있는 한국, 북한, 중국, 대만, 일본의 5개국 8개 기관(단체)에서 제정한 교육용 한자를 분석하여 기초자료로 삼았다고 밝히고 있다.

이러한 기준은 한문이 사문화되어 일부의 연구자들에게만 중요한 것으로 여겨지는 풍토와 실제 언어생활에서 쓰이고 있는 한자에 대한 교집합을 구한다는 어려움을 전제한다.

또한 연구진 자체에서도 지적하다시피 이 기준에는 인터넷에서 빈번히 사용되고 있는 한자와 한자어에 대한 연구가 결여되어 있어 얼마 시간이 지나지 않아 다시 조정해야 하는 상황을 맞이할 수도 있을 것이라고 여겨진다.

3) 조정의 결과

선정 연구진은 표제자를 선정하고 한문교육용 기초 한자와 관련이 높은 순으로 점수화하여 세미나를 개최하고 여론 조사를 하여 의견을 수렴하였다. 세미나에서 합의된 특이한 점은 초등학교에서 한자 교육을 해야 한다는 것이 강조되었다는 것과 각 학교 급별 한자를 나누었다는 것이다.

여론조사도 초등학교에서의 한자 교육을 찬성하는 의견이 80.1%가 나와 초등학교 한자 교육을 지지하고 있다. 제6차 교육과정이 실시되기 이전에 한자 교육은 실제로 상당한 학교에서 실시되고 있었다. 그러다가 제6차 교육과정에서는 '학교 재량 시간'에 한문과 컴퓨터, 환경 등의 과목에서 선택하도록 하였다. 이에 서울시 교육청에서는 '초등학교 한문과 교육과정'을 구성하여 초등학교에서도 정규의 시간에 한자 교육을 실시하였다. 그리하여 많은 학교가 한자 교육을 '학교 재량 시간'에 실시하였다.

이어 제7차 교육과정에 들어서는 '학교 재량 시간'이 '재량 활동'으로 변하면서 다소 줄어들기는 했지만 여전히 많은 초등학교에서 한자교육을 실시하고 있다. 그러므로 초등학교용 기초한자를 설정한다는 것이 무모한 것도 아니며 실질적인 필요와 요구가 있는 것이다.

그러나 현행의 어문정책 기준이 '한글전용'이기 때문에 초등학교에서 한문을 가르치는 것에 대하여 한글 전용론자들의 강력한 반대에 부딪치고 있다. 그러므로 실제로 초등학교에 한자를 배정할 수 있을지에 대한 확신은 그다지 깊지 않은 상태이다.

이 안은 교육부에 의해 종전과 같이 1,800자를 유지하면서 총 44자의 조정을 가져왔다. 이는 한글전용론자들과 국한문 혼용론자, 그리고 한문교육론자들의 논의를 합산한 내용으로 보인다. 실제로 공청회 과정에서도 한글 전용론자들과 국한문 혼용론자들 그리고 한문교육에 관련된 학자들이 신랄한 격론을 벌였으며 그 분위기는 자못 긴장된 것이었다.[155] 그러므로 새로운 내용을 강화하고 변화의 폭을 크게 해서 논란을 조장하기 보다는 조정의 폭을 최소화하고 가급적이면 변화의 변수를 없애는 선에서 봉합을 한 것으로 보인다. 이렇게 하여 한문교육용 기초 한자 1,800자에 대한 논의는 마무리가 되었다.

---

155) 교육인적자원부, 『한문교육용 기초한자 1800자 조정백서』(서울 : 교육인적자원부, 2001), 391~555쪽. 이 보고서에 격론의 내용이 잘 드러나 있다. 이는 50년간의 한글전용론과 국한문 혼용론의 싸움이 재현된 것이라고 보아 아무런 차이를 발견할 수가 없다.

나. 한문 교과서와 1,800자의 기능

한문 교육용 기초 한자 1,800자가 한문과 교육에 미치는 영향은 대단하다. 한문과의 내용 요소 중에서 1,800자 안에 들어가지 못하는 문장이나 한시는 애당초 교육 내용으로 선정되는 자체가 어려울 정도이다. 그 까닭은 중학교 교과서의 경우 한문 교육용 기초 한자 중학교용 900자를 반드시 포함하고 예외자를 100자 이내까지 인정하기 때문이다. 고등학교의 경우도 고등학교용 900자를 반드시 포함하고 1,800자 이외의 한자를 100자 이내로 한정하기 때문이다. 그러므로 아무리 좋은 문장이 있어도 1,800자의 한자를 벗어나 있으면 교과서에 들여올 방법이 없다. 그리고 내용이 다소 부실하더라도 1,800자의 범위 내에 있으면 그것은 채택될 가능성이 매우 높아지는 것이다. 그러므로 1,800자는 국민 모두가 알아야 할 기본적인 한자로 선정되어 있지만 실제로 한문과의 교육에는 막강한 위력을 발휘하고 있는 것이다. 이에 대하여 송병렬은 다음과 같이 말하고 있다.

> 1,800자의 한자를 아무런 내용 구성없이 나열만 한다면 교재는 아주 간단하게 만들 수 있다. 그러나 한자를 학습하는 근본 목적은 한자를 익히는데 있는 것이 아니라, 한자 지식을 통해서 한자어를 익히고 또 짧은 문장의 한문을 학습하는 데 그 목적이 있다. 그렇게 하려면 일단은 한자어와 한문의 소재가 있어야 한다. 문제는 여기에 있다. 한자, 한자어, 한문의 학습 과정에 따라서 교과서를 구성해야 하는데 그게 말처럼 단순한 것이 아니다.156)

송병렬은 문제의 핵심을 짚고 있다. 문제는 1,800자를 지도하는

156) 宋秉烈, "漢文科 教科教育에 있어서 教科書 問題,"『漢文教育研究』第14號(서울 : 韓國漢文教育學會, 2000), 210쪽.

것이 문제가 아니라 1,800자를 사용하여 교재를 구성하는 것이 문제라는 것이다. 송병렬은 위의 내용과 연관하여 다른 언어교과 교과서 구성에 비해서 한문 교과서 구성의 어려움을 다음과 같이 더 지적하고 있다.

> 국어나 영어 등은 현재 사용하고 있는 언어이므로 새로운 작문을 하여 단어를 얼마든지 소화해낼 수가 있다. 그러나 한문은 현재 사용하고 있는 언어가 아니므로, 옛 선인들이 사용한 문장을 재활용해야 하는 어려움이 뒤따른다. 따라서 1,800자 범위 내에서 단어를 사용한 선인들의 한문 문장을 찾아낸다는 것은 쉽지 않다. 혹시라도 사용된 문장을 찾아냈어도 문제는 끝나지 않는다. 1,800자 내의 단어를 사용한 문장의 양이라는 것이 제한되어 있으므로 자연히 1,800자를 모두 소화할 수 없다. 따라서 마저 소화하지 못한 한자가 들어있는 문장을 찾다보면 내용도 부적절하거니와 1,800자 이외의 한자들이 다수 들어가게 되어 있다.
>
> 이러한 문제의 결과는 교과서 형식과 내용을 빈약하게 만든다. 제4차, 제5차 제6차 교육과정의 교과서의 내용을 보면 각기 저자도 다르고 교육과정도 다른데, 사용된 한자어나 한문의 문장을 보면 한결같다.157)

한문과에서 모든 한자어와 한문을 고전에서만 찾았던 것은 아니다. 실제로 제5차 교육과정의 교과서들에서는 없는 문장을 만들어서 문법을 설명하거나 1,800자에 맞추기 위하여 내용에 들어 있는 예외의 한자를 같은 뜻의 1,800자 내의 한자로 바꾸는 일도 상당수 있었다.158) 그러나 그것은 긍정적으로 이해할 수 없는 성질의

157) 앞의 책, 211쪽.

158) 예를 들어 제5차 동아출판사 중학교 교과서에는 '登山, 我登山, 我登高山'이라는 것이 있다. 물론 '登山'이라는 한자어는 늘 쓰이는 상용어이지만, '我登山, 我登高山'과 같은 말은 문헌에 있는 것이 아니다. 문장형식을 설명하는 데 필요하기는 하겠지만, 이런 작위적인 문장들은 헤아릴 수 없이 많은

것이다. 한문은 단지 의미를 전달하면 되는 교과가 아니기 때문이다. 선인들이 문장을 쓸 때 단순히 뜻이 같으면 아무 글자나 가져다 쓴 것이 아니라는 것은 한문을 조금이라도 읽은 사람이라면 다 알고 있는 사실이다. 그러므로 원문의 한자를 임의로 바꾸는 행위들은 동의할 수 없지만, 워낙 제재를 고르는 것이 어렵다는 것을 반증하는 것으로 이해할 수밖에 없다. 그러므로 송병렬의 논의는 그간의 한문과의 교과내용에 대한 통렬한 자기반성인 셈이다. 이는 한문 문장뿐만 아니라 한시에 이르면 더욱 심각한 상황을 연출하고 있다. 거의 몇 개의 시문이 계속 반복해서 실리고 있는 것이다.159) 실로 한문 전적은 방대해서 중국의 것들을 제외하더라도 우리나라의 시인들이 지은 한시만도 그 수를 헤아릴 수 없을 지경이다. 그럼에도 이러한 일들이 반복된다는 것은 1,800자의 역할에 대하여 다시 생각하지 않을 수 없는 것이다. 그리하여 송병렬은 1,800자의 경우 성취기준으로만 제시하고 1,800자의 제한을 풀자는 의견을 제시하고 있다.160)

그러나 문제는 여기서 그치지 않는다. 한문 교과서는 본문이 중심이 되고 나머지 보충학습이나 심화학습의 경우는 본문의 내용과 관련이 있는 것으로 본문의 내용을 보충하거나 심화하는 학습이어

전적 속에 들어 있는 한문을 가르치기에도 교과서의 양이 부족하다는 입장에서 보면 동의하기 어렵다. 또한 '青出於藍而青於藍'의 경우는 출전이 모두 『순자(荀子)』로 나와 있는데, 실제로 『순자』에는 이런 글은 없고 '青取之於藍而青於藍'으로 되어 있다. '青出於藍'은 성어로 쓰이지만 순자에는 그렇게 쓰이지 않았던 것이다. 이것은 임의로 누군가 바꾸어 쓴 것이 그대로 굳어버린 경우이다.

159) 이에 대하여 송병렬은 제4차·제5차·제6차 동아출판사와 교학사의 고등학교 '한문' 교과서의 예를 들면서 율곡의 「花石亭」은 6책 중에 5번 실렸고, 맹호연의 「春曉」와 정몽주의 「春興」은 4번이나 인용되었다는 결과를 제시하고 있다. 이는 송병렬의 의견대로 1,800자에 잘 맞는 한시이기 때문이라고도 할 수 있다. 그러나 그 외에 또 다른 이유가 있을 수도 있다. 예를 들면 이 시들이 좋은 시라든지, 학교 급별 내용으로 적절하다든지 하는 등이다. 그러므로 보다 분석적인 판단이 필요하다.

160) 위의 글, 215쪽 참조.

야 한다.

다음의 표는 현행 제7차 교육과정 교과서의 본문에 사용된 '신습 한자'의 숫자를 조사한 것이다.

〈표Ⅳ-1〉 중학교용 900자 중 제7차 교과서 본문에 사용된 한자 수

구분	교학사	동화사	문원각	민중서림	박영사	새한	중앙	지학사	태성	케이스	한서	계	평균
1학년	200	207	195	297	226	241	144	289	236	238	175	2,448	222.5
2학년	175	170	129	190	188	140	154	297	202	193		1,838	183.8
3학년	132	85		130	92	103	60	142	112			856	107.0
계	507	462	324	617	506	484	358	728	550	431	175	5,142	
평균	169.0	154.0	162.0	205.7	168.7	161.3	119.3	276.0	183.0	215.5	175.0		177.3

※ '빈칸'은 교과서 검정에서 탈락하여 교과서를 내지 못한 것이다.

위의 표를 보면 주로 한자나 간단한 한자어가 교과서의 주 내용인 1학년에서는 본문에 쓰인 한자의 수가 비교적 많지만 학년이 올라갈수록 그 빈도가 떨어지는 것을 볼 수 있다. 새로운 내용을 만들어내지 못하고 기존에 있는 자료를 찾아서 본문을 구성해야 하는 한문 교과서의 기초 한자 활용은 그만큼 어려운 것이다. 학년 당 300자 정도가 기본이라고 생각하면 중학교 3학년 교과서의 경우는 거의 1/3 수준에 머무르고 있는 것을 알 수 있다. 그리고 중1에서 많이 사용한 것을 고려하지 않고 전체의 평균을 계산하더라도 177자 정도에 머무르고 있는 것이다. 이러한 사정은 고등학교에 가면 더욱 심화된다.

다음은 고등학교 기초한자 900자중 한문 교과서 본문에 사용된 신습 한자의 숫자를 조사한 것이다.

다음은 고등학교 기초한자 900자중 한문 교과서 본문에 사용된 신습 한자의 숫자를 조사한 것이다.

〈표 Ⅳ-2〉 고등학교용 900자 중 제7차 교과서 본문에 사용된 한자 수

출판사	교학	금성	두산	대한	대학	새한	정진	중앙	지학	천재	계	평균
사용 자수	169	312	216	253	184	217	232	155	284	225	2,247	224.7
비율(%)	19	35	24	28	20	24	26	17	32	25		25.0

위의 표를 보면 대체로 기초한자 900자 중 30%도 제대로 사용하지 못하고 있으며, 30%를 넘긴 2개의 교과서도 본문 중에서 생활 한자어를 다룬 곳에서 거의 많은 내용을 소화하고 있어 실제 한문으로는 모든 교과서가 30%를 넘기고 있지 못하다.

이와 같이 현행 교과서에서는 고등학교 900자의 대부분을 본문이 아닌 다른 곳에서 소화하고 있는 것을 알 수 있다. 이는 한문과 교육과정의 내용을 학교 현장에서 제대로 소화해 낼 수 없다는 것을 반증한다. 본문과는 전혀 동떨어진 내용의 한자어를 연계해서 일관성 있는 수업을 하기란 대단히 힘들다고 아니할 수 없다.

그러므로 현행의 1,800자의 문제는 교과서 개발에 심각하고도 중요한 영향을 미친다. 긍정적인 것은 1,800자를 소화함으로써 하나의 교과서만을 배워도 국민이 공통으로 1,800자를 익힐 수 있어 한자의 기본 교양을 지닐 수 있다는 것이다. 그러나 1,800자는 한문과를 억압하는 기제로 작용하여 교과의 내용을 획일화하고 낯설고 이질적인 내용을 배열하게 함으로써 조직적이고 체계적이며 연계성과 위계성이 강한 교수·학습을 방해하고 있는 것이다.

이에 이병주는 다음과 같은 의견을 피력하였다.

한문 교과서는 학생들의 능동적인 학습 참여를 유도하는 내용으

> 로 꾸며져야 한다. 이를 위해서는 한문 교과서가 한자를 소화하기 위한 한자어 나열이 아닌 충분한 읽기 자료와 활동이 제시된 책으로 만들어져야 하며, 평가 역시 단순 암기형 문제를 지양하고 이에 상응하는 문제가 출제되어야 한다. 그리고 1,800자의 암기나 실제 한자어 활용 등의 기능적인 측면은 검정시험으로 보완했으면 한다.161)

위 글에서 이병주는 1,800자를 교과서를 쓰는 기준으로 삼지 말고 학교 자체나 국가에서의 검정시험으로 보완을 하도록 하자고 주장하고 있다.

말하자면 1,800자를 소화하기 위하여 한문 교과서가 한자어를 나열하고 있어 충분한 읽기 자료와 활동을 제시하고 있지 못하다는 것이다. 이러한 주장은 1,800자를 익히는 것과 한문 교과서를 분리하여 생각하자는 것으로 이해된다.

또한 윤채근은 이병주와는 다른 시각에서 다음과 같이 자신의 주장을 피력하였다.

> 우선 교육용 기초한자 1,800자에 대한 투철한 의식이 있어야 하겠으나 한자·한문 교육이 필요한 영역이 1,800자 안에만 갇혀있는 것은 바람직스럽지 못하다. 예컨대 학생들의 이름을 한자로 표현한 경우 이 1,800자를 벗어난 사례가 빈번할 것을 쉽게 예측할 수 있다. 자신의 이름을 문자로 표기하는 것보다 더 일상적이며 구체적인 언어생활은 따로 없을 것이다. 나아가 자신의 부모형제, 조부모의 이름을 문자로 표기하고 이해하는 것이 동양문화에서 갖는 상징적 가치는 매우 높다. 즉, 한자·한문 교육의 절실한 필요성은 교육용 기초한자 1,800자 외부에서 더 강력하게 발현될 수 있기 때문에, 교과서의 기본 체제와 편찬 정신을 준수하되 한자·한문의

161) 李炳周, "中等 漢文敎科의 現實과 漢字·漢文 檢定制度의 問題,"『漢文敎育硏究』第17號(서울 : 韓國漢文敎育學會, 2001), 224~225쪽.

구체적 활용이 미치는 넓은 磁場을 실례로서 보여주는 일을 결코 소홀히 할 수 없다.[162]

윤채근은 한 걸음 더 나아가 1,800자를 벗어나자고 말하고 있다. 그러나 현재 한문교육의 위상은 초등학교에서 '재량활동'시간에 학생·학부모·학교의 희망에 의하여 뜻있는 몇몇 학교에서 교과를 개설하고 있으며, 중학교에서는 '재량 선택 교과'가 되어 전혀 가르치지 않아도 교육과정 상 아무런 문제가 되지 않고 있다. 게다가 고등학교에서는 '선택 교육과정'에 편입되어 고등학교 2학년인 11학년에야 비로소 선택이 될 수 있는데 이 또한 자연계열은 선택하지 않아도 되는 상황이라는 것을 생각할 때 이러한 생각은 다소 지나치게 앞서간 것 이라고 여겨진다.

현재는 1,800자를 익히는 것조차도 모두에게 적용되지 않고 있다. 따라서 정규의 교육과정에서 어떻게든 1,800자를 지도할 수 있는 장치를 얻을 수만 있다면 한문교육은 그나마 현재보다는 나은 상황을 맞이할 수도 있기 때문이다. 그러므로 이름을 한자로 표기하는 것도 1,800자를 익히는 것으로부터 출발하여야 하며, 한자한문을 실생활에 활용하는 것도 1,800자로부터 일상생활의 거의 모든 영역으로 확대하는 것이 바람직하기 때문이다.

그렇지만 송병렬이나 이병주·윤채근이 위에서 제기한 문제는 현재 한문교육에서 1,800자가 가지고 있는 문제점을 나름대로 지적한 것이므로 그 의견을 간과할 수는 없다.

따라서 교과서 구성에서 1,800자의 역할에 대해서 다음과 같은 대안을 제시한다.

첫째. 전체의 내용이 일정량의 한자를 소화하도록 하는 것이다.

---

162) 윤채근, "제7차 교육과정에 따른 한문 교과서 활용 방안," 『漢文教育研究』 第19號(서울 : 韓國漢文教育學會, 2002), 242쪽.

예컨대, 고등학교의 경우 900자의 70% 이상을 교과서에서 소화하도록 하고 나머지는 예외자를 인정하면 제재 선정의 폭이 현저하게 넓어지고 현재의 100자를 허용한 교과서보다 더 넓은 영역의 내용이 교과서에 탑재될 수 있을 것이다.

둘째, 1,800자를 학교 급별 성취 기준으로 두는 것이다. 예컨대 본문의 구성에 제한을 두지 않고 1,800자를 부록 또는 별책 부록으로 처리하거나 이를 과제로 부과하여 학생들이 모두 성취할 수 있도록 하는 것이다. 그리고 교과서는 교육과정의 내용에 충실하게 구성하여 한문교육을 1,800자와 이원화하는 방안이 있을 수 있다.

셋째, 문장과 한자어를 분리한 교과서를 만들어 두 가지를 함께 학습하게 함으로써 1,800자를 모두 익힐 수 있는 장치를 만드는 것이다. 한문에서 학습해야 하는 요소가 고전에 들어있는 한문과 언어생활에서 사용되는 한자어를 익히는 두 축이라고 보고 이를 분리하자는 것이다.

1,800자를 벗어나자는 의견은 한문과의 상황에서 볼 때 시기상조라고 여겨진다. 그럼에도 불구하고 이런 의견이 제시되는 것은 1,800자가 한문 교육에 미치는 영향이 지대하는 것을 말해주고 있다.

다. 사교육 시장의 한자 능력 검정 시험과 1,800자 문제

1) 1,800자에 대한 한글전용론과 국한혼용론의 시각

한글 전용정책이 시행된 이래 국어과에서는 최대한 한자·한문을 배제하려는 노력을 기울였다. 특히 1,800자 개정에 즈음한 공청회에서 박붕배는 초등학교에서는 어떤 일이 있어도 한자를 가르칠 수 없다는 강력하고도 집요한 주장을 전개하였다. 그 내용을 소개하면 다음과 같다.

① 초등학교에서 교과목 수를 더 늘릴 수가 없다.
② 국·한 혼용 교육을 하면 국어 시간이 모두 한자 학습으로 되고 만다.
③ 한자 한문 교육은 중·고·대에서 실시해야 학습 효과가 높고 실효성이 높다.
④ 한문 교과목의 독립성을 살려 전문성 전념 교육으로 해야 한다.
⑤ 한문 전적을 읽어 내고 쓰는 순수 한문 교육이 필요하다.
⑥ 학습 수용 능력을 고려하여 고등학교에 비중을 두어야 한다.
⑦ 대학에서, 필요한 학과가 필요한 한문 학습을 시켜야 한다.163)

위의 내용은 한글전용을 위한 한자·한문 배제의 전형적인 주장이다. 다시 말해 한글 전용을 위해서는 초등학교에서는 한자·한문을 절대로 해서는 안 된다는 것이다. 그러나 이러한 문제는 단순히 가르치지 않겠다는 의도로 끝나는 것이 아니라 그에 대한 반발로 초등학교부터 한자를 가르쳐야 한다는 주장이 함께 소리를 내고 있는 것이 문제이다. 같은 공청회에서 남기탁은 오히려 한문교육 담당자보다 더 한자교육을 해야 한다고 주장했다. 그의 주장은 다음과 같은 언급에서 그 실체를 알 수 있다.

필자는 평소 초·중등 학교에서의 한자교육의 필요성과 당위성에 대하여 주장해 왔지만 그것은 어디까지나 한글과 더불어 우리 국어 표기의 根幹을 이루고 있는, 국어로서의 한자에 대한 인식에서 기인하는 것일 뿐, 한문을 염두에 두었던 것은 아니었다. 물론 우리말 표기 수단인 한글 사용이 정착되지 않았던 시기에는 우리말을 한자로써 표기하였으며, 따라서 우리 과거의 기록 유산 가운데 상당한 부분이 한문으로 이루어져 있고, 또 이들을 오늘 우리의 것으로 가져오기 위해서는 거기에 맞는 해독 수단, 즉 한문 해독 능력

163) 박붕배, "교육용 한자의 학교급별 구분," 『1,800자 조정백서』(서울 : 교육인적자원부, 2001), 531~541쪽.

> 을 지녀야 할 것임은 분명하지만, 그렇다고 하여 모든 국민이 그것을 다 해독할 수 있는 능력을 가져야 한다고 생각하지는 않는다. 그러므로 오늘의 주제는 漢文 教育用 基礎漢字 學校級別 區分에 대한 것이 아니라, 國語 教育用 基礎漢字 學校級別 區分에 대한 내용이 되어야 한다는 것이 필자의 생각이다.[164]

다시 말해 한문 교육용 기초한자 1,800자가 아니라 국어 교육용 기초한자 1,800자여야 한다고 하는 것이다. 이렇게 주장하는 근거를 알기 위해서는 계속해서 그의 의견을 경청할 필요가 있다.

> 먼저 한자 교육이 초등학교에서부터 이루어져야 한다는 점은 적극 지지한다. 다만 그것은 한문 교육의 차원에서가 아니라, 국어 교육의 차원에서 이루어져야 한다. 발표자도 언급하고 있는 사실이지만, 현재 초등학교 사교육에서 한자 학습이 광범위하게 이루어지고 있는 것이 현실이다. 그렇다고 하여 한문 교육과 연계하여 생각하는 것은 문제가 있다고 본다.[165]

남기탁의 주장은 박붕배의 주장과 정면으로 대치되고 있다. 즉 남기탁의 주장은 한자 교육은 초등학교에서부터 시작되어야 하며 이는 한문교과와는 상관없이 국어교과에서 이루어져야 한다는 것이다. 여기에 한문교육 담당자들이 끼어들 여지는 전혀 없다. 박붕배는 초등학교에서는 절대로 한자를 가르칠 수 없다고 목소리를 높이고 있는데 반하여 남기탁은 초등학교부터 한자를 가르치되 한문과와는 전혀 관계 없이 국어에서 지도해야 한다는 것이다. 그러나 실제로 제6차 교육과정이 되면서 초등학교에서 '학교 재량 시간'에 한자를 지도하는 학교가 다수 생겨났으며, 제6차 교육과정 이전에

164) 남기탁, "한문 교육용 기초한자 학교급별 구분에 대하여를 읽고…," 『1,800자 조정 백서』(서울 : 교육인적자원부, 2001), 542쪽.
165) 앞의 책, 543쪽.

도 아침자습 등을 통하여 한자지도는 이루어지고 있었던 것이다. 그러던 것이 '한자능력 검정시험'을 한국어문회에서 한국직업능력개발원의 공인을 따낸 이래 경제5단체가 입사시험에서 한자를 평가하겠다고 발표했으며, 대학입시에도 자격증으로 인정함에 따라 한자·한문 교육은 학교의 울타리를 벗어나 사교육 시장에서 오히려 붐을 일으키는 상황을 맞이하게 되었다. 이는 한자·한문 교육을 하지 않고는 안 되겠다는 다양한 계층의 주장을 반영하는 것으로서 제도권 교육에서 담당하지 못하는 부분을 사교육이 파고든 전형적인 예라고 할 수 있다.

2) 사교육시장의 한자 교육

한문 교육용 기초한자 1,800자의 학교급별 구분 공청회에서 남기탁의 언급 중 간과할 수 없는 것이 사교육 시장의 한자교육 문제이다. 이는 바로 '한자 능력 검정 시험'에 관한 것으로서 한국어문회가 주관한 이후로 한자 교육의 열풍이 일어났다. 이것을 국한혼용론자들은 정규교육에서 다루지 않기 때문에 사교육 시장으로 욕구가 분출되었다고 말하고 있는 것이다. 그러나 이 문제는 단순하지 않다. 이미 10여개가 넘는 한자 능력 검정 시험 단체가 결성되어 시험을 실시하고 있으며, 현재 6개 단체가 공인이 되어 시행되고 있다.[166] 그 실태에 대해서는 이미 여러 차례 논문으로 보고된 바가 있으며 그 실체에 대하여도 상당히 연구가 진행되었다.[167]

---

166) '한자 능력 검정 시험'은 당초에 국한혼용론자들에 의해 시행되었으나 그 후 한문 관련 단체들이 다수 참가함에 따라 그 급수 기준도 제각각이며 급수에 따른 한자의 배정도 어떤 기준으로 되었는지 알 길이 없을 정도로 임의적이다.

167) 한자 능력 검정에 대한 논문을 소개하면 다음과 같다.

李炳周, "中等 漢文教科의 現實과 漢字·漢文 檢定制度의 問題," 『漢文教育研究』 第17號(서울 : 韓國漢文教育學會, 2001).

陳在教, "현행 한자·한문 급수제도의 문제와 개선방안," 『漢文教育研究』 第19號(서울 : 韓國漢文教育學會, 2002).

한예원, "한자·한문 급수제도의 문제와 개선방안," 『국어교육학연구』 20

이에 따른 문제는 우리나라의 '한문 교육용 기초 한자'는 1,800자인데 반하여 이들 단체들은 작게는 3,500자에서 많게는 5,000자까지 요구하고 있다는 것이다.

그 수준도 검정단체에 따라 단순히 한자어만을 대상으로 하기도 하고 한문을 번역할 수 있는 단계까지를 요구하기도 하는 등 천차만별로 진행되고 있다. 다만 이들 모두 '한문 교육용 기초한자 1,800자'를 어느 단계에선가 수용하고 있다는 것이다. 이렇게 되고 보니 이것이 국어를 위한 것인지 한문을 위한 것인지 납득하기 어려운 상황이 되었다.

김경천이 조사한 이전 공인 4개 단체의 한자능력 검정 시험의 공인 급수체계 및 검정 기준을 자수와 현황으로 살펴보면 다음과 같다.168)

집(서울 : 국어교육학회, 2004).

김은미, "한자 급수 시험의 현황과 문제점," 『漢文教育研究』 第25號(서울 : 韓國漢文教育學會, 2005).

진재교, "한자・한문의 사회적 인식과 수요조사에 관한 연구," 『漢文教育研究』 第25號(서울 : 韓國漢文教育學會, 2005).

이렇게 산발적으로 지적되던 문제를 '한국한문교육학회'에서 학술발표회 주제를 이 문제로 선정함에 따라 다음과 같은 종합적인 논의가 이루어지게 되었다.

李明學, "現行 우리나라 '漢字能力檢定試驗'에 대한 再檢討," 『漢文教育研究』 第26號(서울 : 韓國漢文教育學會, 2006).

김경천, "국가공인 한자능력검정시험의 현황과 문제," 『漢文教育研究』 第26號(서울 : 韓國漢文教育學會, 2006).

白光鎬, "漢字能力 級數試驗 改善 方向에 관한 연구," 『漢文教育研究』 第26號(서울 : 韓國漢文教育學會, 2006).

張豪晟, "韓國 漢字能力 檢定試驗의 等級別 配定 漢字 문제," 『漢文教育研究』 第26號(서울 : 韓國漢文教育學會, 2006).

이동재, "국가공인 민간자격 한자급수의 문항 유형 분석과 바람직한 평가문항 모색," 『漢文教育研究』 第26號(서울 : 韓國漢文教育學會, 2006).

168) 김경천, "국가공인 한자능력검정시험의 현황과 문제," 『漢文教育研究』 第26號(서울 : 韓國漢文教育學會, 2006), 27~28쪽. A・B・C・D의 단체는 A가 (사)한국어문회, B는 (사)한자교육진흥회, C는 (사)대한민국 한자교육연구회, D는 (사)한국외국어평가원이다.

구분	A단체	B단체	C단체	D단체
사범		전산용 한자 4,888자와 대법원에서 정한 인명용 한자 등 5,000자. 사서를 비롯한 고전의 독해능력 평가	실용적 한자 5,000자. 사서와 고문진보 등 명문 평가	
1급	읽기 3,500자. 쓰기 2,005자. 국한혼용 동양고전을 읽고 한문원전을 공부할 수 있는 대학원 수준	교육용 한자 1,800자와 전문 학술용 1,700자를 포함 3,500자. 직업분야별 실용한자어 500단어	실용적 한자 3,500자. 대학 수료 수준의 고전의 번역물 교정, 한자교육 지도·한자관련 업무 응용능력 측정	상용한자 2,000자, 성명·지명용 한자 350자 및 선정한자 1.150자 등 총 3,500자. 한문 문장, 한시 등 한문고전에도 능통한 수준
준1급			실용적 한자 2,500자. 대학수준의 어휘한자 변환 및 한자어휘의 읽고 쓰기 활용 능력·한자교육 지도·한자관련 업무 응용 능력 측정	
2급	읽기 2,355자. 쓰기 1,817자. 국한혼용학술서·교양서를 읽고 일상 한자어를 필사할 수 있는 일반 교양 수준	교육용 한자 1,800자와 전문 학술용 5,00자를 포함, 2,300자. 직업분야별 실용한자 500단어	실용적 한자 2,000자. 전문대학수준의 어휘 한자 변환 및 한자 어휘의 읽고 쓰기 활용 능력·한자 관련 업무 능력 측정	상용한자 2,000자, 성명·지명용 한자 350자와 선정한자 350자 등 총2,500자 한문고전을 이해하는 수준
준2급			실용적 한자 1,500자. 고등학교 수준의 어휘 한자 변환 및 한자 어휘의 읽고 쓰기 능력·한자관련 업무 능력 측정	
3급	읽기 1,817자. 쓰기 1,000자. 대학교 수준의 사회 활용 급수	고등학교 교과서에 쓰이는 한자 500자를 포함한 1,800자.		교육용 한자 1,800자, 성명 및 지명용 한자 50자 등 총 1,850자. 일반적인 국한문 혼용 문장 해석을 하는 수준

구분	A단체	B단체	C단체	D단체
3급Ⅱ	읽기 1,400자 (06년부터 1,500자) 쓰기 750자. 전문대학 수준의 사회활용 급수			
4급	읽기 1,000자. 쓰기 500자. 중급 수준의 사회활용 능력 급수 (01년~04년만 시행)			교육용 한자 1,800자 중 선정된 1,500자. 상용 서식, 간지 등의 활용에 대한 지식을 갖고 있는 수준

위 표를 살펴보면 한국어문회를 제외한 세 단체는 모두 한문교육을 주장하는 단체이다. 그러므로 한국어문회만 한문 문장이나 四書 등의 고전에 대한 배려가 없으며, 나머지 단체들은 최고급의 경우 한문 고전을 배려하고 있다. 그러므로 사교육인 한자 능력 검정시험의 경우도 국어교육 담당자들과 한문교육 담당자들의 입장이 확연하게 다르다는 것을 알 수 있다.

또한 중요한 문제는 한문 교육용 기초 한자 1,800자에 대한 문제이다. 위의 표를 보다시피 A단체와 C단체는 한문 교육용 기초 한자 1,800자에 대하여 고려하고 있지 않고 자체의 선정기준을 적용하고 있으며, B단체와 D단체는 '교육용 한자 1,800자'라고 하여 한문 교육용 기초 한자 1,800자를 명시해서 분명하게 수용하고 있는 것을 알 수 있다.

1,800자가 우리나라에서 이루어지는 한자·한문 교육에서 기본적인 교육내용이 되어야 하는 것은 마땅하고도 옳은 일이다. 그러나 한자·한문교육에서는 각자의 주장과 입장에 따라 임의적이고 주관적인 기준을 적용하고 있다. 더구나 고등학교용 900자의 수준

을 넘어서서 적게는 3,500자에서 많게는 5,000자까지 제시하고 있다. 이는 사교육에서 지나치게 높은 한자・한문의 수준을 요구하는 것으로 판단된다.

차후로 이 문제는 각 검정 단체들과 학회 담당자들 그리고 정책 결정의 위치에 있는 담당자들의 협의를 통하여 일목요연한 기준을 마련하여야 하며 들쭉날쭉한 이런 상황은 오히려 한자・한문 교육에 혼란을 가중할 뿐이다.

예컨대 한국어문회의 1급을 취득한 사람은 한문 번역을 전혀 못할 가능성이 매우 높다.

이것은 영어 단어를 많이 안다고 해서 영문 번역을 잘하는 것이 아니라는 점에서 시사하는 바를 얻어야 할 것이다. 그러나 한국어문회의 주장은 남기탁이 주장하는 바와 같이 한문과는 전혀 관계없이 국어교육에서 한자어가 차지하는 비중에 대한 학습 내용으로서의 한자교육을 말하고 있기 때문에 또 다시 해묵은 논쟁을 촉발할 가능성이 있다.

그러므로 검정시험 통일안을 마련하기 위해서는 다음과 같은 몇 가지의 동의를 기본적으로 필요로 한다.

첫째로 한문 교육용 기초한자 1,800를 기본적으로 포함하여야 한다.

둘째, 기초한자 1,800자를 하나의 등급으로 놓는다면 그 급수는 단체별로 같아야 한다.

셋째, 중학교용 900자와 고등학교용 900자를 배려해야 한다.

넷째, 하위 급수는 1,800자 조정안 중 초등학교 배정한자를 배려하여야 한다. 이러한 기준의 고려가 없이 시행되고 있는 현재의 한자능력 검정시험은 꾸준한 논의를 거쳐 국민 문화 수준 향상에 이바지할 수 있는 중요한 장치로 거듭나야 할 것이다.

2. '한자어'의 개념 규정과 대안

현재 시행되고 있는 제7차 한문과 교육과정 내용 체계는 대영역을 한자·한자어·한문으로 범주화하여 구조화하고 있다.

'한자'는 낱낱의 글자이면서 한자어와 문장의 기본 단위가 되며, '한문'은 한자나 한자어가 모여서 이루어진 문장이라고 할 수 있다. 여기서 문장이라는 것은 '덩이글'로부터 실용문 그리고 '문학'으로 인정되는 각 장르의 글까지 망라하는 포괄적인 개념이다. 그러나 '한자어'는 그 용어가 가지는 개념적 한계로 인하여 한문과 교육과정에 많은 문제를 야기하고 있다.

그러므로 이 장에서는 한문과 교육과정 내용 체계의 대영역으로 설정되어 있는 '한자어'에 대한 개념에 대하여 살펴보고 그 대안을 마련해보고자 한다. 필자는 이에 대하여 이미 10여 년 전에 '한자어'의 개념 규정과 '교수·학습 방법'에 대하여 살펴본 바가 있었다.[169] 그러나 그 이후 이 분야에 대한 연구는 그 필요성에 비해 그다지 깊어지지 못했으며 이제 다시 본격적인 논의가 이루어져 한문과 교과 교육학은 물론 학교 현장에서의 교수·학습에 도움을 제공해야 할 것이다.

위에서 밝힌 바와 같이 한문과 교육과정의 대영역은 '한자·한자어·한문'으로 이루어져 있다. 여기서 '한자어'라는 용어는 국어에서 쓰이고 있는 '漢字語'와 '讀音'과 '漢字'가 같은 용어이지만 그 개

---

169) 拙稿, "漢字語 敎授·學習 方法에 對한 硏究,"『漢字漢文敎育』第二輯(서울 : 韓國漢字漢文敎育學會, 1995). 여기에서 연구자는 한자어에 대하여 사전적인 개념을 동원하여 '한자어는 한자가 단독 또는 다른 한자와의 결합을 통해 낱말로 쓰이게 된 말'로 잠정적인 정의를 내렸으며, 그리고 교수·학습 방법에 대해서는 국한문 혼용을 통한 지도 방법을 제시하여 모형을 개발하고 실행 방안을 보인 바 있다.

념은 국어와 한문의 각 교과에서 다르게 쓰이고 있다.

한문과에서의 '한자어'라는 용어는 제5차 교육과정에서부터 내용 체계의 대영역으로 설정됨에 따라 한문과 교육과정의 중요한 개념으로 존재하고 있다. 그러나 국어에서 사용되고 있는 '한자어'라는 용어와 개념의 혼동이 있을 뿐만 아니라 교육과정 자체의 문제로 인해서 지금은 상당히 많은 논란의 대상이 되고 있다. 다소 늦은 감이 없지는 않지만 이에 대하여 한문과와 국어과에서 쓰이고 있는 '한자어' 개념의 차이점을 규명하고, 그 용어에 대한 대안을 마련하고자 한다.

'한자어'에 대한 국어과의 연구는 주로 생성과 문법에 관련된 내용의 연구가 주류를 이루고 있다.170) 국어과에서는 국어 어휘의 상당부분을 차지하고 있는 '한자어'에 대해서 어휘적 측면에서의 접근이 이루어지고 있으며, 이는 한문 교과에서 쓰이는 '한자어'와는 매우 다른 양상의 논문으로 한문과 교육에 적용되기 어려운 여러 조건이 있음에도 불구하고 별다른 이의 없이 적용되고 있는 것이 더 큰 문제이기도 하다.

가. 한문과의 '한자어' 개념

제5차 교육과정에서부터 제7차 교육과정까지 '한자어'는 한문과 교육과정 내용 체계의 대영역으로 설정되었다. 그러나 이 용어가 갖는 다의성으로 인하여 많은 학자들의 이의가 제기되었다.

---

170) 권순구, "한자어 어형성 연구," 충남대학교 대학원 석사학위 논문, 1996.
노명희, "현대국어 한자어의 단어구조 연구," 서울대학교 대학원 박사학위 논문, 1998.
문연식, "현대 한국 한자음 고찰," 계명대학교 대학원 석사학위 논문, 1999.
朴英燮, "國語 漢字語의 起源的 系譜 硏究," 成均館大學校 大學院 博士學位 論文, 1987.
鄭旼泳, "國語 漢字語의 單語 形成 硏究," 忠北大學校 大學院 博士學位 論文, 1994.

그러므로 한문과 자체에서는 이 용어의 개념을 어떻게 규정하고 있는지 확인할 필요가 있다.

그리고 그것이 불합리하다면 개념 규정을 확인한 후에 대안을 마련하는 것이 바람직할 것이다.

1) 한자어

한문과 교육과정의 '한자어'는 한문과 교육과정의 대영역으로 설정되어 있는 용어이다. 그러므로 한문과에서는 이 용어를 대단히 중요한 용어로 사용하고 있으며, 이에 대한 개념 규정은 그에 대한 세부 내용을 풀어나가는 데 필수적이다.

그 내용은 다음과 같다.

> '한자어(漢字語)'란, 하나 또는 둘 이상의 한자가 결합하여, 한국어로서 사용되는 한국식 발음의 단어이다. 우리나라에 한자와 한문이 보급, 정착되어 실생활에 활용되면서 한자어라는 특수한 어휘가 생기게 되었다. 한자어는 지적(知的) 개념어로 적합할 뿐만 아니라, 조어력(造語力)이 뛰어나서 그 필요에 따라 계속 증가되었기 때문에 오늘날 한자어가 한국어의 주류를 이루게 되었다. 참고로, 한국어 어휘 속에 얼마나 많은 한자어가 있는지 한글 학회 『큰사전』에서 살펴보면, 수록된 140,464항목 중 순수 국어가 56,115항목(40.0%), 한자어가 81,362항목(57.9%), 외래어가 2987항목(2.1%)이 수록되어 있다.[171]

이 진술을 보면 '한자어'에 대한 개념의 혼란이 생긴다. 왜냐하면 밑줄 친 곳의 설명이 '하나 또는 둘 이상의 한자가 결합'되어 있다고 했기 때문이다. 둘 이상의 한자가 결합한다는 것은 알 수 있으나 하나의 한자가 결합한다는 것이 무슨 말인지를 알 수 없다. 그

171) 교육부, 『고등학교 교육과정 해설』(서울 : 교육부, 2001), 25쪽.

러나 다시 살펴보면 위 글은 생각하기에 따라 하나 이상의 한자가 결합되면 '한자어'라는 설명이 가능해진다. 결국 2음절 이상이 되어야 '한자어'라는 의미로 이해할 수 있다.

그러나 밑에 제시된 통계는 1음절로 쓰인 한자도 한자어의 통계로 잡혀 있는 것이 틀림없다. 뒤에서 다시 살피겠지만 국어과에서는 '한자어'의 개념을 '1음절에서 다음절까지 국어의 어휘 중에서 한자로 표기될 수 있는 모든 것'이라고 정의하기 때문이다.

그러므로 2음절 이상이 되어야 하는 위의 논지는 자체로 모순을 가질 수밖에 없다.[172] 그리고 이어서 나오는 설명은 2음절 이상의 한자가 모인 어휘에 대한 해석과 짜임의 문제를 다루고 있다.

> '한자어의 짜임'이란, <u>한자를 기본 단위로 하여 보다 큰 의미로 짜여진 형태의 결합관계</u>를 말한다. 두 자 이상의 한자가 결합하여 한 단위의 의미체(意味體)를 형성하는 한자어를 이룰 때에는 반드시 기능상 관계를 가지게 된다. 한자어의 짜임을 문법적 기능에 따라 몇 가지로 분류하면 다음과 같다.
>
> (가) 주술관계(주어+서술어)
> (나) 술목관계(서술어+목적어)
> (다) 술보관계(서술어+보어)
> (라) 수식관계(수식어+피수식어)
> (마) 병렬관계(한자끼리 서로 상대적인 의미, 서로 비슷한 의미)[173]

위의 밑줄 친 부분을 보면 '한자를 기본단위로 하여 보다 큰 의미로 짜여 진 형태의 결합관계'라는 언급을 하였다. 이 언급에서 확인할 수 있는 것은 '한자어의 짜임'에 '한자'는 포함되지 않는다. 한자

172) 한글 학회는 한글 전용을 주장하는 단체이다. 그러므로 위의 국어 어휘에 대한 통계는 국어의 입장에서 분류한 것으로 뒤 늦게 쓰인 한문과 교육과정의 용어를 고려했을 가능성은 전혀 없다.

173) 교육부, 『고등학교 교육과정 해설』(서울 : 교육부, 2001), 26~27쪽.

는 따로 한자의 짜임이라는 것이 제시되어 있으므로[174] 결국, 한자어의 짜임이라는 것은 한자가 2자 이상 결합한 것에 적용된다는 의미가 된다. 그러므로 한문과에서의 '한자어'는 1음절의 글자인 '한자'를 제외한 2음절 이상의 단어를 지칭하는 것이 된다.

한연석(1991)은 제5차 교육과정에서 지도영역이 '한자·한자어·한문'으로 된 것에 대하여 '한자어'의 위상에 대한 비판을 가하고 있다.

그러나 그도 역시 한자어가 2음절 이상이라는 혼란을 가지고 있다. 다음의 언급을 보자.

> 漢字語와 마찬가지로 漢文에서의 複音詞 역시 <u>두 자 이상의 漢字가 結合된 單語를 指稱</u>(밑줄 필자)하는 데, 單音詞 중심의 한문이 複音詞 중심으로 변화 발전하는 과정은 다음의 세 가지 범주로 규정지어 볼 수 있다.
>
> 첫째, 완전히 다른 말로 바뀐 것으로 與가 參加로, 昔이 從前 등으로 바뀐 경우.
>
> 둘째, 同義詞 혹은 近義詞를 응용하여 결합시킨 것으로 成이 成就, 生이 生産으로 바뀐 경우
>
> 셋째, 虛詞素를 앞뒤에 덧붙여서 만든 것으로 虎가 老虎, 卓이 卓子 등으로 바뀐 경우.[175]

---

174) 제7차 교육과정에서는 내용 체계에 '한자의 짜임을 통해 형·음·의 알기'를 제시하고 있으며, 교육과정해설에서는 이에 대하여 허신이 『說文解字』에서 제시한 한자의 생성·조합·운용의 원리에 따른 상형·지사·회의·형성·전주·가차의 '六書'를 설명하고 있다. 그러므로 '한자의 짜임'과 '한자어는 짜임'은 '짜임'이라는 용어를 함께 쓰고 있으면서도 전혀 다른 양상을 설명하고 있다.

175) 韓延錫, "漢文教育에 있어서 漢字語의 位相에 대한 批判," 『漢文教育研究』 第5號(서울 : 韓國漢文教育學會, 1991), 22~23쪽. 여기서 한연석은 王力의 『古代漢語通論』과 中山大學 中文系 古代漢語教學小組編의 『古代漢語』를 참고로 중국의 어휘에 관한 설명을 인용하여 복음사를 설명하고 있으나 생소한 어휘구사로 인하여 또 다른 혼란이 일어날 가능성을 배제할 수 없다.

한연석은 '두 자 이상의 한자가 결합된 단어'를 지칭한다면서 2음절 이상의 단어를 말하고 있다. 그러나 그의 언급에서 되새길 만한 것은 '복음사'라고 하는 용어이다. 이 말은 명백히 2음절 이상의 한자어를 지칭한 것이기 때문이다. 이에 대하여 中國에서는 한자가 복음절화하는 것이 중국언어 史上의 질적인 변화라고 하면서 단음사가 주도하던 지위가 변하여 복음절사가 주도적인 지위를 차지하고 있다고 말하고 있다.

> 중국어는 음계가 간략해짐과 단어가 복잡해지는 모순으로 말미암아 중국어 단어의 복음절화가 촉진되었으며, 이것은 중국어 자신의 부족을 보완하는 작용이며, 중국어 자신의 발전과 개선이며, 중국어 역사상의 질적인 변화로서 단음절사의 주도적 지위로부터 복음절사의 주도적 지위로 변화하였다.[176]

위에서 말한 복음사와 복음절사는 같은 뜻의 단어이다. 이 용어는 위에서 언급한 바대로 1음절의 단어의 발음으로는 단어의 뜻을 분간하기 어려워 2음절 이상의 단어로 변화한 것에 대한 설명이다. 그러므로 복음사는 의미를 가진 어휘에 관련이 깊다기보다는 '음'을 중시한 어휘라고 할 수 있다. 그러므로 한자의 뜻과 뜻의 결합을 나타내는 용어로는 적절하지 않다고 할 수 있다.

2) 성어

아래 표는 제7차 교육과정 한문과 내용 체계 표에서 '한자어' 영역만 제시한 것이다.

---

176) 王鳳陽, 『漢字學』(長春 : 吉林文史出版社, 1989), 651쪽. 漢語由于音系簡化和詞滙繁化的矛盾促成了漢語詞的複音節化, 這是漢語的自身的代償作用, 是漢語的自身的演進與改進, 是漢語史上的質的變化—由單音詞占主導地位變爲複音節詞占据主導地位.

〈표 Ⅳ-3〉 제7차 교육과정 한문과의 한자어

영역	내 용	
한자어	한자어 익히기	• 한자어의 음과 뜻을 알고 쓰기 • 한자어의 짜임을 통해 뜻 알기 • 성어의 속뜻 알기
	한자어 활용하기	• 언어생활에 활용하기 • 문장 독해에 활용하기
	가치관 형성하기	• 선인들의 삶과 지혜를 이해하고 가치관 형성하기

위의 표를 살펴보면 '성어의 속뜻 알기'라는 소영역이 제시되어 있다. 다시 말해 '성어'도 한자어라는 것이다. 이에 대하여 교육과정 해설에서는 다음과 같이 말하고 있다.

> '성어'란, 옛 사람들이 만든 숙어(熟語)로 오늘 날에도 일상의 언어생활에서 많이 사용되고 있는 한자어이다. '성어(成語)의 속뜻을 안다.'란, 성어가 이루어진 내력이나 그 속에 담겨 있는 속뜻을 아는 것을 말한다. 성어는 역사 속의 사건이나 전설 속의 이야기와 연유되어 있으므로, 한자의 자의(字義)를 의미하는 겉 뜻만을 풀이하는 데 그치지 않고, 그 고사나 내력이나 고문헌에서 유래된 속뜻을 알게 해야 한다. 예를 들어, '畵龍點睛'의 경우 '용을 그리고 눈동자를 찍는다.'라는 의미의 겉 뜻보다는 '무슨 일을 하는 데 있어 가장 중요한 부분을 완성시킨다.'는 속뜻을 알아야만 그 말을 바르게 사용할 수 있다.177)

위의 내용을 정리하면 다음과 같다.

① 성어는 옛 사람들이 만든 숙어로 오늘 날에도 일상의 언어생활에서 많이 사용된다.

177) 교육부, 『고등학교 교육과정 해설』(서울 : 교육부, 1997), 27~28쪽.

② 성어는 한자어이다.
③ 성어는 역사 속의 사건이나 전설 속의 이야기와 연유되어 있다.
④ '畵龍點睛'은 '용을 그리고 눈동자를 찍는다.'로 직역되며 '무슨 일을 하는 데 있어 가장 중요한 부분을 완성시킨다.'는 속뜻을 가지고 있다.
⑤ 성어는 겉뜻보다는 속뜻을 알아야 바르게 사용할 수 있다.

여기서 ①은 한국이나 중국이나 현재도 언어생활에서 쓰이고 있으므로 큰 문제가 있을 리 없다.

②는 성어가 한자어라고 말하고 있다. 그러나 진실로 성어가 한자어인지 아닌지는 새로 규명해야 할 것이다. 왜냐하면 한문의 경우에 성어는 완전한 문장인 경우가 대단히 많기 때문이다.

③은 그럴 수도 있고 아닐 수도 있다. 성어에는 일반 성어와 고사 성어를 구별해야 하는 문제가 있다. 일반 성어의 경우는 배경의 이야기를 가지고 있지 않은 경우가 많으므로 반드시 역사 속의 사건이나 전설이 연유되어 있다고 보기 어렵다.

④는 이렇게 해석되는 것이 '한자어'의 의미와 맞는지 확인해야 한다. 만약에 겉뜻과 속뜻이 이렇다면 이것은 어휘로 쓰이는 '한자어'라기보다는 '문장'으로 보는 것이 더 타당할 것이다. 우리말과 섞여 쓰일 때 어휘와 같이 작용한다고 해서 한문과에서 어휘로 보는 것은 콩떡 속에 들어 있는 콩을 보면서 콩 자체를 쌀로 보는 것으로 비유할 수 있다. 그러므로 성어를 모두 한자어에 넣는 것은 많은 무리가 따를 수밖에 없다.

⑤는 성어의 활용을 바르게 하기 위해서는 그 속뜻을 알아야 한다고 말하고 있다. 그러나 실제로 성어의 속뜻을 알기 위해서는 배경을 이루는 역사적 사건이나 전설을 미리 알아야 한다는 것이 전제되어야 한다. 이는 결코 성어를 어휘로만 사용되는 국어과의 상

황을 기준으로 해서 한문과에서도 한자어로 규정할 수는 없다는 것을 증명하고 있다. 따라서 성어는 국어에서 어휘로서의 기능을 가지고 있는 것은 물론이기도 하지만, 한문의 측면에서 살펴보면 문장을 구성하는 데 아무런 문제도 없는 경우가 많다.[178] 그러므로 한자어에서 성어를 포함하는 것은 한자어의 범위가 지나치게 확대되는 것이다.

나. 국어과의 '한자어' 개념

국어과에서도 '한자어'에 관한 논의는 광범위하게 이루어져 왔다. 이는 한문과의 경우 '한자'와 '한문'의 중간단계에 속하는 영역으로 취급되어 왔으나, 국어과에서는 국어의 어휘 중에서 한자어가 차지하는 비중을 고려하여 '한문'에 근본을 두거나 '한자'의 음을 사용해서 표기할 수 있는 것에 대하여 연구가 이루어져 왔다. 먼저, 『국어교육학사전』에서는 '한자어'를 다음과 같이 규정하고 있다.

> 한자어 漢字語
>
> 한자(漢字)로 이루어진 말. 한자어(漢字語)는 차용어의 구분에 따르면 중국어를 기원으로 하는 귀화어를 말한다.[179]

한자어를 차용어의 구분에 따른다고 했는데 현재 사용되고 있는 한자어 중에는 중국어를 기원으로 하지 않는 것들이 대단히 많다. 그러므로 위의 설명은 '한자어'의 범위를 충분히 나타내고 있다고

---

178) 예를 들어 '伯牙絶絃'를 해석하면 '백아가 (거문고)줄을 끊었다.'로 된다. 이는 아무 문제도 없는 주어+서술어+목적어로 이루어진 한문 문장이다. 그러나 우리말에서 '그 친구가 가다니 백아절현일세.'라고 쓰면 이는 분명히 우리말의 어휘로 사용된 것이다. 그러므로 한문과와 국어과가 서로 다른 범주 안에 넣는 것은 교과의 특성상 당연한 일일 수도 있겠지만, 한문과에서 성어가 한자어에 포함된다는 것은 무리이다.

179) 서울대학교 국어교육연구소, 『국어교육학사전』(서울 : 대교출판, 1999).

할 수 없다. 이에 대하여 정민영은 다음과 같이 '한자어'를 설명하고 있다.

> 한자어란 '한자 형태소를 바탕으로 하여 생성된 어휘로서, 한자로 표기할 수 있으며 한국 한자음으로 발음되는 모든 국어 어휘'를 말한 것이다. 곧 한자어는 그 기원적 계보가 무엇이든 간에 국어에서 한자로 기록할 수 있는 모든 낱말을 지칭하는 말이다.180)

여기서 '한자어'라는 개념은 '한문'이라는 교과와는 상관없이 국어 어휘로서의 기능만을 말하고 있다는 것을 알 수 있다. 위에서 지적한 바의 '그 기원적 계보가 무엇이든'이라는 말이 가지는 범위는 '국어' 안에서의 논의라는 것을 분명히 한 것이다. 이에 대한 설명은 노명희에게서 찾을 수 있다. 그는 자립성이 있는 2음절 이상의 어기에 결합하여 접사적인 성격을 지닌 모든 한자에 대해 '접사성 한자어'라는 용어를 사용하겠다고 하면서 다음과 같은 설명하였다.

> '한자어'는 일반적으로 단어를 의미하지만 본고에서는 '접사성 한자'보다 '접사성 한자어'라는 용어를 쓰기로 한다. 왜냐하면 '한자'는 일반적으로 문자를 의미하며, 한문적인 쓰임에 근거를 둔 용어로 생각되기 때문이다. 본고는 접사성 한자어를 국어 단어의 한 구성 성분으로 설명하려는 입장이기 때문에 '한자어'라는 용어를 쓰려고 한다. '고유어 접사'에 대해 '한자어 접사'라는 용어를 쓸 수 있는 것과 마찬가지로 '접사성 한자어'라는 용어가 가능해 보인다.181)

여기서 '한자'가 '한문적인 쓰임에 근거를 둔 용어'라고 한 것은 우리말을 구성하는 데 한자가 쓰이지 않는다는 것을 지적한 말이

180) 鄭旼泳, "國語 漢字語의 單語 形成 硏究," 忠北大學校 大學院 博士學位論文, 1994, 3쪽.

181) 노명희, "현대 국어 한자어의 단어구조 연구," 서울대학교 대학원 박사학위 논문, 1998, 7쪽.

다. 말하자면 우리말에는 고유어, 한자어, 외래어는 있어도 '한자'는 없다는 것이다. 그러므로 1음절의 한자도 '한자어'라고 명명할 수 있다는 것이다. 또 '접사성 한자어'라는 말은 그의 표현을 빌면 3음절 한자어의 구조를 편의상 'A+BC, BC+D'로 분석한다면 A, D에 해당하는 모든 한자어를 말한다는 것이다. 이 경우 한 글자인 A, D가 한문과에서 한자어가 될 수 없는 것은 당연하다. 왜냐하면 한문과에서 한 글자의 한자는 '한자'에 속하지 '한자어'가 아니기 때문이다. 이러한 진술은 국어과의 '한자어'의 개념이 한문과 교육과정 대영역 용어로서의 '한자어'의 개념과 전혀 다르다는 것을 보여주는 예이다.

정민영은 국어에서 사용되고 있는 한자어에 대하여 다음과 같은 분류를 하고 있다.

> 한자어의 기원
> 1) 중국을 통해 수입된 한자어
> ① 사서삼경을 비롯하여 『孝經』 『禮記』 『春秋左氏傳』 『尙書』 『毛詩』 『文選』 등 중국의 전통적 고전에서 온 문어적 접촉에 의한 한자어
> ② 중국의 서적을 통해 들어 온 것은 사실이나 원래부터 중국에서 자생된 것이 아닌 불교 한자어
> ③ 교역이나 경제적 접촉을 비롯한 중국과의 구어적 접촉에 의하여 유입된 중국어계 한자어
> 2) 일본의 한반도 강점 시 유입된 일본 한자어
> ① 전통적 우리 한자어와 대체된 일본 한자어
> ② 전통적 우리 한자어로 오인하고 있는 일본 한자어
> 3) 우리나라 사람들이 독자적으로 만든 한자어[182)]

위의 언급에서 일본식 한자어는 일제 강점 시에 일본의 한자어가

182) 鄭旼泳, "國語 漢字語의 單語 形成 硏究," 忠北大學校 大學院 博士學位論文, 1994, 12~13쪽.

유입된 것으로 설명하고 있다. 그러나 이에 대하여 최경옥은 다른 견해를 밝히고 있다.

> 개화기 한국에는 서양 문물과 함께 새로운 개념을 담은 서구어가 소개되었고 이들 서구어는 주로 한자를 이용하여 번역, 표기되었다. 그러나 이러한 방법은 같은 한자 문화권에 속하는 일본이나 중국에서 시도되고 있던 방법이었고, 한국보다 먼저 개방된 이들 나라에서는 이미 많은 서구어를 한자어로 번역, 생산한 상태였다. 이러한 상황에서 한국은 서구어를 새로 만들어내기보다는 개화기 일본이나 중국에서 만들어 놓은 한자어를 수입하여 사용하려는 경향이 강하였다. 현재까지 연구에서 개화기 한국에서 수용된 이들 한자어가 다량으로 그것도 직접적으로 수용되었다고 보는 것은 1890년대 전후이며, 이들 개화기 한자어의 수용에는 개화기 지식인들이 많은 역할을 담당하고 있었다.[183)]

정민영과 최경옥의 논의를 종합하면 우리나라에서 쓰이고 있는 한자어는 모두 중국에서 온 것이 아니라 고전에 의한 것과 서양의 문물이 들어오면서 중국이나 일본에서 번역된 한자어와 우리나라에서 만들어진 한자어가 있다는 것으로 요약할 수 있다. 그러므로 한자어의 기원은 단순치 않다. 이렇게 형성된 한자어가 국어에서는 국어 어휘의 절반 이상을 차지하며 활용되면서, 한문 문법의 내용을 그대로 간직한 상태라는 것이 문제라면 문제일 수 있다. 정민영은 이에 대하여 다음과 같이 설명하고 있다.

> 한자어가 국어의 어휘 체계에서 다양하고 중요한 역할을 수행하고 있음은 주지의 사실이지만, 어디까지나 고유어의 보조적 수단임이 분명하다. 그리고 국어의 한자 형태소는 대부분 중국어의 속성을 그대

---

183) 최경옥, 『한국개화기 근대 외래한자어의 수용연구』(서울 : 제이앤씨, 2003), 머리말.

로 유지하면서 국어 어휘 속에서 여러 가지 기능을 수행하기 때문에 어떤 규칙이 일률적으로 적용되지 않는 난점이 있기도 하다.[184]

여기서 중국어의 속성을 그대로 유지하고 있다는 것은 고대 중국어의 문법 즉 한문 문법적 성질을 말하는 것이다. 그러므로 이것은 2음절 이상의 어휘 내에서 한자끼리의 관계에 대한 언급으로 볼 수 있다.

국어에서 쓰이고 있는 모든 한자 한 글자 한 글자가 그대로 단어가 되는 것은 아니다. 국어의 한자 형태소들은 대부분 의존 형식이기 때문에 복합이나 파생에 의하여 단어의 자격을 갖게 된다. 그러므로 국어 한자어는 한자 형태소 간의 일차적 결합 형태인 2음절어가 대종을 이루게 된다. 이러한 현상은 한자의 본산인 중국어에서도 마찬가지이다.[185]

정민영은 이러한 주장을 바탕으로 2음절어 이상의 한자어에 대하여 '한자 합성어'라는 명칭을 쓰고 있다. 그러나 국어과의 학교문법의 설명을 참고하면, 단어에는 단일어와 복합어가 있으며, 복합어는 다시 합성어와 파생어로 나누고 있다. 그러므로 단어의 규정으로 볼 때 합성어는 복합어의 아래의 층위에 있으며 따라서 합성어와 파생어를 아우르는 개념을 가져오자면 '한자 복합어(또는 복합어)'를 사용해야 할 것으로 보인다.

다. 한자어 개념 규정 및 대안

한문과에서는 1음절의 한자는 한자 영역으로, 2음절 이상의 어휘는 한자어로 보고 있을 뿐만 아니라 성어도 또한 한자어로 보고

184) 정민영, 위의 논문, 2쪽.
185) 정민영, 위의 논문, 31쪽.

있는 것으로 확인되었다. 다시 말해 2음절 이상의 한자어는 한문과의 개념이며, 낱글자와 2음절 이상의 복합어 그리고 성어를 한자어로 보는 것은 국어과의 관점이라는 것을 알 수 있었다. 또한 국어에서는 한자어의 생성원리에 관심을 가지며 국어 안에서 한자로 표기될 수 있는 모든 내용을 한자어로 규정하고 있다.[186]

이는 국어에 쓰이는 한자어의 어휘가 어떻게 국어에 편입되었는가와 그 어휘들이 국어의 내부에서 어떻게 기능하는가에 대한 관심이라고 할 수 있다. 이 용어는 앞에서 살펴본 바와 같이 교육과정 내용 체계에서 '한자'와 '한자어' 그리고 '한문'이라는 대영역의 중복이라는 상황을 연출하였다. 그러므로 한문과에서는 차후로 '한자어'라는 용어에 대한 접근은 신중을 기하지 않으면 안 될 것이다.

다음의 그림은 이상의 논의를 바탕으로 한 것이다.

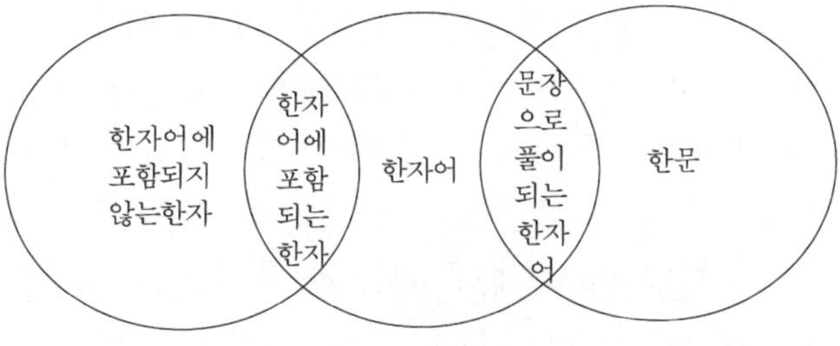

〈그림6〉 한자 · 한자어 · 한문의 상관관계도

따라서 한문과에서 한자어로 포괄되던 '한자 · 한자어 · 성어'의

186) 우리말은 고유어, 한자어, 외래어로 이루어져 있다고 한다. 여기서 '한자어'는 반드시 한자로 표기되어야 하는 것은 아니다. 가령 '컴퓨터로 그 그림을 완성하였다.'라는 문장이 있을 때 모두 한글로 쓰여 있지만 '컴퓨터'는 외래어이며, '완성'은 한자로 쓰이지 않았지만 국어과에서는 '한자어'로 인정하는 것이다. 그러나 한문과에서는 한글로 쓰인 것은 다루지 않는다. 언어생활에 쓰이는 한자어의 경우도 '한자(漢字)'로 치환된 상태에서 다루지 한글로만 쓰인 것은 다루지 않는다. 이런 점에서도 '한자어'의 용어 개념은 국어과와 한문과가 현저한 차이를 보이고 있다.

문제에 대하여 '한자'는 그대로 '한자'로, '한자어'는 '복합어(또는 한자 복합어)'로, 성어는 '성어187)'라는 용어로 사용할 것을 제안한다. 물론 중국에서는 2음절 이상의 어휘를 '複音詞'라는 말로 규정하고 있지만, 이 용어는 의미의 측면보다는 발음에 근거를 두고 있으므로 의미의 합성이라는 측면에 다소 적합하지 않으며, 국어사용의 국내 상황에서 생소한 외국의 용어보다는 현재 쓰이고 있는 우리의 용어를 쓰는 것이 타당하다고 여겨진다.

3. 학교 급별 학습 내용의 수준

한문교육용 기초한자 1,800자를 기준으로 편찬되고 있는 중·고등학교 한문 교과서는 한문교육에 상당한 부담으로 작용하고 있다. 중·고교용 900자에서 1자만 누락되어도 그 교과서는 검정에서 탈락하며 예외도 100자까지 인정하고 있어 문장을 주로 다루고 있는 고교 한문 교과서는 지문의 선택과 운영에서 심각한 문제를 露呈하고 있다.

교과서를 구성하는 과정에서 고려해야 하는 것은 900자 이외에도 교육과정에 합당한 내용이어야 하며, 또한 이는 바람직한 한문과 교육을 지향하는 것이어야 한다. 이는 학습자의 발달과정과 기초지식의 유무, 또한 방대한 한문이라는 바다에서 건져낸 핵심요소를 전달하는 매체로서의 가치를 배려하고 있는가에 대하여도 논의

---

187) 성어(成語)에는 '성어(成語)', '한자성어(漢字成語)', '사자성어(四字成語)', '고사성어(故事成語)' 등이 있다. 여기서 '성어'와 '한자성어'는 '2자 이상의 모든 성어'를 가리키며, '사자성어'는 '4음절로 된 성어'를 따로 가리키며, '고사성어'는 '역사적 유래나 전설이 깃들어 있는 성어'를 말한다. 이들은 국어에서는 '어휘'이지만, 한문과에서는 어휘적 성격의 성어와 문장으로 된 성어가 망라되어 있어 한 마디로 성어의 성격을 규정하기에는 어려움이 있다. 그러므로 성어라는 명칭으로 '어휘'에 포함시키는 것은 많은 무리가 따른다고 할 수 있다.

될 소지를 가진다.

그러한 수많은 요소 중에서 이 장에서 주목하는 것은 중학교와 관련한 고등학교 교과서의 내용 및 수준문제이다. 현재 제7차 교육과정을 위한 고등학교 한문 교과서는 10종이 발간되어 있으며, 한문고전 교과서는 1종이 출간되어 있다.[188] 과거의 교과서에 비하여 다양한 내용과 전개방식으로 상당히 나아진 것은 사실이지만 이른바 내용 수준의 계열화[189]가 이루어지지 않은 상황에서 고등학

188) '한문' 교과서 10종은 다음과 같다(출판사명의 가나다순). '한문고전'은 '금성출판사'에서 출간된 1종뿐이다. 이 내용 역시 '한문'교과서와의 관계성에 대하여 연구해야할 내용이 많으나 여기서는 따로 다루지 않는다.

기호	출판사	저자명	대단원수	소단원수	비고
A	교학사	김경수 · 김성룡 · 김봉숙 · 김평호	12	29	※대단원Ⅰ-한문의 기초
B	금성출판사	최상익 · 이병혁 · 허남욱 · 이영우	10	40	
C	대학서림	신표섭 · 이병주 · 이윤찬 · 강경모 · 백광호 · 허시봉 · 류기영 · 이태희	10	26	입문 -Ⅰ,Ⅱ(2) 기초 -Ⅰ(2), Ⅱ(2)
D	대한교과서	안재철 · 원용석 · 김동규	11	39	한문의 이해
E	두산	이명학 · 장호성 · 현상곤 · 임완혁	10	39	
F	정진출판사	이수철 · 곽치영	11	38	한문의 기초
G	중앙교육연구소	김상홍 · 최창구 · 이강렬 · 원창희	13	40	※대단원Ⅰ -한문학습의 이해
H	지학사	박갑수 · 이상진 · 최상근	11	37	
I	천재교육	이희목 · 진재교 · 최돈욱 · 신영주	13	40	※대단원Ⅰ -한문을 배우며(2)
J	청색	유성준 · 김동환 · 유형구	12	35	

189) '내용 수준의 계열화'라는 것은 중 · 고등학교에 적절한 내용을 위계성과 연계성을 고려하여 내용을 선정하고 필수화 · 선택화하는 작업을 말한다. 이렇게 하기 위해서는 발달 이론에 비추어 내용을 적절하게 선정하여 특정 시기에 배워야 하는 내용을 일반화하여야 한다. 이로 인하여 다시 획일화의 문제가 제기될 수도 있지만, 각 단계에서 학습 가능한 내용들을 추려서 자료를 분석하고 누적해 나간다면 교과서 검정에서 1,800자 이외에는 어떤 준거도 없는 상황을 해결할 수 있을 것이다.

교 교과서 900자를 수용하기 위한 노력으로 만들어지고 있는 교과서는 상당한 한계를 가질 수밖에 없다.

가. 교과서와 계열화

우리나라의 교과서는 교육법과 '교과용 도서에 관한 규정'에 따라 편찬하여 공급된다. 초・중등교육법 제29조 ①항에 "學校에서는 國家가 著作權을 가지고 있거나 教育人的資源部長官이 檢定 또는 인정한 教科用圖書를 사용하여야 한다.(改定 2001.1.29)"[190]고 규정되어 있다.

'교과용 도서에 관한 규정' 제2조에는 용어들이 다음과 같이 정의하고 있다.

> 제2조(정의) 이 영에서 사용하는 용어의 정의는 다음과 같다.
> 1. "교과용도서"라 함은 교과서 및 지도서를 말한다.
> 2. "교과서"라 함은 학교에서 학생들의 교육을 위하여 사용되는 학생용의 서책・음반・영상 및 전자저작물 등을 말한다.
> 3. "지도서"라 함은 학교에서 학생들의 교육을 위하여 사용되는 교사용의 서책・음반・영상 및 전자저작물 등을 말한다.
> 4. "국정도서"라 함은 교육인적자원부가 저작권을 가진 교과용도서를 말한다.
> 5. "검정도서"라 함은 교육인적자원부의 검정을 받은 교과용도서를 말한다.
> 6. "인정도서"라 함은 국정도서・검정도서가 없는 경우 이를 사용하기 곤란하거나 보충할 필요가 있는 경우에 사용하기 위하여 교육인적자원부장관의 인정을 받은 교과용도서를 말한다.[191]

---

190) 교육법전편찬회 편,『교육법전』(서울 : 교학사, 2006), 23쪽.
191) 앞의 책, 971쪽.

위의 교육법에 의하면 학교 현장에서 사용되는 주된 교과용도서는 교과서와 지도서가 있으며, 교과서는 다시 '국정도서 · 검정도서 · 인정도서'로 나뉘는 것을 알 수 있다.

한문 교과서는 '검정도서'이다. 그러므로 교과용도서로서 학교교육에서 한문교육의 기본이 되는 것이며, 한문과에 대한 표준 저작물이다.[192] 그리고 교수 · 학습의 과정에서 중심 역할을 하는 도서라고 할 수 있다. 따라서 교과서는 일반적인 책들과는 구별되며 교육을 촉진하기 위하여 발행되는 것이니 만큼 공인된 지식 체계를 내용으로 하여 학습의 효과를 높이기 위해 교육과정을 수행할 수 있도록 최선을 다해 조직한 것이라고 볼 수 있다.

한문 교과서는 한문에 관련된 보편적인 내용을 담고 있어야 한다. 여기서 '보편적'이라는 용어를 설명하기 위해서 교과서가 가지는 속성에 대하여 먼저 살펴볼 필요를 느낀다. 교과서는 다른 책과는 다른 순기능과 역기능을 가지고 있으며 이에 대한 배려를 한다면 표준적이고 보편적인 내용에 대한 각론이 성립할 수 있을 것이다. 『국어 교육학 사전』에서는 교과서의 순기능에 대하여 다음과 같은 언급을 하고 있다.

> 첫째, 교과서는 다른 자료를 이용할 때보다 비용과 시간이 적게 든다(경제성). 둘째, 교과서는 학생들이 자신의 능력에 맞추어 나아가게 하고 필요할 때 자주 되풀이하는 것을 가능하게 한다(교수의 개별화). 셋째, 교과서는 일련의 읽기 자료, 해야 할 활동, 해결해야 할 문제 등을 제공함으로써 교실의 수업을 조직하고 통일하는 것을 도와준다(교수의 조직). 넷째, 교과서는 학생들이 어떻게 공부하고, 어떻게 읽으며, 어떻게 증거를 다루고, 어떻게 문제를 해결

---

192) 물론 교육법에는 서적뿐만 아니라 학생들의 교육을 위해서 사용되는 음반 · 영상 및 전자저작물 등이 모두 포함되지만 여기서는 서적만을 논의하기로 한다.

해 나갈 것인가 하는 등의 여러 문제에 실질적인 기여를 한다.(개별 지도 활동에의 기여). 다섯째, 교과서는 교사의 수업 기술을 개선하는 데 유용한 수단이 된다(수업 실제의 개선)193)

위와 같은 순기능을 충족할 수 있으면 그 교과서는 제대로 된 교과서라고 할 수 있다는 것이다. 다시 말해 경제성·교수의 개별화·교수의 조직·개별지도 활동에의 기여·수업 실제의 개선 등을 이룰 수 있는 교과서가 좋은 교과서라는 것이다. 계속해서 『국어 교육학 사전』에서는 교과서의 역기능에 대해서도 다음과 같이 설명하고 있다.

> 첫째, 교과서는 혁신적 발달을 반영할 정도로 독창적이거나 역동적이지 못하다. 둘째, 교과서에의 지나친 의존이 학생들의 창조적 발달을 방해한다. 셋째, 교과서의 내용은 피상적 수준을 넘지 못한다. 넷째, 교과서는 일반성을 지향하므로 지역 및 학교 간의 차이를 고려할 수 없다. 다섯째, 교과서는 너무 빨리 시대에 뒤떨어지며, 시대의 유산이므로 교육과정에 반동적인 영향을 미치고 있다.194)

교과서는 시대에 뒤떨어지기 쉬우며, 학교간의 차이를 고려할 수 없으며, 피상적 수준을 넘지 못하며 학생들의 창조적 발달을 방해하며 독창적이거나 역동적이지 못하다는 것이 그 역기능으로 지적되었다. 여기에 2종 교과서는 특히 저자의 편견이나 아집 혹은 독선까지도 반영이 될 가능성이 있을 뿐만 아니라 질이 낮은 내용을 품거나 혹은 아예 질이 낮은 교과서가 출간될 가능성도 배제할 수 없다.

그렇다면 한문 교과서의 표준적이고 보편적인 내용을 확보하기

193) 『국어교육학 사전』, 72~73쪽.
194) 『국어교육학 사전』, 73쪽.

위해서는 우선 교육과정을 충족할 수 있는 교과서인가를 판단해야 하고, 그 내용과 수준이 적절한가를 살펴보아야 할 것이다. 이에 대하여 안재철은 이러한 교과서를 제작하는 데 대한 어려움을 다음과 같이 지적하였다.

> 교육과정의 목표와 내용이 담긴 교과서가 제작되려면, 다음과 같은 문제점들을 보완 해결하여야 한다.
> 1) 교재로 선정되는 본문 내용 문장들의 난이도에 대한 기준이 세워져야 한다.
> 2) 여러 가지 관점에서 교과서 교재로 채택할만한 수준이 아닌 것들이 선정된 예가 있다.
> 3) 교과서의 편찬과 개편에 주어지는 기간이 너무 짧다.195)

여기서 안재철이 제기한 것도 앞의 내용과 다르지 않다. 결국 계열화의 문제가 제기되고 있으며, 또한 2종 교과서가 가지는 문제가 드러난 일이 있으므로 다시 재고되어야 한다는 것이며, 교과서의 순기능을 향상시키고 역기능을 상쇄하기 위해서는 교과서 제작에 충분한 시간이 주어져야 한다는 것이다. 송병렬도 이에 관련하여 다음과 같은 어려움을 토로하였다.

> 한문 교과는 언어생활을 원활히 하는 것을 목표로 삼았다고 하지만, 한자 수의 제한과 교과서 구성 체제의 원칙에 갇혀서 현실적으로 사용되고 있는 신문이나 서적 및 인쇄물 등에 나오는 한자마저 소화해내지 못하는 경우가 많다. 즉, 교육과정이 요구하는 한문 교과서의 구성과 내용의 원칙은 현행 한문 교과서의 다양한 구성을 제한하고 있다.196)

---

195) 安載澈, "第6次 敎育課程에 따른 高等學校 漢文敎科書의 〈漢字・漢字語〉 領域 單元 分析," 『漢文敎育硏究』 16號(서울 : 韓國漢文敎育學會, 2001), 93쪽.

결국 문제를 해결하는 핵심은 내용의 수준 문제이다. 그러나 한문 교과서에 대한 내용의 수준 문제는 아직도 그 길이 확연하게 드러나고 있지 않다. 과거에 이 문제가 간단치 않았던 것은 수많은 제약과 더불어 교육학에 대한 접근 자체가 그다지 심도 있게 진행되지 않았다는 것과 한문과 교육이라는 것이 한문을 교육하면 되는 것으로 여겨 한문교육학의 중요성에 대하여 크게 인식하지 못했다는 한계가 만들어낸 것이라고도 할 수 있다. 그러나 현재는 위상과 체제 자체가 흔들리면서(중학교에서 전혀 배우지 않을 수 있는 등) 고교에서도 중학교의 내용을 포함해야 한다는 생각마저도 해야 하는 상황에 이르렀으므로 내용의 수준 문제는 더 복잡한 양상을 띠게 되었다.

현행의 문제는 그렇다고 하더라도 한문과 교육 내용의 수준은 중요한 문제이다. 한자는 1,800자의 틀이 있으므로 그 외 한문과의 영역에서 다룰 모든 내용을 꾸준히 발굴하여야 한다. 그것이 중학교에 적절한 것인지 또는 중학교는 몇 학년에서 교육하는 것이 적절한 것인지를 분류해 나가야 할 것이다. 이는 선별자의 주관적인 요소가 강하게 작용하고 교과서가 획일적으로 제작될 가능성도 없지 않지만 실제로는 한문과 교육 내용의 자료를 축적하고 다양한 자료를 통하여 제작의 시간을 줄이고 다양한 교수·학습을 구안할 수 있게 함으로써 더욱 충실한 교과서가 만들어질 토대를 구축하는 것이다.

나. 제7차 교육과정 고등학교 교과서의 내용과 수준

한문 교과서는 한문 교과서다워야 한다. 이것은 고등학교에서 중학교 수준에 알맞은 내용을 담고 있다든지 혹은 대학의 수준에서 교수·학습이 가능한 내용을 품고 있는 것에 대한 우려의 표현이다. 현재 고등학교 한문 교과서는 거의 대부분이 쉬운 성어로부터 문장으로 발전하여 보다 긴 문장과 그 사이 한시를 삽입하는 내용

---

196) 송병렬, 『새로운 한문 교육의 지평』(서울 : 문자향, 2002), 69쪽.

으로 구성되어 있으며, 산문도 일반적인 일화, 고사, 그리고 역사·사회·경제·문화적인 내용과 경서 및 제자백가 그리고 문학적인 글까지 고루 갖추고 있어 그 자체로는 현재의 교육과정 내용상 큰 문제를 가지고 있다고 보이지는 않는다.

그러나 아주 문제가 없는 것도 아니어서 중학교에서 배워야할 내용을 기초단원으로 설정하는 것에는 다소 차이를 보이고 있으며, 또한 언어생활에서 쓰이고 있는 한자어 및 성어의 단원 개설에 대하여는 개설한 교과서와 개설하지 않은 교과서가 있어 작은 쟁점을 야기하고 있다. 그리고 중학교와 중복을 보이는 어휘와 문장들이 눈에 뜨이고 있어 이를 새로 조명할 필요를 느낀다.

현재 고등학교 '한문'교과서는 10종이 출간되어 있다. 정책적으로 제6차 교육과정 이후로 우리나라의 모든 교과의 교과서는 하나의 자료일 뿐이지만, 한문 교과서의 경우 한문교육용 기초한자 1,800 자와 국가 수준 혹은 시도교육청 수준의 교육과정을 충족하기 위해서 교과서에 의존하는 것은 어쩔 수 없는 일이라고 할 수 있다.

이 점을 전제하면 중학교에서 1~2년간만 한문을 지도하는 경우에 도저히 900자를 교수·학습할 수가 없어서 교사가 부득불 재구성을 해야 한다.

그러나 이러한 재구성은 교사의 능력이나 자질에 따라 차이는 있겠지만 결국 교과서에 의지하지 않을 수 없다. 더구나 '고등학교 한문' 교과서가 10종이나 나와 있는 상황에서 교사가 스스로 교재를 재구성하여 교수·학습을 진행하는 것은 오히려 임의적이고 파행적인 한문과 교육이 될 가능성이 크다고 할 수 있다.

그러므로 현재 출간되어 있는 한문 교과서를 살펴보는 것은 현재 제7차 교육과정에서 한문과 교육이 적절히 이루어지고 있는지에 대한 하나의 시각으로 작용할 수 있을 것이다.

고등학교 '漢文' 교과서는 고등학교 학습자를 제7차 교육과정의 목표에 도달시키기 위한 주된 교재이다. 그러므로 교과서가 담아야 하는 것은 목표에 근거한 내용 체계와 내용의 모든 것을 포함하며 교수·학습과 평가에 관한 것도 면밀히 고려되어야 함은 물론이다.

1) 한문의 기초

가) 기초 단원 설정

중학교에서 온전하게 한문 교과를 이수하기 어려운 여건으로 인하여 전혀 한문을 배우지 않은 학생이 고등학교에 진학하고 있다. 그러므로 고등학교에서는 중학교 900자를 전제한 상황에서 한문 학습에 임해야 한다.

이는 한문 전반에 대한 지식이 없는 상태이므로 문장 전체가 신습 한자일 뿐만 아니라, 어려워진 문법 그리고 동양학의 제 분야를 접해야 한다는 것을 의미한다.

이는 중학교에서 한문을 배운 학생과 출발점에서부터 불균형적인 교수·학습이 이루어지게 되는 문제를 야기한다. 이 문제의 해결에 대하여 학교 현장에서는 사실상 어떤 배려도 힘든 상황이다.197)

그럼에도 불구하고 여러 중학교에서 모인 학생들이 하나의 학교 집단에서 학습하기 위해서는 기본적인 지식과 내용을 공유해야 하는 상황을 만들 필요가 있다.

이를 위하여 교과서 저자들은 '한문의 기초' 혹은 '한문의 이해' 등등의 이름으로 교과서 앞부분에 초보적인 한문의 지식들과 한문 교육의 필요성 등을 제시하고 있다. 이 부분을 교수·학습 할 것인가 말 것인가 하는 문제는 전적으로 고등학교 현장 한문 교사의 몫

197) 교육부에서는 이를 특별 보충학습을 통하여 해결하라고 하고 있지만 한문을 이수하지 않은 학습자만 골라서 특별보충학습을 실시하는 학교는 없다. 그리고 이는 중학교용 900자라는 방대한 양이어서 단기간에 해결될 일도 아닌 만큼 현실적으로는 불가능한 상태이다.

이다. '한문 학습의 기초'를 설정한 제7차 교육과정의 교과서는 다음과 같다.

〈표 Ⅳ-4〉 제7차 고등학교 교과서의 기초단원 설정 상황

출판사명	대단원	소단원 수	내용	특징
A	I. 한문의 기초	5	一. 우리는 왜 漢文을 배우는가	가치와 필요성
			二. 漢字의 기원과 발전 과정	탄생과 발전과정
			三. 漢子의 구성 요소와 구성 원리	삼요소와 六書
			四. 漢字 찾기와 쓰기	자전찾기와 쓰기
			五. 漢字語로부터 漢文으로	짜임과 구조
C	제1부 입문편	2	Ⅰ. '한문'을 꼭 배워야 하나요?	필요성
			Ⅱ. 한자와 한문의 역사	
			1. 한자와 한문의 시작	탄생과 발전과정
			2. 한문과 우리 문화	우리 문화와의 관계
D	※별도 구성		한문의 이해	필요성, 기원과 발전, 우리글과의 관계
F	I. 한문의 기초	3	一. 한자의 필요성	필요성
			二. 한자의 이해	기원, 육서
			三. 한자어의 구조	한자어의 구조
G	I. 한문 학습의 이해	2	1. 한자의 짜임	삼요소, 육서, 필순
			2. 한자어의 짜임	한자어의 짜임
I	I. 한문을 배우며	2	1. 한자의 발생	육서
			2. 한문의 구성	구조 및 문형

위의 표를 살펴보면 본문의 대단원을 설정하여 소단원 학습을 통하여 정상적인 교수·학습을 하도록 설계한 교과서가 5종이며, 본문과는 따로 기초편을 편성한 것이 1종 그리고 그러한 기초과정을 설정하지 않은 것이 4종이다. 그러나 대략 육서와 한자어의 짜임, 그리고 한문의 구조 등은 모든 교과서에서 다루고 있는 것으로 위와 같은 단원을 설정하지 않았다고 하더라도 그 내용이 없는 것은 아니

다. 다만 한문교육이나 한문학습의 필요성 그리고 한자의 발전과정, 우리나라에 전래된 일과 그 이후 우리와의 관계성 등은 4종의 교과서에서 설정하고 있다. 설정하지 않은 것이 설정한 것보다 못하다는 것은 아니지만 점점 더 낯설어하고 어려워하는 한자・한문에 대하여 적어도 학기 초의 1~2시간 정도는 그것이 왜 필요하며 왜 하지 않으면 안 되는지에 대한 논리적인 근거를 가지고 학습자를 설득하고, 동의를 구하며 기초적인 내용을 학습하는 과정을 배려하는 것은 매우 적절한 일이라고 할 수 있다. 그러므로 중학교에서 전혀 배우지 않은 학습자들에게 고등학교에서 생소한 내용과 난이도 높은 교과서를 제시하는 것보다는 기초단원을 설정하여 교수・학습하는 것이 이후의 학습에 효과적인 스키마를 제공하는 일일 것이다.

나) 한문교육용 기초한자 중학교용 900자의 문제

한문 교과서를 구성할 때 절대로 빠뜨려서는 안 되는 것이 한문교육용 기초한자 1,800자이다. 단 한글자라도 빠지게 되면 그 교과서는 어휘 검색과정에서 탈락하고 만다. 다시 말해 한문 교육을 받는다는 것은 어떤 면에서는 한문교육용 1,800자를 익히는 것이라고 말할 수도 있다는 것이다. 더욱이 중학교에서 900자를 배우고 고등학교에서 900자를 배우도록 되어 있어 중학교 한자는 비교적 쉽고 고등학교 한자는 비교적 어렵다고 할 수 있을 것이다. 그러므로 고등학교에 입학한 학습자가 중학교에서 전혀 한문을 배우지 않았다고 한다면 한문 시간은 낯선 외국에 홀로 떨어진 것과 같은 상황을 맞이하게 될 것이다. 그러므로 앞에서 제시한 기초한문 단원을 설정함은 물론 중학교용 900자를 고등학교 교재에서도 염두에 두어야 할 것이다. 그리고 비교적 교과서의 앞에 위치한 단원들은 비교적 중학교용 한자를 많이 포함하며 내용 또한 쉬운 것으로 선별하여 생소한 내용을 학습하는 학습자들의 손을 잡아주는 역할을 담당해야 할 것이다. 그러나 이러한 내용으로 인하여 새로운 규정을 추가한다면 가뜩이나 어려운 상황에 처해있는 교과서 구성의 작업이 더욱 혼란스러워질 가능성이 크다. 가뜩이나 한문 교과서 구성의 난맥상이 확연한데 여기서 또 하나의 문제를 추가하는 어려움이 필자에게 있다.

2) 생활 한자어

10개 교과서의 본문 중에서 故事成語를 제외한 한자 성어를 제시하고 있는 것은 다음과 같다. 본문에서 활용되지 못한 900자 중의 나머지 漢字가 보충학습 등에서 활용되는 것은 다루지 않았다. 왜냐하면 이는 900자라는 의미에서는 소홀히 할 수 없는 것이지만, 현장 학교에서의 교수·학습이 본문을 중심으로 이루어진다는 것을 고려하면 그 중요성이 본문과 같을 수는 없기 때문이다.

〈표 Ⅳ-5〉 제7차 교과서의 생활한자어 단원 및 한자어

출판 사명	전체 소단 원수	소단 원수	소단원 및 내용 ( )안은 함께 실려 있는 내용
B	40	6	1. 恭敬 謙讓 勤勉 素朴 無窮花 太極旗 忍耐心 創意力 歷史悠久 倍達民族 弘益人間 2. 秩序 維持 憲法 遵守 租稅負擔 公正分配 勞使團合 合議導出 贊成投票 相互尊重 3. 經營 管理 投資 販賣 中小企業 資金支援 經濟基盤 施設擴充 技術革新 附加價值 4. 挑戰 克服 國際化 多樣化 言語障壁 通商壓力 貿易逆調 信賴回復 統一祖國 文化暢達 人類共榮 5. 華麗江山 清淨水域 環境保存 汚染防止 國民健康 專門病院 各種疾患 豫防接種 (仁者樂山 知者樂水) 6. 素質啓發 心身鍊磨 趣味活動 進路選擇 五輪競技 國威宣揚 (錦衣還鄕) 一家和睦(欲勝人者 必先自勝)
D	39	2	1. 個人 生命尊重 挑戰情神 能力培養 社會 信賴構築 制度改革 社會保障 國家 文化暢達 祖國統一 民族繁榮 國際交流擴大 人類共榮 世界平和 2. 科學 腦波通信 臟器移植 假想體驗 技術 尖端技術 海洋開發 宇宙探查 經濟 需要供給 高度成長 經濟原則 環境自然保護 汚染防止 快適環境

G	40	2	1. 天地人 天文 地理 人事 太極旗 韓半島 無窮花 日月星辰 山川草木 詩書禮樂 2. 智仁勇 好學 寬容 廉恥 (道問學 尊德性 日日新 溫故知新 知行一致 克己復禮)
H	37	2	1. 祖國 大韓民國 歷史悠久 錦繡江山 民族 白衣民族 倍達民族 文化民族 統一 信賴回復 相互尊重 平和統一 2. 庶政刷新 資源節減 環境保護 大衆媒體 基礎秩序確立 海外市場開拓 開發制限區域 文化遺産踏査
J	35	3	1. 家族 構成 趣味 演劇 映畫 鑑賞 特技 活動 經驗 初等學校 圖書貸與店 2. 家訓 和睦 刊行 親戚 韓服 丹粧 古稀宴 慶弔事 取材記者 3. 學校紹介 進學情報 學事日程 公知事項 模擬考査 揭示板 自由寄稿 資料室

위의 표에서 보는 바와 같이 10종 교과서 중에서 한자어 및 한자성어를 다룬 것은 5종이며 대부분 2~3단원을 배정하고 있는데 반하여 B는 유독 많은 6단원을 배치하고 있다.

또한 J는 3단원을 배정하고 있는데 그 내용이 상이하다. 다른 교과서의 경우는 대개 국가, 경제, 사회, 문화, 환경, 과학 등을 싣고 있는 것에 반하여 J는 일상생활의 주변에 있는 것들을 제재로 하고 있어서 다소 차별을 보이고 있으나 본격적인 한문이 아니라는 성격에 있어서는 대동소이하다고 할 수 있다.

다른 5종의 교과서는 처음부터 고사성어·속담·격언으로부터 시작하여 이러한 내용을 보충학습 활용란이 아니면 전혀 싣고 있지 않다.

이는 제6차 교육과정에서 제7차로 넘어오는 과정에서의 교과서 양상에 변화가 있었다는 것을 의미한다.

다음은 제6차 교육과정의 '한문 I'에 드러난 생활한자어를 표로 구성한 것이다.

〈표Ⅳ-6〉 제6차 교과서의 생활한자어 단원 및 한자어

출판사명	전체 소단원	소단원수	소단원 및 내용 ( )안은 함께 실려 있는 내용
(주) 교학사	40	6	1. 國旗 太極旗 國花 無窮花 始祖 檀君始祖 人間 弘益人間 民族 倍達民族 先烈 殉國先烈 守護 國權守護 萬邦 光輝萬邦 2. 民主社會 尊重 人權尊重 滅私奉公 精神 遵法精神 破邪顯正 愛護 平和愛護 拔本塞源 完遂 責任完遂 秩序確立 3. 經濟發展 貯蓄獎勵 投資促進 資源確保 技術提携 販路開拓 市場擴張 輸出增大 外貨獲得 4. 尖端科學 半導體 核燃料 遺傳工學 頭腦啓發 電子裝置 衛星發射 飛行操縱 宇宙航行 5. 文化暢達 創作批評 舞臺藝術 古蹟踏査 遺物發掘 古墳壁畫 國威宣揚 悠久歷史 人類貢獻 技術革新 附加價值 6. 環境保存 煤煙排出 大氣汚染 合成洗劑 生活廢水 核廢棄物 自然毁損 過大消費 資源枯渴 地球溫暖化 生態系破壞
금성교과서(주)	40	8	Ⅰ-1. 倍達民族 恭敬 謙讓 創造 繁榮 無窮花 太極旗 同胞愛 民族魂 弘益人間 檀君王儉 Ⅰ-2. 健全社會 憲法 輿論 秩序 遵守 契約書 實名制 租稅負擔 公正分配 與野合議 勞使團結 Ⅰ-3. 經濟科學 需要 供給 投資 增額 半導體 電算化 基礎科學 尖端產業 技術提携 國力伸張 Ⅰ-4. 統一祖國 歸鄕 省墓 接觸 頻煩 相互訪問 難航克服 緊張緩和 信賴回復 傳統繼承 文化暢達 Ⅱ-1. 自然保護 山紫水明 華麗江山 桃李楊柳 梅蘭菊竹 分離收去 生活廢水 淸淨水域 環境保存 (甘呑苦吐 小貪大失 知者樂水 仁者樂山) Ⅱ-2. 生產活動 土壤分析 科學營農 藥草栽培 販路構築 魚族保存 冷凍加工 技術開發 (自强不息) 一家和睦 (愚公移山 勤儉治家之本) Ⅱ-3. 災害豫防 氣象異變 旱害防止 森林毁損 洪水對策 施設點檢 安全管理 (雪上加霜 遠禍召福 脣亡齒寒 晩時之歎 人無遠慮必有近憂) Ⅱ-4. 心身鍊磨 趣味活動 演劇觀覽 素質啓發 資格獲得 五輪競技 敢鬪精神 國威宣揚 (錦衣還鄕 螢雪之功 隱忍自重 欲勝人者必先自勝)

(주)두산	43	4	1. 教育 學習段階 評價方法 標準檢査 素質啓發 眞理探究 開拓精神 視聽覺教材 創意力伸張 2. 經濟立國 勞使和合 賃金協商 技術革新 販路擴大 貿易振興 輸出增進 外貨獲得 經濟復興 3. 環境淨化 騷音公害規制 代替燃料開發 酸性土壤改良 產業廢水淨化 自然環境 保護對策 錦繡江山 永久保全 4. 祖國統一 祖國光復記念 殉國先烈追慕 南北對話促求 緊張緩和政策 大同團結優先 平和統一念願
(주)중앙교육연구소	42	5	1. 天地人 青天 太極旗 大韓民國 地球 韓半島 錦繡江山 人類 韓國人 弘益人間 2. 智德體 智育 創造人 溫故知新 德育 道德人 知行一致 體育 健康人 心身調和 實踐的 自主人 3. 倍達民族 歷史悠久 華麗江山 槿花世界 殉國先烈 民族正氣 大同團結 國難克服 愛國愛族 民族和合 祖國統一 民族繁榮 4. 先進韓國 世界化 地方化 人間化 地方自治 地域開發 秩序確立 正義具現 勞使協調 企業育成 汚染防止 快適環境 輸出振興 國力伸張 5. 科學立國 電算化 情報化 自動化 新素材 核燃料 超傳導 素質啓發 實驗實習 遺傳工學 人工知能 海洋開發 宇宙探査 尖端產業 國威宣揚
지학사	39	4	5. 民主市民 法規遵守 秩序確立 健全社會 抑强扶弱 責任完遂 義務履行 破邪顯正 先公後私 謙讓之德 人格尊重 6. 未來社會 尖端科學 技術自立 情報產業 經濟跳躍 公正分配 社會保障 太陽熱利用 新素材開發 知的所有權確保 國際競爭力伸張 7. 統一祖國 平和統一 分斷狀況 相互往來 信賴構築 物資交流 緊張緩和 倍達民族 大同團結 同胞愛發揮 人類愛實踐 8. 環境保全 錦繡江山 自然保護 廢水淨化 汚染防止 清淨大氣 快適環境 產業廢棄物 生態系破壞 資源再活用 綠色化運動
한샘출판	30	2	1. 倍達民族 檀君始祖 弘益人間 錦繡江山 祖國守護 統一祈願 民族繁榮 人類共榮 2. 國利民福 意識改革 庶政刷新 秩序確立 技術革新 尖端科學 素質啓發 環境保全 汚染防止 福祉社會

위의 표를 살펴보면 제6차 교육과정의 '한문 I'에서는 8종의 교과서 중 6종이 생활 한자어를 다루고 있으며 각 교과서마다 다룬 양도 제7차에 비하여 현저히 많은 것을 알 수 있다. 단순히 출판사

의 숫자로만 보더라도 제6차의 75%에서 제7차는 50%로 그 분량이 현저히 줄어든 것이다.

또한 제7차는 1종을 제외하고는 생활 한자어를 다룬 교과서도 소단원 2~3단원인데 반하여 제6차에서는 가장 작은 것이 2단원이고 나머지 5종은 4~8단원으로 많을 뿐만 아니라 싣고 있는 양은 훨씬 더 많은 것을 알 수 있다. 이는 교과서 검정을 담당하는 과정에서 상당히 많이 걸러졌다는 것을 의미하며 제7차에서는 교과서 저자들의 인식도 상당히 바뀌어 있는 것을 보여준다.

한문과 교육이 담당해야 할 내용이 크게 고전과 언어생활 속의 한자 및 한자어라는 사실을 생각하면 어쩌면 제6차 교과서가 더 효과적일 수도 있다는 생각을 할 수도 있을 것이다. 그러나 한문을 번역할 수 있는 사람이 한자어를 따로 학습해야 한다고 생각하지는 않는다. 오히려 한자어를 잘 아는 사람이 한문을 번역할 수 없을 것이라고 여겨진다. 그러므로 한문 교과서에서 단순히 암기해야 하는 한자어의 비율이 줄어든 것은 한문과 교육이 정상적으로 기능하기 위한 터전을 마련했다고 할 수 있으며 이는 점차로 중학교에도 적용되어야 할 것이다.

3) 성어 및 속담 · 격언 · 명언 · 명구

한문은 한자가 쉽다고 해서 그 뜻이 쉽다고 말할 수 없으며, 한자가 어렵다고 해서 그 뜻이 어렵다고 말할 수 없다. 그러나 한자가 비교적 쉬운 중학교용으로 쓰여 있고 내용도 쉬운 것은 대체로 초·중학교에서 배울 만한 것이라고 할 수 있다. 문제는 현재 사용되고 있는 교과서에 같은 내용이 중·고등학교의 교과서에 함께 실려 있다는 것이다. 그러므로 이러한 내용들을 추출하여 중학교용과 고등학교용의 문장을 분류하여 중학교와 고등학교의 계열성과 연계성, 그리고 위계성을 세우는 노력이 필요하다. 이것이 바로 한문과 교육내용의 수준을 위계화 하는 길이다. 다만, 현재 교과서를 구성하는 데는 많은 제약이 있다. 따라서 이러한 내용 수준의 일반화라는 작업이 다시 하나의 제약을 추가하는 것은 아닐지 걱정이 앞선다.

다음의 내용들은 고등학교 '한문' 교과서에 쓰인 성어, 속담·격언, 명언·명구이다. 이 문구들은 주로 중학교용 900자가 쓰인 것이다(진한 글자는 고등학교용 900자임).[198]

〈표Ⅳ-7〉 제7차 고등학교 교과서의 중학교용 한자를 사용한 문구표

출판사	내 용
A	紅一點, 日就月將, 三歲之習至于八十, 出必告反必面, 良藥苦於口而利於病 忠言逆於耳而利於行, (玉不琢不成器) 人不學不知道, 言勿異於行 行勿異於言
B	知者樂水 仁者樂山, 欲勝人者必先自勝, (子孝雙親樂) 家和萬事成, 以責人之心責己 (以恕己之心恕人), 士爲知己者死 女爲悅己者容, 他山之石(可以攻玉)
C	五十步百步, 朝三暮四(이상 보충) 三歲之習至于八十, 無足之言飛于千里, 愛人者人恒愛之, (玉不琢不成器) 人不學不知道, 水至淸則無魚 人至察則無徒, 學而時習之不亦說乎, 言勿異於行 行勿異於言(더 알아보기), 無道人之短 無說己之長(더 알아보기)
D	晝耕夜讀, 敎學相長, 學如逆水, 與民同樂, 相扶相助, 己所不欲勿施於人
E	千里眼, 白眼視, 老益壯, 結者解之, 男兒一言重千金, 家貧則思良妻 國亂則思良相, 一年之計莫如樹穀 十年之計莫如樹木 終身之計莫如樹人,
F	結者解之, 難上之目勿仰, 良藥苦口, 他山之石, 敎學相長, 勞心者治人 勞力者治於人, 不能舍己從人學者之大病,
G	天地人, 日月星辰, 山川草木, 詩書禮樂, 溫故知新, 知行一致, 雪上加霜, 結草報恩, 貧者一燈, 三人成虎, 仁者無敵, 知者樂水, 近墨者黑 近朱者赤
H	千篇一律, 千辛萬苦, 仁者樂山
I	言心聲也, 仁者無敵, 非禮勿視 非禮勿聽, 漢陽中誰最富, 天無口使人言, 春若不耕秋無所望 鷄卵有骨 (玉不琢不成器) 人不學不知道
J	見利思義, 殺身成仁, 出告反面, 望雲之情, 竹馬故友, 溫故知新, 敎學相長

198) 제7차 교과서까지는 개정되기 전의 1,800자를 사용했으므로 이 내용 역시 그에 따랐다.

위의 문구들을 한자의 숫자대로 분류하여 중학교 교과서에서 중복되어 쓰이고 있는 현황을 조사하였다. 한자의 숫자로 분류한 것은 분류의 편의성과 일목요연하게 상황을 볼 수 있도록 하기 위해서이다.[199]

〈표Ⅳ-8〉 3자어

순번	표제어	중3	중2	중1	계
1	老益壯				0
2	白眼視		문원12		1
3	千里眼		문원12		1
4	天地人			지학1	1
5	紅一點				0
6	幸萬苦				0

〈표 Ⅳ-9〉 4자어

순번	표제어	중3	중2	중1	계
1	見利思義	교학8, 태성8			2
2	結者解之		중앙12	민중20	2
3	結草報恩		문원12, 케이18, 새한9, 동화15	지학20	5
4	鷄卵有骨	중앙6	중앙15, 태성15, 교학14, 지학11, 새한9	문원17	7
5	教學相長				0
6	近墨者黑 近朱者赤	교학9, 중7	지학15, 케이21, 새한15, 동화20, 박영17		7
7	望雲之情	중앙11	태성15, 동화15		3
8	非禮勿視 非禮勿聽	동화11	지학18		2

199) 표제어와 중학교 교과서가 반드시 일치하지 않을 수도 있다. 이는 일부만 사용된 경우도 있고, 또는 축약하여 사용된 경우도 있으므로 다소의 원문과 차이를 보이기 때문이다.

9	貧者一燈				0
10	山川草木				0
11	殺身成仁	새한2, 민중2, 동화8	문원11, 교학13, 박영17		6
12	三人成虎		동화15		1
13	相扶相助		중앙2, 민중10, 지학2	케이17, 태성17	5
14	雪上加霜	박영7, 태성4	민중15, 케이19, 새한8		5
15	詩書禮樂		교학12		1
16	與民同樂				0
17	溫故知新	새한1, 중앙6	태성20, 동화11	문원13, 민중11, 박영11	7
18	仁者無敵		태성20, 교학6, 지학12	중앙20, 태성21	5
19	日月星辰	태성4			1
20	日就月將	교학10, 새한1, 중앙5, 태성2, 동화2	민중14, 지학9, 케이20, 박영10		9
21	朝三暮四	박영8	중앙12, 문원12, 태성15, 케이18	한서17	6
22	晝耕夜讀	중앙6, 동화3	민중14	박영11, 새한16, 지학13	6
23	竹馬故友	동화6	박영2	문원11, 지학14	4
24	知者樂水 仁者樂山 樂山樂水		민중5, 새한11, 교학3	문원15, 민중11, 박영16, 중앙20, 케이20, 태성21	9
25	知行合一	중앙6	교학7		2
26	千辛萬苦		중앙12, 문원15, 민중12, 새한7		4
27	千篇一律	박영7	중앙12, 민중12		3
28	他山之石	새한2	중앙12, 교학6, 민중13, 지학15, 동화14	문원17, 박영22	8
29	學如逆水		지학19		1

〈표Ⅳ-10〉 5자어

순번	표제어	중3	중2	중1	계
1	家和萬事成	교학12	문원17, 박영1	새한12, 케이19	5
2	勞心者治人 勞力者治於人	태성21, 지학13			2
3	無道人之短 無說己之長	새한6, 동화10, 지학12	태성22, 박영12		5
4	言勿異於行 行勿異於言	중앙8, 지학6			2
5	五十步百步	동화4	새한7		2

〈표Ⅳ-11〉 6자어

순번	표제어	중3	중2	중1	계
1	家貧則思良妻 國亂則思良相				0
2	難上之木勿仰	박영6, 민중11, 지학9	태성19, 동화19		5
3	士爲知己者死				0
4	水至淸則無魚 人至察則無徒	교학9, 새한6, 동화6, 지학10			4
5	人不學不知道		새한10, 박영10	민중20	3
6	天無口使人言				0
7	出必告反必面	박영9, 중앙11			2
8	漢陽中最高富				0

〈표Ⅳ-12〉 7자어

순번	표제어	중3	중2	중1	계
1	男兒一言重千金		문원15, 교학14		2
2	愛人者人恒愛之	박영2, 태성11 동화8	새한12		4
3	以責人之心責己				0

〈표Ⅳ-13〉 8자어

순번	표제어	중3	중2	중1	계
1	己所不欲勿施於人	교학7, 새한12, 중앙10, 동화12, 지학12	케이22, 박영3		7
2	無足之言飛于千里	새한3, 중앙8, 박영8	태성19, 케이19, 동화19		6
3	三歲之習至于八十	새한3	중앙20, 민중15, 지학14, 케이19, 동화19	교학15, 박영17, 태성22	9
4	良藥苦口而利於病		태성21, 교학14, 민중14, 케이22, 동화20, 박영17		6
5	欲勝人者必先自勝				0
6	春若不耕秋無所望	교학6, 지학13	박영18		3

〈표Ⅳ-14〉 9자 이상

순번	표제어	중3	중2	중1	계
1	忠言逆於耳而利於行	중앙8, 동화8	태성21, 교학14, 케이22, 동화20, 박영17		7
2	學而時習之不亦說乎	교학9, 박영1, 태성10, 동화2	문원16, 케이20		6
3	一年之計莫如植穀也 十年之計莫如植木也 終身之計莫如植人也	교학6, 새한8			2
4	不能舍己從人學者之大病	박영19, 동화5			2

이상으로 조사한 내용을 표로 나타내면 다음과 같다.

〈표Ⅳ-15〉 표제어가 중학교 교과서에 사용된 빈도수

자수	표제어 수	중학교 교과서 게재 수	빈도수
3자어	6	3	0.5
4자어	29	111	3.83
5자어	5	16	3.20
6자어	8	14	1.75
7자어	2	6	3.00
8자어	6	31	5.17
9자 이상	4	17	4.25
계	60	198	3.30

위의 표를 보면 고등학교 교과서에 있는 전체의 내용을 조사하지 못하고 일부에 국한되었고 또한 중학교의 한문과 교육의 내용이 주로 한자어와 성어, 그리고 속담·격언, 명언·명구라는 것을 생각하면 그 비중이 크다고 하기는 어렵다. 그러나 고등학교 교과서에 쓰인 중학교 한자로 이루어진 문구들은 거의 대부분 중학교 교과서에 쓰이고 있으며 하나도 안 쓰인 것이 13개이며 나머지는 1회에서 9회까지 활용되고 있다. 전체를 살피면 고등학교 교과서에서 쓰인 표제어가 60개이고 중학교 교과서에서 198회 활용되었으므로 3.30정도의 횟수가 사용되고 있다. 그러나 하나도 안 쓰인 것을 제외한 47개의 표제어를 대상으로 하면 4.22회로 대부분의 표제어가 상당히 많은 곳에서 활용되고 있는 것을 확인하였다. 중학교 교과서에서 많이 쓰였다고 해서 고등학교 교과서에 쓰여서는 안 된다고 주장하는 것은 아니다. 다만 위에 드러난 내용을 정리해 보면 다음과 같은 데에 생각이 미친다.

첫째, 중학교에서 배운 내용이 고등학교에서 다시 나온다면 학습자들이 쉽게 내용을 접할 창구가 될 수 있을 것이다.

둘째, 중학교 교과서 1학년에서 3학년까지 고루 사용된 문구들이 고등학교에서 다시 사용되는 것은 수많은 전적의 방대한 자료를 가지고 있으면서도 위상의 약화와 시수의 부족으로 매우 협소한 내용을 소화할 수밖에 없는 한문과의 입장에 비추어 볼 때 학습할 내용을 줄이는 것이 되므로 비효율적이다.

셋째, 한문과 교육에서 중·고등학교 학습 내용의 연계성과 위계성이 이루어지려고 하면 중학교에서 많이 활용되고 있는 문구들은 고등학교에서는 특정한 경우를 제외하고는 사용을 자제하는 것이 바람직하다고 여겨진다.

넷째, 중학교 교과서에서 많이 사용된 문구들을 고등학교 교과서에서 활용하려고 하면 정규의 소단원보다는 기초단원이나 기초학습 자료로 활용하는 것이 마땅하다.

Ⅴ. 한문과 교육과정 내용 체계

한문과 교육과정 內容 體系는 한문과의 성격을 바탕으로 목표를 달성하기 위한 내용을 범주화·구조화한 것이다. 그러므로 한문과 교육과정 내용 체계는 한문과의 교육의 내용을 모두 포괄하는 것이어야 하며, 위계성과 연계성을 고려한 것이어야 한다. 그러므로 한문과 교육과정 내용 체계는 모든 내용이 압축된 형태로 드러나게 되는 것이다. 그러한 요구를 충족하기 위해서는 한문과 교육을 잘 드러낼 수 있는 용어를 선택해야 함은 물론 진술 방식도 한문과 교육과정에 적확한 것이어야 한다.

현재 시행되고 있는 제7차 한문과 교육과정은 한문을 학습하여 익히는 과정에 대해서는 배려되지 않았으며, 마치 교과 목표와도 같이 학습 도달점에 대해서만 진술되어 있다. 교과 교육과정 내용 체계는 학습 계획이기도 하며, 학습의 과정이기도하며, 이르러야 할 도달점 즉 목표 행동이기도 하다. 그러므로 과정에 대한 진술이 없이 목표 도달에 관하여만 진술하는 것은 교육과정 내용 체계로서 미흡할 수밖에 없는 것이다. 더구나 대영역은 전술한 바와 같이 한자·한자어·한문으로 설정되어 있다. 이는 교과의 내용이므로 교과의 양상을 드러내는 용어는 아니다. 그러므로 제7차 교육과정의 성격을 그대로 인정하고, 목표를 그대로 수긍한다고 하더라도 내용 체계는 동의할 수 없는 것이다.

이러한 전제를 통하여 본고에서는 이전의 논의를 종합하여 한문과 교육과정의 성격을 구체적으로 규명하고 목표를 검토함과 동시에 내용 체계를 재구성해 보고자 한다. 재구성의 과정에서 고려할 사항은 우선 지금까지 '한자', '한자어', '한문' 등 교과 내용의 용어를 그대로 내용 체계 영역의 용어로 사용한 것에 대한 반성적 사고로부터 출발한다. 두 번째로 도달해야할 목표에 관해서만 진술되어 있는 방식에서 탈피하여 학습의 과정을 드러내도록 할 것이다. 셋째로 모든 영역과 영역별 내용을 범주화하여 체계적으로 구조화할 것이다. 그리하여 새로운 내용 체계 시안을 구성해 봄으로써 지금까지의 논의에 대하여 확인하는 과정을 거칠 것이다.

1. 내용 체계 영역 설정의 기준

교육과정 내용 체계는 교육 목표를 달성하기 위하여 내용을 범주화하고 계열화해 놓은 것이다. 조병영은 다음과 같이 교육과정의 내용의 중요성을 말하고 있다.

> 교육과정은 교육해야 할 내용을 명시적으로 제시한 문서이다. 이런 점에서 교육과정의 내용은 교육과정을 구성하는 성격, 목표, 내용, 방법, 평가 요소 중에서 가장 중심이자 본령이다. 왜냐하면 교육과정의 성격과 목표를 바탕으로 선정된 것이 내용이고, 그 내용을 바탕으로 지도와 평가가 이루어지기 때문이다.200)

내용을 선정하고 그것을 체계화하는 것은 교과 교육의 질을 좌우하는 매우 중요한 작업이 아닐 수 없다. 그러나 각 교과의 수많은 내용을 선정할 때 그 선정의 기준은 임의적인 것이 아니며, 교과의 성격과 목표를 고려한 것이어야 한다. 그러면 '어떤 것이 성격과 목

---

200) 조병영, "국어과 교육과정의 내용 조직과 진술에 관한 연구," 『국어교육』 109(서울 : 한국어교육학회, 2002), 150쪽.

표를 고려한 내용인가?'에 대한 의문이 생기지 않을 수 없다. 이에 대하여 선정할 내용을 하나하나 분류하는 것이 아니라 성격 목표를 달성할 수 있는 포괄적인 범주를 확정하고 그들을 계열화하여 교과 교육의 체계를 세운 위에 그 내용 체계를 바탕으로 내용을 선정해야 하는 것이다. 그러므로 범주화는 그 교과가 가지는 모든 내용들을 일정한 범주로 묶을 수 있는 포괄성을 말하며, 체계화는 각 내용 영역들이 유기적으로 결합되는 계열성을 말하는 것이다. 또한 영역 설정에는 용어의 문제가 뒤따른다. 현재 시행되고 있는 제7차 한문과 교육과정의 내용 체계의 대영역은 한자 · 한자어 · 한문으로 이루어져 있다. 이 영역 설정의 용어는 한문과의 내용을 그대로 가져온 것이다. 한문과의 내용을 포괄하여 교과의 성격을 바탕으로 목표를 지향하며 학습의 과정을 보여줄 수 있는 용어로 진술되어야 한다.

이러한 문제를 해결하기 위하여 가장 먼저 해야 할 일은 기존의 한문과의 성격을 규명하는 것이다. 그리고 그에 따른 교과 목표를 검토하여 한문과 교육과정의 목표는 어떤 것이어야 하는지를 밝혀야 한다. 그리고 목표를 도달하기 위한 내용 체계는 기존에 어떻게 제시되었으며 그 내용은 어떤가에 대하여 검토하여 불합리한 부분들에 대한 해결책을 제시해야 할 것이다.

가. 한문과의 성격

한문과가 어떤 성격을 가지고 있는가에 따라 학교 교육은 그 양상을 달리하게 될 것이다. 한문과의 성격을 한자 · 한자어 · 한문을 익히는 교과로 볼 것인가? 아니면 한문 기록을 독해하고 그에 대한 정의적 영역을 인지하는 교과로 볼 것인가에 대한 입장은 판이하다고 할 수 있다. 또 도구 교과로서의 입장을 강조하여 언어생활에서 쓰이는 한자 어휘의 문제를 교과 내에서 어떻게 인식하는가 하는 것도 한문과의 성격에 영향을 미친다. 제7차 교육과정에 드러난 한문과의 성격은 이러한 고민을 드러낸 것이라고 할 수 있다. 한문과 성격에는 크게 두 개의 축이 있다고 여겨진다. 하나는 한자・한자어를 익혀 언어생활에 활용하는 것이며, 다른 하나는 수많은 고전에 대한 독해와 그리고 이해・감상의 영역이다.201) 이는 한문과가 어떤 성격을 가지고 있는가는 결국 한문과가 내포하고 있는 잠재적 의미와 실질적 의미를 포괄한다는 것을 의미한다. 논의의 쟁점에 대한 대안은 제7차 중・고등학교 한문과 교육과정에 드러난 한문과의 성격을 자세히 검토함으로써 마련할 수 있을 것이다.

다음은 제7차 중・고등학교 한문과 교육과정 '성격'이다.

중학교 한문

한문과는 한자, 한자어, 한문을 익혀 언어생활에 활용하며, 한문 문장을 독해할 수 있는 기본적인 능력을 기르고, 선인들의 삶과 지혜를 이해하며, 건전한 가치관과 바람직한 인성을 함양하고, 전통 문화를 계승, 발전시키는 데 기여하는 교과이다. 또, 한자 문화권 내에서의 상호 이해와 교류를 증진시키는 데 토대가 되는 교과이다.202)

고등학교 한문

한문과는 한자, 한자어, 한문을 익혀 언어생활에 활용하며, 한문 문장을 독해할 수 있는 기본적인 능력을 기르고, 선인들의 삶과 지혜를 이해하며, 건전한 가치관과 바람직한 인성을 함양하고, 전통 문화를 발전시키는 데 기여하는 교과이다. 또한, 한자 문화권 내에서의 상호 이해와 교류를 증진시키는 데 토대가 되는 교과이다.203)

---

201) 李明學, "漢文 教育의 向後 課題," 『漢文教育研究』(서울: 韓國漢文教育學會, 2004), 6~7쪽. 이 논문에서 논자는 한문과의 성격을 언급하면서 '언어생활을 위한 도구 교과'와 '한자・한문의 기록을 이해하는 기본 능력을 기른다.'는 것이 서로 상관관계가 적은 데도 불구하고 한문교육이란 틀 안에 묶어 놓은 것이 문제를 일으킨다고 지적하였다.

202) 교육부, 『중학교 교육과정』(서울 : 교육부, 1997), 272쪽.

203) 교육부, 『한문, 교련, 교양 선택 과목 교육과정』(서울 : 교육부, 1997), 28쪽.

이와 같이 중학교 교육과정의 성격에 드러난 정의와 고등학교 교육과정의 성격에 드러난 한문과의 정의는 같으며 이는 '한문 고전'도 마찬가지다.

현재 시행되고 있는 한문과의 성격은 중·고등학교가 모두 같으며 이는 하나의 정의 아래 학교 급별로 목표와 내용을 상세화하고 있다는 것을 의미한다.

위의 내용을 분리하여 정리하면 다음과 같다.

A. 한문과는 한자, 한자어, 한문을 익혀 언어생활에 활용하며, 한문 문장을 독해할 수 있는 기본적인 능력을 기른다.
B. 한문과는 선인들의 삶과 지혜를 이해하며, 건전한 가치관과 바람직한 인성을 함양하고, 전통문화를 발전시키는 데 기여하는 교과이다.
C. 한자 문화권 내에서의 상호 이해와 교류를 증진시키는 데 토대가 되는 교과이다.

제7차 교육과정의 '성격'에서는 A·B·C를 다음과 같이 부연설명하고 있다.

A′ : 한문과는 국어 어휘의 많은 부분을 차지하고 있는 한자어의 학습을 통하여 언어생활을 원활하게 하고, 다른 교과를 학습하는 데 도움을 주는 교과이며, 한문의 학습을 통하여 한자로 기록된 각종 한문을 이해하는 데 필요한 기본적인 능력을 기르기 위한 교과이다.

B′ : 한문과는 각종 한문 기록과 고사 성어, 격언·속담, 명언·명구 등의 학습을 통하여 선인들의 삶과 지혜, 사상과 감정을 이해하고, 건전한 가치관과 바람직한 인성을 함양하며, 우리 생활 전반에 면면히 이어 온 전통 문화를 바르게 계승하고 창조적으로 발전시키는 데 기여하는 교과이다.

C′ : 한문과는 과거와 현재는 물론이고, 미래에도 한자 문화권 내에서의 상호 이해 증진 및 조화로운 발전에 기여할 수 있는 교과이다.

A는 전제와 내용을 분리하면 다음과 같이 나눌 수 있다.

한문과는 한자, 한자어, 한문을 익혀 ① 언어생활에 활용하며, ② 한문 문장을 독해할 수 있는 기본적인 능력을 기른다.

여기서 '① 언어생활에 활용하며'의 '언어생활'은 국어에 들어있는 '한자어'를 가리키는 말이다. 국어의 어휘는 일반적으로 '고유어, 한자어, 외래어'로 이루어져 있으며 이 중 우리말 어휘의 70% 정도를 차지하고 있는 '한자어'에 활용해야 한다는 것이다.

그리고 '② 한문 문장을 독해할 수 있는 기본적인 능력을 기른다.'는 것은 국어나 언어생활과는 크게 관련이 없는 본격적인 한문 문장에 대한 독해를 일컬으며, 그것은 방대한 고전에 대한 접근이라는 의미를 갖는다. 그러므로 한문과는 한자, 한자어, 한문을 익히는 것으로부터 출발하여 국어의 언어생활에 활용하며 한문 문장을 독해할 수 있는 기본적인 능력을 길러 고전의 독해에 접근해야 하는 것이다.

이 두 가지야말로 한문과가 직접적이고 현실적으로 교수·학습해야 하고 이루어야 할 중핵적인 내용이다. 한문과의 모든 내용은 이로부터 출발하며 이것이 이루어진 이후라야 다음의 내용을 말할 수 있는 것처럼 이 두 가지는 모든 한문과 교육의 토대가 된다고 할 수 있다.

다음으로 B는 다음의 세 부분으로 나누어 생각할 수 있다.

한문과는 ㉠ 선인들의 삶과 지혜를 이해하며, ㉡ 건전한 가치관과 바람직한 인성을 함양하고, ㉢ 전통문화를 발전시키는데 기여하는 교과이다.

'① 선인들의 삶과 지혜를 이해하며,'는 한자, 한자어, 한문을 익혀 그 속에 들어 있는 내용인 '앞서 살았던 선인들의 삶'에 대한 접근을 통해 그들이 지녔던 현실 인식과 고난의 극복, 문제 해결을 위한 노력 등을 이해하여 현대를 살고 있는 우리들의 귀감이 되게 한다는 것으로 해석해야 한다.

'② 건전한 가치관과 바람직한 인성을 함양하고,'는 한자, 한자어, 한문을 익혀 그 속에 들어 있는 내용인 '바르고 훌륭한 삶을 살려고 했던 선인들의 삶'을 표본으로 하여 스스로의 안목을 길러 긍정적이고 보편타당한 가치관과 나와 다른 개체를 객관적으로 품어낼 수 있는 인성을 기른다는 것으로 자신이 속한 사회의 보편적인 가치를 추구할 수 있는 인간상으로 거듭날 수 있어야 한다는 것이다.

'③ 전통문화를 발전시키는'은 한자, 한자어, 한문을 익혀 그 속에 들어 있는 전통문화를 아는 바탕 위에 그것을 이어 발전시켜야 한다는 것이다. 현재의 자신은 과거의 조상의 연장선상에 있다는 것이다. 부연하자면 우리가 현재 이러한 모습으로 살아가는 것은 과거 조상들이 살아온 삶과 미래 우리 자손들이 살아가야 하는 모습의 중간적인 모습이라는 것이다. 그러므로 조상과 나와 후손은 하나의 연속선상에 있으며 과거 조상들의 모습을 바탕으로 우리는 더욱 문화를 발전시키고 그것을 후손에 이어줘야 하는 책무가 있는 것이다. '가장 한국적인 것이 가장 세계적이다.'라는 말은 바로 우리가 우리다운 모습일 때 가장 세계적이라는 것이다. 전통문화를 발전시켜야 하는 까닭은 우리가 바로 우리 조상들의 후신이며, 우리 후손들의 전신이기 때문이기도 한 것이다.

결국 B는 A를 전제로 하여 한 걸음 더 나아간 논의이다. A가 구체적인 한자, 한자어, 한문의 학습과 그에 대한 활용에 대한 내용이라면 B는 A를 전제로 하여 논의될 수 있는 정의적인 영역이기 때문이다.

C 역시 전제와 두 가지의 내용으로 분리할 수 있다.

> 한자 문화권 내에서의 ㉠ 상호 이해와 ㉡ 교류를 증진시키는데 토대가 되는 교과이다.

여기서 '① 상호 이해'는 한자 문화권의 상호 이해이다. 이는 결국 동북아를 중심으로 얘기할 수밖에 없다. 물론 몽골이나 베트남의 경우도 한자 문화권이기는 하지만 현재 이들은 한자를 쓰고 있지 않으므로 한자를 통한 '상호 이해'는 다소 어려움이 있다고 보는 것이다.

지정학적으로 인접하여 수많은 교류가 있을 수밖에 없던 한·중·일은 역사를 통하여 끝없는 전쟁과 교역 그리고 인적 교류를 통하여 문화를 공유할 수밖에 없었다. 때로는 전쟁으로 인하여 원수와 같이 지내는 일도 있었으며, 서로의 문화를 받아들여 새로운 문화를 재창조하여 역수출하는 등의 근린 교린이 무수히 일어났던 것이다. 이러한 교류는 동북아가 무한한 잠재력을 갖는 곳으로서 세계사에서 중요한 역사를 가진 곳으로 주목받는 원인을 제공하였으며, 현재도 동북아 국가들은 꾸준히 약진을 거듭하고 있다. 서로의 은원을 따지면 끝도 없겠지만 '한자'라는 공통의 문화 콘텐츠를 사용하여 다른 어떤 나라보다도 서로의 글을 익히기가 쉬우며, 문학과 역사와 철학 등 모든 곳에서 서로의 문화를 다량 공유하고 있으므로 한자, 한자어, 한문을 익히는 것으로 상호 이해에 한 걸음 더 다가갈 수 있는 것이다.

'② 교류 증진'은 한자, 한자어, 한문을 익혀 한자 문화권에서 '한자'를 매개로 한 교류의 증진을 말하는 것이다. 이미 한·중·일의 공통 한자 코드가 완성되었다. 이는 출판과 매체에 있어서 삼국이 동시에 하나의 원고를 사용할 수 있는 바탕이 마련된 것이다. 번체자와 간화자[204]의 문제, 각 국이 스스로 만들어 쓰고 있는 약자, 속자의 문제를 해결하여 공통의 코드를 만든 것이다. 이 글자들은 다소의 문제가 없지는 않지만 각국의 한자를 배운 것을 바탕으로 약간의 학습량을 더하면 쉽게 익힐 수 있다. 그러므로 이러한 '한자, 한자어, 한문'의 배경지식을 바탕으로 '교류의 증진'을 이룰 수 있는 것이다.

위의 내용을 바탕으로 한문과의 성격을 나타내면 다음과 같다.

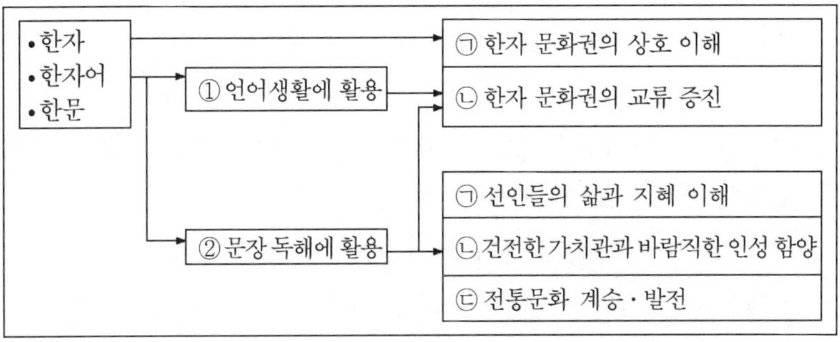

〈그림7〉 한문과의 성격

204) 阿辻哲次 지음, 김언종・박재양 옮김, 『漢字의 歷史』(서울 : 학민사, 1994), 227~245쪽. : 이규갑, 『한자가 궁금하다』(서울 : 학민사, 2000), 109~115쪽. : 하영삼, 『한자의 세계』(부산 : 늘함께, 1998), 257~266쪽. 현재 중국에서 사용되고 있는 간략한 글씨체를 '간체자(簡體字)'라고 하지만 이는 재고해야 한다. 갑골문 출현 이래로 한자는 꾸준히 간략화를 시도하여 송나라에서는 글자를 대폭 간략하게 된 문자가 출현하였다. 그 후 명・청을 거치면서 약자(略字)・속자(俗子)들을 모아 유복(劉復, 1890~1934)은 『송원이래속자보(宋元以來俗字譜)』를 간행하여 간체자 보급에 큰 영향을 끼쳤다. 이러한 간체자는 1956년 중국 정부가 '한자간화방안(漢字簡化方案)'을 규정하면서 공식적인 문자로 사용되었으며, 1965년 중국 정부는 정규 문자로 인정한 간체자를 모두 모아 「간화자총표(簡化字總表)」를 공포하고, 또한 인쇄물에 사용하는 간체자의 자형을 통일하려고 「인쇄통용한자자형표(印刷通用漢字字形表)」를 발행하여 고전출판물 이외에는 모두 그 자형에 준하도록 지시했다. 그러므로 간체자는 역사적으로 꾸준히 간략해 온 약자나 속자들을 말하며, 간화자(簡化字)는 중국 정부가 공시한 문자라는 점에서 의미의 차별을 갖는다. 그러므로 현재 중국에서 공식적으로 간략화 하여 쓰는 글자는 '간화자'로 지칭하는 것이 바르다.

위의 표에 나타난 바와 같이 한문과는 '한자・한자어・한문'이라는 지식을 익히는 것을 바탕으로 하여 언어생활과 문장 독해에 활용한다. 그리고 그 문장을 독해한 것을 바탕으로 정의적 영역으로 진입하게 되는 것이다. 선인들이 삶과 지혜를 이해하고 건전한 가치관과 바람직한 인성을 함양하며 전통문화를 발전시키려는 태도를 가질 뿐만 아니라 한자문화권의 상호이해와 교류증진의 토대가 되는 것이다.

한문과 교육이 가지는 성격이 한문과가 가지고 있는 내적인 역량임을 더 말할 필요도 없을 것이다. 그 중 핵심은 한문과가 어떻게 우리의 현재와 미래에 기여하는가에 대한 것이다. 그러므로 한문과가 가지고 있는 모든 내용이 교육과정의 성격은 아니며, 그 중 현실적으로나 미래지향적으로 학습자나 우리 사회에 기여할 부분만을 추출한 것이라고 할 수 있다.

논의한 바와 같이 한문과의 성격은 언어생활에의 활용과 한문 문장 독해를 전제한다. 그리고 그것을 바탕으로 전통문화의 계승발전, 한문문화권에 대한 이해와 교류 증진으로 심화된다. 그리고 결국 이러한 것들은 학습자의 건전한 가치관과 바람직한 이해라는 가치 형성에 기여하게 되는 것이다.

나. 한문과의 목표

제7차 한문과 교육과정의 목표는 '지식', '기능', '가치'를 기반으로 한 체계를 가지고 있다. 한문과의 목표는 '한자', '한자어', '한문'이 대등하게 제시되어 있다. 실로 이들은 상호 유기적으로 연관을 가지고 있기도 하며, 나름의 위계를 가지고 있는 것으로도 보인다. 문제는 한문과의 성격과 목표가 동일한 내용을 반복하고 있다는 것이다. 성격은 기본적으로 가지고 있는 속성이며 목표는 도달점인데도 한문과는 그런 것에 대한 구분이 없는 것이다. 그 내용을 살펴보기 위하여 제7차 교육과정의 중학교·고등학교의 목표를 함께 제시한다.

중학교의 목표

한자, 한자어, 한문을 익혀 언어생활에서 바르게 읽고 쓰며, 한문을 독해할 수 있는 기초적인 능력을 기르고, 한문 기록에 담긴 선인들의 삶과 지혜를 이해하여 건전한 가치관과 바람직한 인성을 함양하며, 전통문화를 계승, 발전시키려는 태도를 지닌다.

가. 중학교 한문 교육용 기초 한자 900자의 음과 뜻을 알고 쓸 수 있다.

나. 한자어를 바르게 읽고 쓰며 언어생활에 활용한다.

다. 간이한 한문을 독해할 수 있는 기초적인 능력을 기른다.

라. 선인들의 삶과 지혜를 이해하고, 건전한 가치관과 바람직한 인성을 함양한다.

마. 한문 기록에 담긴 전통 문화를 이해하고 계승, 발전시키려는 태도를 지닌다.[205]

고등학교 '한문'의 목표

한자, 한자어, 한문을 익혀 언어생활에서 바르게 읽고 쓰며, 한문을 독해할 수 있는 능력을 기르고, 한문 기록에 담긴 선인들의 삶과 지혜를 이해하여 건전한 가치관과 바람직한 인성을 함양하며, 전통 문화를 계승 발전시키려는 태도를 지니고, 한자 문화권내에서의 상호 이해와 교류증진에 기여한다.

가. 고등학교 한문 교육용 기초 한자 900자의 음과 뜻을 알고 쓸 수 있다.

나. 한자어를 바르게 읽고 쓰며 언어생활에 활용한다.

다. 한문을 독해할 수 있는 기초적인 능력을 기른다.

라. 선인들의 삶과 지혜를 이해하고 건전한 가치관과 바람직한 인

---

205) 교육부, 『중학교 교육과정』(서울 : 교육부, 1997), 273쪽.

성을 함양한다.

마. 한문 기록에 담긴 전통 문화를 계승 발전시키며, 한자 문화권 내에서의 상호 이해와 교류 증진에 기여한다.206)

고등학교 '한문 고전'의 목표

한자, 한자어, 한문을 익혀 언어생활에서 바르게 읽고 쓰며, 각종 한문 전적의 독해 능력을 기르고, 한문 기록에 담긴 선인들의 삶과 지혜, 사상과 감정을 이해하여 건전한 가치관과 바람직한 인성을 함양하며, 전통 문화를 계승 발전시키려는 태도를 지니고 한자 문화권 내에서의 상호 이해와 교류 증진에 기여한다.

가. 한자와 한자어를 익혀 언어생활과 문장 독해에 활용한다.

나. 문(文)·사(史)·철(哲) 등 각종 한문 전적을 독해할 수 있는 능력을 기른다.

다. 선인들의 삶과 지혜, 사상과 감정을 이해하고 건전한 가치관과 바람직한 인성을 함양한다.

라. 한문 기록에 담긴 전통 문화를 이해하고 계승 발전시키며, 한자 문화권 내에서의 상호 이해와 교류 증진에 기여한다.207)

중학교에서 고등학교 '한문'을 거쳐 고등학교의 '한문 고전'에 이르는 동안 교과의 내용이 보다 한문 독해에 비중이 더해지고 있다는 것은 부인할 수 없다. 그러나 그것은 정도의 차이를 나타낼 뿐 실상의 내용은 거의 같다고 할 수 있다. 따라서 이들은 함께 논의되더라도 내용의 생략이 일어나지 않는다. 그러므로 위에 제시된 제7차 한문과 교육과정의 '목표'를 내용에 따라 요약하여 정리하면 다음과 같이 제시할 수 있다.

① 한자와 한자어를 바르게 읽고 쓰며 언어생활에 활용한다.

---

206) 교육부, 『한문, 교련, 교양 선택 과목 교육 과정』(서울 : 교육부, 1997), 29쪽.

207) 앞의 책, 36쪽.

② 한자와 한자어를 익혀 문장 독해에 활용한다.
③ 한문을 독해할 수 있는 능력을 기른다.
④ 한문 기록에 담긴 선인들의 삶과 지혜를 이해하여 건전한 가치관과 바람직한 인성을 함양한다.
⑤ 한문 기록에 담긴 전통 문화를 계승 발전시키며, 한자 문화권 내에서의 상호 이해와 교류 증진에 기여한다.

위에서 ①, ②, ③은 한자와 한자어를 익혀 언어생활과 문장 독해에 활용하고, 한문을 독해할 수 있는 능력을 기르는 것이다. 이는 한문과 언어생활의 구성 요소인 한자의 음과 뜻을 익히고 그것이 단어로 발전되는 과정을 이해하며 그것을 바탕으로 한문을 독해할 수 있는 능력을 기르는 것이다. 그러므로 이는 언어 교육의 문식성과 깊은 관련이 있다는 것을 알 수 있다.

언어를 배울 때 낱낱의 단어를 익히고 그 단어들로 문장이 이루어지며, 그 문장이 글로 쓰였을 때 재인하여 의미를 재생하는 과정을 거친다면 이는 명백히 문식성의 과정이라고 할 수 있다.

조선시대의 방법대로 무조건의 암기도 문식성의 과정이라고 할 수 있으며, 현대의 문법 교육을 병행한 언어 교육도 결국은 문식성의 과정인 것이다.

이는 국어에서 말하는 '읽기'의 과정과 일치하게 되며, 한문에서는 '독해'의 과정이다. 그리고 한문 문장의 독해 역시 다른 언어와 마찬가지로 통사분해[208] 과정과 덩이글의 추론을 거치며 이해될

208) 이정모·이재호 편, 『인지심리학의 제문제』(서울 : 학지사, 2001), 212~213쪽. 통사분해란 용어는 영어의 'parsing', 혹은 'prase'를 번역한 것이다. 이 단어는 'parsorationers' 즉 'part of speech'를 의미하는 Latin에서 기원한 단어로 글자 뜻 그대로 말을 부분을 찾아내는 과정을 의미한다. 특히 'parse'라는 단어는 전통적으로, 사람들이 문장의 부분 요소를 찾아내고 이들의 문법적인 범주나, 이들 간의 문법적인 관계(예: 주어나 목적어 등)를 열거하는 기술을 의미하는 것으로 쓰였다고 한다. 즉 사람들의 문장을 분석하는 능력을 의미하는 것으로 쓰인 것이다. 그리고 이 능력, 기술을 훈련이나

수밖에 없다. 그러므로 낱낱의 한자를 익히고, 한자어를 익히고, 그것들을 바탕으로 문장 독해에 이르는 것이 아니라, 문장 그 자체로 단어나 한자어를 품고서 통째로 이해되는 과정을 거친다는 것이다. 아무리 영어 단어를 많이 알아도 영문을 제대로 번역하지 못하는 것과 마찬가지이다.

여기서 한문과 교육은 중요한 갈림길에 서게 된다. 한자어의 경우는 Ⅳ-2에서 논의한 바와 같이 고전에 없던 것이 동서양의 문화가 충돌하면서 만들어진 신조어가 대부분이며 따라서 일부를 제외하고는 한문 문장과 직접적인 관련이 없다. 따라서 한자어의 경우는 '언어생활에 활용'을 중점으로 그 내용이 규명되어야 한다.

'한자'를 익히는 것은 한자어나 한문 문장에 모두 바탕이 되지만 한자어는 한문과 직접적인 연관의 고리가 약할 수밖에 없으므로 '한자, 한자어를 익혀 문장 독해에 활용한다.'는 것은 무리가 있는 진술이다. 따라서 '한자어'는 '언어생활'을 중심으로 교육되어야 할 내용이므로 '한자어'를 '문장 독해'에 연결하는 것이 무리라면 '한자→한자어'의 '읽기'에서 활용으로 나아가는 과정 하나와 '한자→한문'의 독해 과정이 따로 제시되는 것이 타당할 것이다.

결과적으로 한자, 한자어, 한문이라는 지식을 습득하여(지식), 이를 언어생활과 문장 독해에 활용(기능)하는 것이 ①, ②, ③의 내용이라고 할 수 있다. ④는 한문과 교육을 통하여 학생들이 내적으로 함양해야 할 내용이다. 한문 독해 능력을 바탕으로 한문 문장을 번역하여 한문 전적에 들어 있는 헤아릴 수 없는 선인들의 이야기를 통해 이를 내면화하고 바람직한 인간으로 성장하는 자양분이 될 뿐만 아니라 사회의 보편적인 가치를 존중하고 긍정적인 사고(태도)를 갖게 한다는 것이다.

연습을 통해 획득되며 의식적인 자각을 동반하는 것으로 여겨졌다고 한다. 그러나 현대는 의미가 변화하여 훈련을 필요로 하지 않으며, 암묵적으로 일어나고, 간편법의 과정을 거치며 실시간으로 일어나는 과정이라고 한다.

한문과 교육에 대한 사회적 요구는 교과의 성격으로 드러난다. 이러한 성격을 바탕으로 한문과는 학습자들을 도달시켜야할 교과 목표를 설정하게 된다. 그러므로 한문과의 목표는 한문과의 성격과 불가분의 관계에 있다.

한문과의 목표는 기본적으로 한자·한문에 대한 배경지식(스키마)와 문식성을 바탕으로 한 한자·한문의 재인과 독해에 있다. 이것은 언어생활과 한문 전적의 이해에 대한 기본이 되므로 한문과 교육에서 담당해야 할 중핵적인 목표가 된다.

그리고 이를 바탕으로 한 정의적인 영역의 목표로 확대된다. 이 모든 것은 역사적으로 사회적으로 한문과 교육이 학습자들에게 제공해야 할 내용을 말한다고 할 수 있다.

다. 내용 체계 검토

한문과 교육과정에서 내용 체계표가 제시된 것은 제6차 교육 과정부터이다. 그러나 제5차 교육과정에서도 표로 제시되지는 않았지만 영역을 설정하고 그에 따른 내용을 제시한 것을 볼 수 있다. 그러므로 제5차 교육과정부터 제7차 교육과정까지 그 영역과 영역별 내용을 검토하여 타당성을 검토함으로써 교육과정 내용 체계 변화의 양상을 살피고자 한다.

내용 체계가 제시되지 않은 제5차 교육과정으로부터 살펴보는 까닭은 제6차 교육과정의 내용 체계가 제5차를 근간으로 하였을 것이라는 점과 본격적인 내용 체계에 앞서 이전 상황의 확인이 진행과정을 살피는 중요한 방법이기 때문이다. 두드러진 특징은 제5차 교육과정 이후 모두 영역을 한자, 한자어, 한문으로 나누고 있다는 것이다. 그러나 그 내용을 나누어서 각 영역별로 검토할 필요가 있다. 주지하다시피 제5차 교육과정부터 내용 체계의 대영역을 '한자', '한자어', '한문'으로 설정하여 제시하였다.

이는 제7차 교육과정에 이르기까지 그대로 이어졌다. 앞의 장에서 논의한 내용 체계 영역의 모순과 문제점에도 불구하고 이는 그대로 검토를 진행해야 한다.

이 검토를 기반으로 하여 새로운 교육과정 내용 체계 구성의 시도가 가능하기 때문이다. 전체의 영역과 교육과정기를 통합적으로 검토하는 것이 바람직하나 물리적인 한계가 있으므로 나누어 검토하고자 한다. 그러므로 세 영역을 하나씩 검토하기로 한다.

1) 한자 영역

한자 영역의 내용 체계에 제시된 영역별 내용은 다음과 같다.

〈표Ⅴ-1〉 제5차~제7차 교육과정 한자의 내용

<table>
<tr><th>제5차</th><th>제6차</th><th colspan="2">제7차</th></tr>
<tr><td rowspan="2">• 한자의 음과 뜻을 알기
• 한자를 바르게 쓰고 활용하기
• 한자의 짜임을 통하여 한자를 이해하기</td><td rowspan="2">• 한자의 음과 뜻
• 한자 쓰기
• 한자의 짜임
• 한자의 활용</td><td>한자 익히기</td><td>• 한자의 음과 뜻 알고 쓰기
• 한자의 짜임을 통해 형·음·의 알기</td></tr>
<tr><td>한자 활용하기</td><td>• 언어생활에 활용하기
• 문장 독해에 활용하기</td></tr>
</table>

위의 표에서 보는 바와 같이 제5차 교육과정의 '한자' 영역은 '한자의 음과 뜻', '한자 쓰기[209]와 활용', '한자의 짜임'의 3개 영역으로 되어 있는데 제6차 교육과정에서는 이것을 압축한 언어로 제시하면서 '한자 쓰기'와 '한자의 활용'을 분리시켜 4개의 내용을 제시하였다. 이는 '한자의 활용'을 강화한 것으로서 지식의 활용을 강조한 것으로 이해된다.

제7차 교육과정은 중영역을 두어 '한자 익히기'와 '한자 활용하기'

209) 한자에서 '쓰기'는 국어에서의 '짓기'의 개념이 아닌 한자의 필순을 알고, 필순에 맞추어 쓰는 필사(筆寫)를 말한다.

를 설정하였다. 이렇게 두 개의 중영역을 설정한 것은 한자 학습의 본질인 '익히기'와 '활용하기'라는 것을 드러낸 것이다. 여기서 '익히기'는 지식에 대한 '익히기'이며, '활용하기'는 '기능'으로 볼 수 있다. 결국 제7차 교육과정의 '한자'영역은 '지식'과 '기능'의 영역으로 나누어 설정한 것이다.

그리하여 '한자 익히기'는 '한자의 음과 뜻 알고 쓰기'와 '한자의 짜임을 통해 형·음·의 알기'를 내용으로 하였으며 '한자 활용하기'는 '언어생활에 활용하기'와 '문장 독해에 활용하기'로 나누어 한자의 활용을 '언어생활'과 '문장 독해'라는 구체적인 활용양상을 드러냈다. 이는 제6차 교육과정까지는 제시되지 않았던 것으로 '한자'영역에 대한 개념이 구체화되어 가고 있다는 증거를 보여주고 있다.

다만 동의하기 어려운 것은 한자의 역할에 관한 것이다. 한자를 익혀서 언어생활에 활용하는 것은 결국 국어의 어휘에 적용한다는 것으로 이해할 수 있다. 언어는 개인에 따라 쓰는 어휘가 다르며, 문장의 형식도 개인차가 있다. 그러므로 한자를 안다는 것은 어휘에 대한 이해도가 높아질 수 있으며, 그것은 다양한 표현이 가능하다는 증거가 될 수 있다. 그러나 국어의 어휘는 한자어로 되어 있으므로 이는 한자어의 역할과 자체로 충돌을 일으키고 있는 것을 알 수 있다.

또한 문장 독해에 활용한다는 것도 논의가 필요하다. 한문은 한자의 조합으로 되어 있다. 당연히 한자는 한문을 구성하는 단위이지만 한자를 문장독해에 활용하는 것은 상향식 학습의 경우 문장 독해에 활용되는 것이다. 하향식 수업에 대해서는 검증된 바가 없다. 한문을 덩이글의 형태로 보아 선인들이 한 것과 같이 전체의 뜻을 파악하는 것도 고려해야 한다.

이러한 문제는 결국 내용 체계를 한자·한자어·한문이라는 길이의 분류를 한데서 야기된 것이다.

2) 한자어

한자어 영역에 제시된 내용 체계의 영역별 내용은 다음과 같다.

〈표Ⅴ-2〉 제5차~제7차 교육과정 한자어의 내용

<table>
<tr><th>제5차</th><th>제6차</th><th colspan="2">제7차</th></tr>
<tr><td rowspan="3">• 한자어의 음과 뜻을 알기
• 한자어를 바르게 쓰고 활용하기
• 한자어를 익혀 언어생활에서 바르게 사용하기
• 한자 성어의 짜임을 알고, 문장 구조 이해에 활용하기</td><td rowspan="3">• 한자어의 음과 뜻
• 한자어의 짜임
• 한자어의 활용
• 고사 성어</td><td>한자어 익히기</td><td>• 한자어의 음과 뜻 알고 쓰기
• 한자어의 짜임을 통해 뜻 알기
• 성어의 속뜻 알기</td></tr>
<tr><td>한자어 활용하기</td><td>• 언어생활에 활용하기
• 문장 독해에 활용하기</td></tr>
<tr><td>가치관 형성하기</td><td>• 선인들의 삶과 지혜를 이해하고 가치관 형성하기</td></tr>
</table>

한자어의 경우도 제5차 교육과정의 내용이 제6차 교육과정에 오면 간단한 진술로 바뀌고 있다. 그 내용을 보면 제5차 교육과정의 장황함이 제6차 교육과정에 와서는 압축하여 정리한 것을 볼 수 있다. 제5차 교육과정에서는 '활용하기'가 세 번 언급되는 데 반하여 제6차 교육과정에서는 '한자어의 활용'으로 압축되고 있다. 또 '한자 성어'라는 용어는 '고사 성어'로 바뀌었다. 앞에서 지적한 바와 같이 '한자 성어'는 고사를 포함하고 있지 않은 성어도 포함되므로 더 넓은 개념이다. 그런데 고사 성어로 한정한 것은 '한자어'의 범위에 관한 중복의 부담을 덜려는 시도로 보인다.

제7차 교육과정에서는 평면적이고 단선형이었던 '한자어' 영역을 보다 구체화하려는 의지를 보이며 3개의 중영역을 설정하였다. 중영역의 내용은 '한자어 익히기', '한자어 활용하기'., '가치관 형성하기'이다. 한자어 역시 한자와 마찬가지로 어휘의 영역이므로 '익히기'라는 '지식'의 영역과 '활용하기'라는 '기능'의 영역을 설정하였으며, 이전에는 없었던 '가치관 형성하기'를 설정하여 '가치'의 영역을 추가하였다.

'가치관 형성하기'는 '선인들의 삶과 지혜를 이해하고 가치관 형성하기'로 되어 '한자어'에 담겨있는 내용을 통해서 ① 선인들의 삶과 지혜를 이해하고 ② 가치관을 형성한다는 것이다. 한자나 한자어에 선인들의 생활이 녹아 있는 것은 불문가지이다. 한자는 바로 선인들의 삶을 통해서 형성해온 문자이기 때문이다.

그러나 한자・한자어에 '선인들의 삶과 지혜'가 적게 들어 있다는 것은 아니지만 대체로 '가치'의 문제는 '내용'에 관계된 것이므로 '고사 성어'에서 찾아야 할 것인데 이 '고사 성어'가 한자어에 포함되었기 때문에 '가치관 형성하기'가 설정되었다고 본다. 그러므로 제7차 교육과정에 들어와서 '한자어'의 범위는 더 이상 팽창할 수 없을 만큼 확장되었다. 그러므로 '한자어'의 영역 설정에 관하여는 '한자어'가 한문과 교육에서 가지는 의미를 규정하고 그 역할에 대하여 반드시 해결을 하지 않으면 안 될 상황에 이르렀다고 할 수 있다.

3) 한문

한문 영역에 제시된 내용 체계의 영역별 내용은 다음과 같다.

〈표V-3〉 제5차~제7차 교육과정 한문의 내용

제5차 교육과정 한문
• 문장의 기본 구조를 알고 활용하기 • 문장의 확장 구조를 알고 활용하기 • 복합문의 구조를 알고 활용하기 • 문장의 형식을 알고 풀이하기 • 허자의 구실을 알고, 문장 독해에 활용하기 • 산문의 특징을 알고 독해하기 • 한시의 특징을 알고 감상하기 • 좋을 글귀를 암송하고, 그 감명을 되살리기 • 한문 기록에 담긴 선인들의 사상, 감정 및 가치관을 이해하기 • 한문 기록에 담긴 선인들의 훌륭한 행실을 본받고, 전통 문화를 바르게 수용, 발전시키려는 태도 가지기

<table>
<tr><th>제6차 교육과정 한문</th><th colspan="2">제7차 교육과정 한문</th></tr>
<tr><td rowspan="5">• 한문의 독해
• 문장의 구조
• 문장의 형식
• 허자의 쓰임과 구실
• 한시의 풀이와 감상
• 선인들의 사상과 감정 이해 및 가치관 형성
• 전통 문화의 이해와 계승, 발전</td><td>한문 익히기</td><td>• 산문을 읽고 풀이하기
• 문장 구조를 통해 문장의 내용 알기
• 허자의 쓰임을 알고 활용하기
• 문장의 형식을 통해 문장의 뜻 풀이하기</td></tr>
<tr><td>한시 익히기</td><td>• 한시를 풀이하고 감상하기
• 한시의 기초적인 형식과 특징 이해하기</td></tr>
<tr><td>한문 활용하기</td><td>• 격언 · 속담, 명언 · 명구를 일상생활에 활용하기</td></tr>
<tr><td>가치관 형성하기</td><td>• 선인들의 삶과 지혜를 이해하고 가치관 형성하기</td></tr>
<tr><td>전통 문화 계승 발전 시키기</td><td>• 전통 문화를 이해하고 계승, 발전시키기
• 한자 문화권 내에서의 상호 이해 증진하기</td></tr>
</table>

'한문' 영역에서는 위의 표에서 보는 바와 같이 주로 '문장 독해'를 위한 내용으로 채워져 있으며 '문장'은 크게 '단문'과 '장문'으로 나눌 수 있으며, 또한 '산문'과 '운문'으로도 나눌 수 있다. 단문의 독해를 위하여 '문장의 구조', '문장의 형식', '허자의 쓰임'을 알며, 한시의 풀이와 감상은 제5차 · 제6차 · 제7차를 통하여 공통적이다.

제6차 교육과정에서는 제5차 교육과정에서 보여준 상세한 설명이 요약되어 명료화한 것을 볼 수 있다. 주목할 것은 '좋은 글귀를 암송하고, 그 감명을 되살리기'와 같은 추상적인 진술이 탈락하고 구체적인 진술로 바뀌었다.

한문 독해의 문식성은 '한자'나 '한자어'보다 한층 복잡하고 많은 스키마를 요구하는 과정이다. 그러므로 교육과정에서는 복합적인 사고에 의한 독해의 과정에 제시되어야 함에도 불구하고 독해에 필요한 지식의 나열이 되고 있어 독해의 구체적인 양상을 드러내지 못한 한계를 가지고 있다고 할 수 있다.

한문은 단문도 있지만 장문으로 이루어진 문장이 주류를 이루므로 단문의 독해보다 가일층 난이도가 높을 수밖에 없다. 또한 한시는 운문으로서 산문이 가지지 못하는 운율까지도 해결해야 하는 어려움이 있다. 그럼에도 불구하고 문장을 독해하고 나면 문장에 들어 있는 정의적 영역에 대한 고려를 하지 않을 수 없다. 제5차 교육과정에서는 '한문 기록에 담긴 선인들의 사상, 감정 및 가치관을 이해하기'로 되어 있어서 학습자가 모든 것을 이해하여야 했던 것을 제6차 교육과정에서는 '선인들의 사상과 감정 이해 및 가치관 형성'으로 '선인들의 사상과 감정'을 이해하고, 학습자가 '가치관'을 형성하는 것으로 바뀌었다. 그리고 '한문 기록에 담긴 선인들의 훌륭한 행실을 본받고, 전통 문화를 바르게 수용, 발전시키려는 태도 가지기'로 장황하던 것을 '전통 문화의 이해와 계승, 발전'으로 명료화하였다.

제7차 교육과정에서는 '한문' 영역에 5개의 중영역을 설정하여 내용을 범주화하였다. 각기 다른 층위의 내용들이 평면적으로 펼쳐 있던 것을 한문과 한시를 '익히기', 한문을 일상생활에 '활용하기', 전통 문화를 '계승 · 발전시키기'로 위계도 부여하였다.

'한문 익히기'에는 '한문 독해'에 필요한 내용인 문장의 구조와 형식, 허자의 쓰임 등이 내용으로 제시되었으며, '한시 익히기'는 한시를 풀이하고 기초적인 형식과 특징을 이해하는 내용으로 제시되었다.

'한문 활용하기'는 주로 단문에 해당하는 '격언 · 속담, 명언 · 명구'를 일상생활에 활용하는 것을 내용을 제시하여 한문 문장과 언어생활과의 관계를 설정하였다.

'가치관 형성하기'는 '선인들의 삶과 지혜를 이해하고 가치관 형성하기'로 제6차 교육과정의 내용을 그대로 계승한 것을 알 수 있다. '전통 문화 계승·발전시키기'는 '전통 문화를 이해하고 계승, 발전시키기'와 '한자 문화권 내에서의 상호 이해 증진하기'의 2개의 내용을 제시하였다.

두 번째의 '한자 문화권 내에서의 상호 이해 증진하기'는 새로이 제시된 내용으로 동북아 한자 문화권은 역사적으로 그 유대가 깊을 뿐만 아니라 공유하는 내용도 풍부하며 또한 근자에 이르러 국제적으로 위상이 증가함에 따른 시대의 양상을 배려한 것이다.

결국 한문 영역은 한문의 독해로부터 전통과 현대를 연계하여 교감을 할 뿐만 아니라 한·중·일(물론 한자문화권에 이 세 나라만 있는 것은 아니다.)의 상호 이해와 교류에도 한문과가 기여해야 한다는 것을 주 내용으로 하고 있다고 할 수 있다.

한문과 교육과정 내용 체계는 많은 학자들에 의해서 검증되었듯이 대영역을 제5차로부터 '한자·한자어·한문'으로 설정하고, 제7차 교육과정에서는 제6차 교육과정에 없던 중영역을 두어 보다 구조화하려는 모습을 보였다. 그리하여 '익히기', '활용하기', '형성하기' 등의 용어로 중영역을 설정한 것은 평면적 기술에서 벗어나지 못한 한계를 지니고 있기는 하지만 나름대로의 교과 교육의 내용을 범주화하고 있다고 인정할 수 있다.

그러나 단선형에 의한 '동어 반복'에 의한 나열이 두드러지고 있으므로 과연 이 내용 체계가 한문과 교육의 내용을 모두 포괄할 수 있는지는 의문이다.

결국 내용 체계는 포괄성, 위계성, 체계성이라는 입체적인 양상을 띠어야 함에도 불구하고 한문과 교육과정 내용 체계는 그러한 교과 교육의 모습을 특징적으로 드러내고 있다기보다는 내용을 평면적으로 범주화하고 그 범주화한 것을 상세화한 수준에 그치고 있다는 비판을 면할 수 없었다.

2. 내용 체계 구조화 및 범주화의 원리

한문과의 내용은 전제한 바와 같이 크게 고전을 현대에 되살리는 것과 언어생활에 쓰이고 있는 한자어에 대한 것으로 나눌 수 있다. 제7차 교육과정 성격과 목표에서는 '한자·한자어·한문'을 모두 언어생활에 활용한다고 제시하였는데 이에 대한 설명은 따로 제시되지 않았다.[210] 그러므로 제7차 교육과정 구성 담당자들이 뜻하는 바를 알기는 어렵다. 다만 필자의 생각은 언어생활에 활용하는 것은 어차피 '한자어'일 수밖에 없다는 것이다.

Ⅳ-2에서 논의한 바와 같이 '한자어'는 '한자'의 일부를 포함한 국어과에서 한자 어휘를 다루는 용어이다. 그러므로 한자·한자어·한문을 익히는 것은 '지식'이며, '기능'은 이를 읽고 이해하고 해석하고 내용을 파악하는 것이다. '가치'는 이른 바 '감상·태도'에 관한 것으로서 '한자·한자어·한문'을 독해하고 그 내용에 대한 '감상'과 '태도' 등이다.

전술한 바와 같이 '한자'와 '한자어', '한자어'와 '성어' 그리고 '성어'와 '문장'은 그 영역이 서로 겹치는 문제가 발생하고 있다. 따라서 본고에서는 이를 이원화하여 우선 '한자 생활'과 '한문 독해'로 나누었다. 그리고 '한자·복합어·한문'의 배경 지식과 문법 요소를 포괄하여 '한문 지식'을 설정하여 영역을 3분하였다. 그리하여

---

210) 교육부, 『제7차 교육과정 한문과 교육과정 해설』(서울 : 교육부, 1997), 16쪽. 이 해설서는 이에 대하여 다음과 같이 설명하였다. "고등학교 '한문'은 일반적인 목표 요소를 '① 언어생활에서 바르게 읽고 쓰기, ② 한문을 독해할 수 있는 기초적인 능력 배양, ③…, ④…'을 들고, 위의 4개 항목의 목표 요소를 한자, 한자어, 한문 영역에서 모두 달성하는 것으로 통합하여 제시하였다." 이 내용을 보면 '한문'이 어떻게 언어생활에서 바르게 읽고 쓰게 되는지 알 길이 없다.

한문과의 내용 체계 시안으로 우선 '한자 생활', '한문 지식', '한문 독해'라는 영역을 설정하였다. 그리고 '한문 자료'를 설정하여 실질적으로 학교 현장에 필요한 내용을 추가할 수 있게 하였다. 이들에 대하여 각 항목별로 살펴보기로 한다.

가. 한자 생활

'한자'는 한문과에서 바탕을 이루는 단어로서 하나의 글자가 하나의 뜻과 음이 있는 이른 바 '한자의 3요소'를 가지고 있다. 한자는 홀로 쓰이기도 하고 또 결합하기도 해서 '한자어'나 '성어'를 이루기도 하며, 문법적 요건을 갖추어 '한문 문장'을 구성하는 최소 단위가 된다. 그러나 Ⅳ-2에서 논한 바와 같이 '한자어'라는 영역은 '한자+한자 복합어+성어'로 이루어진 우리 말 속에서 한자로 표기할 수 있는 모든 어휘를 일컫는 말이다. 그러므로 '한자'와 '성어'는 각각 한자어와 교집합과 차집합을 형성하게 된다.

한자는 한문에서는 단어이면서 일부가 국어에서 어휘로 쓰여 '한자어'로 취급되고 있다. 국어에서도 모든 한자가 단어나 어휘로 쓰이는 것은 아니다.

'성어'의 경우는 제6차·제7차 교육과정에 의하면 문장이 아닌 것과 함께 문장으로서의 요건을 모두 갖춘 것이 함께 '한자어'에 속하여 영역 설정의 요소가 되었다. 따라서 '한자어'는 국어과의 어휘 중 '고유어'와 '외래어'에 대응하는 어휘로서 한문과의 교육과정의 대영역명으로는 적합하지 않다는 것이 증명되었다. 그러므로 본고의 내용 체계 시안에서는 우선 '한자'라는 용어를 선택하였다. '한자어'를 익히든, '한문'을 익히든 '한자'를 익히지 않고는 가능하지 않으므로 '한자'라는 용어의 선택은 필수 불가결한 것으로 판단하였다. 또한 어휘로서의 '한자어'는 '한자'를 익히고 '복합어'의 짜임을 익히면 쉽게 익힐 수 있다. 그리고 익힌 한자어는 주로 언어생활의 활용이 용이해지므로 '한자'를 바탕으로 한 '언어생활'이라는 측면을 강조하여 '한자 생활'이라는 대영역을 설정하였다. 여기서 '생활'이라는 것은 한국인의 일상 속에서 만나게 되는 언어와 문서들을 포함한 '언어생활'을 말한다. 그러므로 '한자 생활'이라는 용어로 대영역을 설정한 것은 두 가지의 의미를 새로이 추가할 수 있다.

첫째, 한문과 내용의 용어가 내용체계 대영역의 용어로 사용되어서는 안 된다. 만약 그렇게 될 경우는 이제까지 한문과 교육과정 내용 체계와 같이 도달점만을 주거나, 학습의 과정을 계획하고 진행하는 양상을 내용 체계에서 드러낼 수 없다.

둘째, 일상의 언어생활에서는 '한문'보다는 '한자'가 중심이 되어 활용된다. 현재 한문 교육용 기초한자 1,800자 익히기를 비롯하여 사교육 시장의 이른 바 '한자 검정'의 열풍은 이를 대변한다고 할 수 있다. 대부분의 한자 검정 단체는 한문 교육용 기초한자 1,800자를 포함하면서 그의 두 배나 되는 한자 지식을 요구하고 있다.

많은 한자를 익힌다는 것이 한문 독해가 가능하다는 뜻이 될 수는 없다. 그러므로 언어생활과 일상생활의 용어들을 고려한다면 '한자 생활'이라는 용어가 그 내용을 포괄할 수 있을 것이다. 그리고 이에 대한 중영역으로는 '읽기'와 '활용'을 설정하였다.

1) 읽기

일반적으로 '읽기'는 텍스트에 대한 '읽기'이며 이는 상호 텍스트성에 관한 것이다. 그러나 '한자 생활'의 읽기는 말 그대로 '한자'의 독음을 읽는 과정이며, 그에 따른 뜻(의미)을 재인하는 과정이다. 그러므로 언어생활에서 문맥에 맞는 '한자 읽기'가 중핵이 된다.

한자(漢字)로 쓰인 어휘들을 읽어내고 그 내용을 바르게 재인하며, 이러한 경험들이 쌓여서 수많은 한자어가 쓰인 언어생활의 문장을 통사적으로 풀어내는 것이 아니라 '한자 복합어의 짜임'을 통하여 풀어낼 수 있는 것이 바로 '한자 생활'의 '읽기'이다. 그러므로 '한자 생활'의 '읽기'는 한문과 교육의 가장 기본적인 바탕을 이루는 것이며, 모든 한문과 교육은 이로부터 출발한다고 할 수 있다.

중학교에 처음 진학한 학생들은 기본적으로 '한자'를 처음 배우는 것으로 인정해야 한다. 물론 제7차 교육과정에 들어서는 상황이 더욱 악화되어 고등학교에서 처음 한자를 접하는 학생도 다수 생겨나고 있다. 그들에게 한자는 매우 어렵고 복잡한 문자로 인식될 가능성이 농후하다. 이러한 문제는 한문과 교육에서 늘 부담으로 다가오고 있다.

일본에서 유치원 아이들에게 한자 교육을 하고 있는 이시이 이사오(石井 勳)는 처음에 한자를 접하는 학생들은 읽기를 먼저하고 쓰기는 나중에 해야 효과가 있다고 말하고 있다.[211] 그러므로 우선 '읽기'의 과정을 통하여 한자의 형·음·의에 익숙해진 이후에 '한자 쓰기〔筆寫〕'의 과정을 갖추어야 할 것이다. 국어에서 '쓰기'라는 용어는 이른 바 '글짓기'를 말하는 것이다. 그러나 한문과에서는 漢字의 형태와 음과 뜻을 직접 써보는 과정의 '筆寫'를 지칭한다. 한자의 필사는 단순히 모양을 따라서 그리는 것이 아니라, 우선 한자의 형태의 유사점을 발견하여 그 음과 뜻의 관계를 유추할 수 있다. 둘째로 필순과 부수·획수 등 한자에 대한 지식이 체득되는 과정으로서 반드시 거쳐야 한다. 필사를 제대로 하지 않은 결과는 이른 바 '읽을 수는 있지만 쓰지는 못한다.'는 자기 한계의 고백을 만들어낸다.

'읽기'의 영역별 내용으로는 '한자의 음과 뜻', '복합어의 음과 뜻', '성어의 음과 뜻'의 3개 항목을 설정하였다.

---

211) 이시이 이사오(石井 勳) 지음, 신채식 편역, 『한자교육 혁명』(서울 : 두뇌개발, 2002), 170쪽. 이시이는 "한자 학습은 '읽기 먼저' 하고 '쓰기는 후에' 해야 한다. 읽고 쓰기를 동시에 하기 때문에 漢字가 더 어렵다."고 말하고 있다.

2) 활용

'한자'의 '읽기'를 통하여 알게 된 내용들을 언어생활에 활용하는 것을 '활용'으로 설정하였다. 그러므로 '활용'에는 우리말로 글을 지을 때나 우리말로 대화를 할 때 '한자어'를 정치하게 사용하여 문장을 구사할 수 있는 능력을 말한다. 그리고 국한혼용으로 지어진 글에서 한자의 뜻을 알아 전체의 내용을 파악하는 것도 '활용'이라고 본다. 좀 더 진행된 '활용'으로는 한글로 표기된 '한자어'를 '한자'로 바꾸어 표기할 수 있는 과정을 포함하는 것으로 확대된다.

일상의 언어생활에서 의미요소를 갖는 어휘의 대부분인 한자어나 성어를 활용하는 것은 당연하다. 그러나 그 뜻을 알고 정확하게 활용하는 능력은 '한자'와 '한자 복합어' 그리고 '성어'를 제대로 익히지 않고는 불가능한 것이다.

또한 '한자'의 '활용'은 한문 문장을 '독해'하는 데에도 활용될 수 있다. '한자'의 다양한 뜻을 익히며, 그에 대한 용도를 숙지하는 것은 '한문 독해'의 근본적인 바탕이 되기 때문이다.

'한문 독해'의 과정은 문장을 구성하고 있는 한자의 뜻을 바르게 적용하여 문법적 요소로 풀어내는 것이다. 물론 여기에는 사전 지식인 '스키마'가 작용하는 것은 물론이며 '문식성' 또한 기능하게 될 것이다. 다만, '한문 독해'에서 '한자'의 역할 중 중요시하는 것은 '한자'의 많은 뜻 가운데 적절한 뜻을 적용할 수 있는 능력이다. 그러므로 '한자 생활'의 '활용'은 '언어생활'과 '문장 독해'에의 활용으로 크게 양분할 수 있다. 이러한 과정을 거치는 동안 '국한문 혼용의 글짓기' 능력과 언어생활에서의 어휘력은 자연스럽게 향상될 수 있을 것이다.

'활용'의 영역별 내용으로는 '언어생활에 활용'과 '문장 독해에 활용'을 설정하여 한자·복합어·성어가 모두 활용되도록 하였다.

나. 한문 지식

지식은 학문을 구성하는 요소이며, 교과를 구성하는 바탕이 된다. 지식은 크게 명제적 지식과 방법적 지식으로 나눌 수 있다. 명제적 지식은 우리들이 갖는 경험을 이해하는 방식들이며 사실, 개념, 원리 등을 들 수 있다. 방법적 지식은 수행 능력을 말하며 기능으로 불릴 수도 있다. 자전거를 타고, 바느질을 하며, 2차 방정식을 해결하는 방법을 아는 것이 방법적 지식이다.[212] 한문에 관한 지식은 명제적 지식과 방법적 지식이 모두 있을 수 있으나 여기서 다루고자 하는 것은 명제적 지식이다. 즉 한문에 관한 개념, 원리 등이 이에 해당된다.

한문과 교육과정의 두 축은 전제한 바와 같이 한자·한자 복합어를 익혀 언어생활에 활용하는 것과 문장독해를 통하여 전통문화를 계승·발전시키는 것이다. 한자·한자복합어는 그 나름대로의 생성과 발전을 거듭하여 내재적인 규칙을 가지고 있다. 한문 또한 독해하기 위해서는 문장을 구성하고 있는 문법적인 요소를 파악하지 않으면 안 된다. '한문 문법'은 한자·한자어의 내재적인 규칙과 문장을 독해하는 문법의 요소를 함께 일컫는 용어이다.

위의 '한문 문법'과 '한문에 관한 지식'을 포함하여 '한문 지식'이라는 대영역을 설정하였다. '한문 지식'에 관한 내용은 '한자의 삼요소', '한자의 짜임(문자학)'[213], '복합어의 짜임(한자 복합어의 의미를

212) 김대현·김석우 공저, 『교육과정 및 교육평가』(서울 : 학지사, 2003), 118쪽.

213) '한자의 짜임'이라는 용어도 문제가 없는 것은 아니다. 사실 '한자'는 짜여 있는 것도 있지만 그렇지 않은 것들도 많기 때문이다. '한자의 짜임'이라는 용어는 결국 '한자어의 짜임'이라는 용어에서 '짜임'을 가져왔을 가능성이 농후하다. 그러나 '한자'의 생성과 발달, 그리고 현재의 모습이 가지는 특성 등은 '짜임'이라는 용어로 설명하기에는 상당한 무리가 뒤따른다. 언제부터인가 일반화되어 '한자의 짜임'이라는 용어를 사용하고 있지만, 실제로 이 용어는 '문자학'이라는 학문의 영역을 우리말로 고치다보니 부적절한 부분이 드

구성하는 한자끼리의 상호관계)', '문장의 구조(통사론)', '문장의 형식', '허자의 쓰임' 등의 용어로 진술되었다. 그리고 이러한 내용들은 교육과정 내용 체계에서는 대영역으로 설정되어 영역을 분리하지만 교재의 구성이나 교수·학습에서는 학습 내용에 녹여서 제시되는 것이 바람직하다. 제7차 교육과정에서는 이러한 영역을 설정하지 않고 모든 영역에 녹여서 진술되었기 때문에 한문 지식에 대한 실상을 파악하기가 어려운 측면이 있었다. 정리하면, '한문 지식'은 한문에 대한 배경지식과 '한자의 특성', '복합어의 짜임', '문장의 구조와 형식', '허자의 쓰임' 등 문법지식을 포괄하는 개념이다. 이에 대한 중영역은 배경 지식이나 문법의 대상이 되는 '한자', '복합어(한자 복합어)', '문장'의 3개 영역을 설정하였다. '한자어'라는 용어의 문제는 Ⅳ-2에서 자세히 논하였기 때문에 이후의 교육과정에서는 사용하지 않는 것이 바람직하다고 여겨진다.

1) 漢字

한문과 교육과정 내용 체계의 기본 단위는 한자이다. 한자는 복합어·성어·한문을 이루는 출발점이기 때문이다. '한자'는 기본적으로 1음절이며, 또한 국어의 '한자어', 한문의 '한자 복합어', '한자 성어', '한문'의 바탕 지식이다. 이에 대한 지식은 형·음·의로 일컬어지는 '한자의 삼 요소'와 '한자의 생성과 발달(한자 발달에 관한 지식)'[214], '한자의 부수와 획수(자전 찾기)', 상형·지사·회의·형성·전주·가차 등으로 지칭되는 '한자의 짜임'이 그 내용이 된다. 그러나 위에서 논한 바와 마찬가지로 한자의 특성을 설명하면

러난 것이다.

214) 이 내용은 Ⅲ-2의 '한자의 발달'에서 설명하였다. 한자의 발달은 한자의 자형이 陶片文→甲骨文→大篆→小篆→隸書→章草→狂草→行書, 혹은 예서→해서→행서로 발달하는 과정을 말한다. 문자학이란 한자의 字形·字音·字意를 訓詁學적으로 연구하는 것이다. 그러므로 한자의 발전은 문자학에 포함되는 개념이라고 할 수 있다.

서 '짜임'이라는 용어를 쓰는 것은 재고해야 할 것이다. '文字學'의 우리말 해석이 '짜임'이 될 가능성도 없을 뿐더러 실제와도 다르기 때문이다.

'한자'의 영역별 내용으로는 '한자의 짜임', '한자 필순', '한자의 부수'의 3개 항목을 설정하였다.

2) 복합어

제7차 교육과정까지는 '한자어'라고 일컬어졌던 부분이다. 그러나 Ⅳ-2에서 자세히 고찰한 바와 같이 더 이상 '한자어'라는 용어는 한문과 교육과정 내용 체계의 영역명으로 사용해서는 안 된다.

복합어라는 용어가 국어의 복합어와 혼란을 일으킬 가능성에 대하여 '한자 복합어'라는 용어를 사용할 수도 있으나 본고에서 논하는 것은 국어 교육과정 내용 체계가 아닌 한문과 교육과정 내용 체계이므로 '한자'를 빼고 단순히 '복합어'라는 용어를 사용해도 무방할 것이다.

'복합어'는 기본적으로 '2음절 이상의 단어'를 가리킨다. 복합어는 Ⅳ-2에서 논한 바와 마찬가지로 '한자'를 제외한 '어휘'이다. 여기는 문장을 형성하지 못하는 일부의 '성어'를 포함할 수 있으나, 문장의 구조를 갖춘 '성어'는 포함하지 않는다. 복합어는 국어의 학교 문법에서와 같이 합성어와 파생어를 아우르는 개념이다. 복합어에 대한 지식으로는 '복합어의 생성과 발달', '복합어의 종류', '복합어의 짜임'이 그 내용이 된다.

Ⅳ-2에서 논한 바와 같이 '복합어'가 만들어진 양상은 세 가지이다. 첫째, '한문 고전'에 그 바탕을 두고 있는 것. 둘째, 근대 서구의 발달한 사회·과학 용어를 번역하는 과정에서 만들어진 용어. 셋째, 우리말을 한자로 옮기는 과정에서 만들어진 용어 등 태생부터 다른 다양한 종류의 복합어가 생성과 발달을 거듭하여 왔다. 그러

나 그 어휘(복합어)의 내부 구조(짜임)는 모두 같은 방식으로 설명할 수 있으므로 문법적 지식을 예외 없이 적용할 수 있다.

이와 같은 내용을 바탕으로 '복합어'의 영역별 내용은 '복합어의 종류', '복합어의 짜임'의 2개 항목으로 설정하였다.

3) 문장

Ⅲ-1에서 살펴본 바와 같이 '한문'은 문자 언어로서 구어나 매체를 통한 의사소통의 과정이 없을 뿐 다른 언어적 특질을 모두 갖고 있다. 그러므로 '한문 지식'에서의 '문장'은 문장을 구성하는 모든 문법적 내용을 포괄한다. 한문 문장은 우리말의 구조와 달라서 서술어가 먼저 오고 목적어 · 보어가 나중에 오므로 중국어 · 영어와 문장의 구조가 유사한 형태를 가지고 있다.

그러므로 '문장의 구조'는 통사론의 과정으로 접근해야 하며, 우리말과의 어순의 차이를 설명하는 데 중점을 두어야 할 것이다. '문장의 형식', '허자의 쓰임' 등이 그것이다. 특히 허자의 쓰임은 한문 문장을 독해하는 데 중요한 단서를 제공하는 것이므로 소홀히 해서는 안 된다.

운문은 주로 漢詩를 중심으로 형식과 특징을 다룬다. 한시는 역사상 가장 많은 수의 작품을 생산한 중요한 문학의 갈래이다. 한시에 대한 이해는 선인들의 삶과 지혜를 이해하는 데 중요한 단서를 제공하기도 한다. 그러나 한시는 매우 다양할 뿐만 아니라 독특한 형식과 운율 등의 특징을 가지고 있어 일반적인 문장 독해의 범주로 파악하기 어려운 부분이 많다. 그러므로 한시의 형식과 특징은 학교 급별 수준을 고려하여 다루어야 한다.

이상의 내용을 고려하여 '문장'의 영역별 내용으로는 '문장의 구조', '문장의 형식', '허자의 쓰임', '한시의 형식과 특징'의 4개 항목을 설정하였다.

다. 한문 독해

제7차 교육과정기에 이르기까지 모든 교육과정에서 가장 중요시하였던 영역은 '한문 독해'라고 할 수 있다. '한문'이라는 교과가 성립하는 근간이 되는 요인 중에서도 우리 선조들이 수천 년에 걸쳐 쌓아온 수많은 전적들이 한문으로 기록되었다는 것에 대한 배려가 가장 클 것이다.

한문과가 담당해야 할 내용이 한자·한자 복합어·성어 정도라면 굳이 한문교과를 개설하지 않고도 충분히 자습이나 한자 검정 등 사교육을 통하여 소기의 성과를 이룰 수도 있을 것이다. 그러나 '한문 독해'는 단순히 문장을 독해하는 과정을 넘어서 그 안에 들어 있는 헤아릴 수 없는 문화 콘텐츠를 발견하고 그것을 현대에 적용해야 한다. 이른 바 '溫故知新', '博古通今'하는 과정이다.

'한문 독해'는 '한자 생활'과 '한문 지식'에서 습득한 모든 내용을 종합적으로 활용하여 '한문'을 '독해'하는 것이다. 이러한 독해의 과정은 Ⅲ-1에서 논의한 바와 마찬가지로 언어학에서의 '읽기〔讀解〕' 이론과 부합하며 부분적으로는 '讀書'의 이론과도 관련을 갖는다. 그리고 독해하는 과정을 통해서 '감상'과 '태도'의 영역을 확보한다.

그것은 제5차·제6차·제7차 교육과정에서 언급한 대로 선인들의 삶과 지혜를 이해하고 그것을 내면화하여 건전한 가치관과 바람직한 인성을 함양하며, 전통문화를 창조적으로 계승 발전시키려는 태도를 함양하는 과정을 가진다. 또한 '한자문화권'을 이해하고 '사회 보편적인 가치'를 추구하며 '한자 문화권에 대한 상호 이해'를 바탕으로 '교류 증진'에 기여하게 하는 것이다.

이상의 내용을 고려하여 대영역 '한문 독해'의 중영역은 '독해', '감상', '문화'의 3개 영역으로 설정하였다.

1) 독해

여기서 독해는 우리글을 읽는 것과 마찬가지로 한문 문장을 읽고 그 내용을 알아내는 과정이다. 그러므로 국어과의 '읽기'와 유사하며 텍스트 구조를 파악하는 것이 그 핵심이 될 것이다. 한문 문장은 단문과 장문으로 나누기도 하고, 운문과 산문으로 나누기도 한다. 한문 문장의 종류는 매우 다양해서 운문과 산문의 중간격인 문장도 있고, 또는 실용문들도 있으므로 일률적으로 나누는 것은 자칫 내용을 빠뜨리는 실수를 할 가능성이 있다. 독해를 해야 할 대상에는 '한시'를 비롯한 운문과 산문을 대변하는 이른 바 '文·史·哲'이 있다. '문·사·철'을 제외한 나머지는 '기타 산문'이라고 지칭해도 무방할 것이다.

단문에는 '성어', '속담·격언', '명언·명구'가 해당된다. 전술한 바와 같이 '성어'도 문법적으로 완전한 문장이라면 단문으로 인정해야 한다. 그리고 '속담·격언', '명언·명구'는 정형화되어 있는 것이다. 이들은 한결 같이 단순한 문장이 아니며, 겉뜻과 속뜻을 함께 내포하고 있다. 그러므로 표면적인 독해로는 그 속뜻을 알기가 어려우므로 그들이 가지는 이중구조를 파악하는 것이 중요할 것이다.

산문은 여기서는 단문을 제외한 장문으로 설정하였다. 현재에 한문으로 글을 짓는 일은 흔하지 않다. 혹은 짓는다고 해도 고전의 내용을 차용하여 몇 자를 바꾸는 수준일 것이다. 그러므로 '산문'을 독해하는 것은 이미 지어진 한문 기록 속의 문장을 독해하는 과정이 될 것이다. 독해의 과정은 '한자 확인'으로부터 '의미의 단위로 나누어 읽기', '글의 구조 이해하기', '내용을 비판하면서 읽기' 등 국어의 '독서'와 '읽기'와 유사한 과정을 거칠 것이다. 여기에는 앞에서 언급한 '문·사·철'이 모두 포함된다.

'한시'는 위의 '산문의 풀이'의 과정에 한시라는 독특한 형식과 특징을 포괄하여 풀이하여야 할 것이다. 부연하면 '한문 지식'의 '문장'에서 배려한 '한시의 지식'을 바탕으로 하는 '한시의 풀이'는 '한시의 운율', '한시의 구조', '한시의 수사'를 고려한 것이어야 한다는 것이다.

이상의 내용을 고려하여 '독해' 영역의 영역별 내용은 '단문의 풀이', '산문의 풀이', '한시의 풀이'의 3개 항목으로 설정하였다.

2) 감상

감상은 '한시'를 비롯한 운문과 '문학문, 역사문, 철학문' 등의 한문 문장을 통하여 선인들의 삶과 지혜를 이해할 뿐만 아니라 동양적 가치 체계를 이해하고 그 철학에서 우러나는 정의적인 영역에 대한 감상을 내용으로 한다. 현대의 눈으로 과거를 보는 것은 자칫 과거를 폄하하는 오류를 범할 가능성도 적지 않다. 그러나 과거는 오늘이 있게 한 근본이며 또 미래를 대비하기 위한 준비과정이기도 하기 때문이다.

한문과의 '감상'은 그런 의미에서 중요성을 배가 한다. 경제적으로 현재보다 대단히 열세에 있던 선인들의 삶에 대한 인식은 오히려 정신적으로 현대인보다 앞서 있는 것으로 보인다. 어려서부터 가정교육이 탄탄하였으며, 자라는 과정에서 사회 시스템 자체가 교육적 환경을 무수히 제공하였고, 삶 자체가 인내와 용기의 연속이었던 선인들의 생활은 정신적인 의지를 강화할 기회가 많았을 것이다. 그러한 선인들이 남긴 글들은 그들의 삶의 연속선상에 서 있다. 한문과 교육과정에서는 이러한 선인들의 높은 정신적 수행의 과정이 들어 있는 문장들을 감상함으로써, 현대인이 빠지기 쉬운 유혹에서 벗어나게 할 수 있을 것이다.

이에는 감상을 통하여 Ⅲ-3에서 살펴본 '사회 보편적 가치 추구'의 일환으로 '건전한 가치관과 바람직한 인성'을 함양하며, '전통 문화를 바르게 이해하고 창조적으로 계승 발전시키려는 태도'까지도 포함한다.

이상의 내용을 반영하여 '감상'영역의 영역별 내용은 '산문의 감상', '한시의 감상', '가치관과 태도'의 3개 항목으로 설정하였다.

3) 문화

문화는 자연 상태에서 벗어나 일정한 목적 또는 생활 이상을 실현하고자 사회 구성원에 의하여 습득, 공유, 전달되는 행동 양식이나 생활양식의 과정 및 그 과정에서 이룩하여 낸 물질적·정신적 소득을 통틀어 이르는 말이다. 여기에는 의식주를 비롯하여 언어, 풍습, 종교, 학문, 예술, 제도 따위를 모두 포함한다. 그러므로 전통문화는 전통적으로 우리 선조들이 향유해온 의식주에 관한 것을 비롯하여 한문 문화, 풍습, 불교·유교 등의 종교, 학문, 서예·그림·음악을 포함한 예술, 그리고 통치제도까지도 모두 포함되는 것이다. 이러한 전통 문화 중에서 한문과 관련있는 것들은 부지기수이다. 기록으로 전해오는 문·사·철의 방대한 전적들, 서예·문인화 등 선비들이 향유했던 예술품들, 선조들이 사용했던 수많은 골동품들, 우리의 언행과 사회의 제도에 배어 있는 예의를 비롯한 수많은 행동양식들은 모두 한문과 관련이 깊은 전통문화이다.

한문과는 이러한 문화에 대한 교육을 통하여 전통과 현대를 잇는 가교로서의 역할을 담당해야 한다. 한문과 교육은 한자·한문을 통해서도 가능하지만 매체를 통해서도 가능하며, 또한 문화의 내용을 가지고도 가능하기 때문이다.[215]

한자 문화권은 현재도 한자를 쓰고 있는 한·중·일의 삼국뿐만 아니라 베트남·몽골 등 과거에 한자를 사용하던 국가를 포함하며,

---

215) 한문교과에서 담당해야 할 전통문화의 내용에 대해서는 전국한문교사모임(전한모)에서 발간하는 '漢文 教育'에 다양하게 소개되어 있다. 양이 많은 관계로 일일이 소개하지는 않는다.

화교가 상권을 쥐고 있는 동남아 국가까지도 포함한다. 그러나 현재 한문을 사용하지 않는 국가를 포함하는 것은 공통의 콘텐츠를 가질 수 없으므로 다소 무리가 있다. 그러므로 한자문화권은 결국 한·중·일을 중심으로 할 수밖에 없다. Ⅲ-2에서 살펴본 바와 같이 한·중·일은 국경을 맞대고 수천 년의 역사를 공유해 왔으며, 전쟁과 조공 그리고 인적 물적 교류를 통하여 헤아릴 수 없는 문화유산을 남겨 놓았다. 이러한 문화유산은 과거의 공과를 떠나 서로를 공감하는 바탕을 마련하였다.

그러나 근래 50여 년간은 국제정세가 요동침에 따라서 교류가 단절되는 상황이 초래되었다. 여기에는 중국의 사회화 과정에 따라 한·일과 교류를 단절한 일, 20세기 초 일본의 한반도 강점으로 가해자와 피해자의 원한 발생, 일본의 중국 침공으로 쌓인 양국의 불신, 한국이 남·북한으로 분단된 일, 6·25 전쟁 등이 원인이었다.

그 동안 각국은 나름의 노력을 통해 각기 성장을 거듭하였다. 한자·한문도 이러한 시대 상황에서 각국이 다른 길을 걸어 자체가 달라지고 문장 형태가 바뀌는 변화를 가지게 되었다. 그럼에도 불구하고 동양의 삼국은 교류를 다시 활성화하면서 미래를 지향하는 'BE-SE-TO Belt'를 형성하였다. 동양 삼국의 문화 콘텐츠는 '한자·한문'이다. 이는 우리의 선조들이 그랬던 것처럼 또 다시 한자·한문을 바탕으로 한자 문화권의 상호 이해와 교류의 증대를 가져올 것으로 기대되고 있다.

이상의 내용을 반영하여 '문화'영역에서는 '전통문화'와 '한자 문화권'의 2개 항목을 설정하였다.

라. 한문 자료

한문 자료는 이제까지 한문과 교육과정 내용 체계에서 제시된 바가 없다. 그러나 한문과 교육과정의 목표 달성을 위하여 한문과 교육 전반에 영향을 끼치며, 학교 현장에서 기본적으로 활용해야 할 자료를 제시하고자 한 것이다.

거시적으로 본다면 한문과의 자료는 방대하게 남아 있는 고문헌을 비롯하여 전통 문화를 알 수 있는 자료들이 모두 포함된다. 그러나 한문과 교육이라는 미시적인 입장에서 본다면 그 중에서 학교급별의 발달과정에 맞고, 쉽게 적용할 수 있는 것을 선정하는 것이 바람직할 것이다. 그러므로 이것은 또 다른 연구의 한 분야가 될 것이다. 이에는 한문 교육용 기초 한자 1,800자, 한자 부수 일람표 등이 해당될 것이다.

3. 한문과 교육과정 내용 체계 試案

이상의 논의를 바탕으로 한문과 교육과정 내용 체계 시안을 구성하였다. V-2에서 논의한 바와 같이 영역을 '한자 생활', '한문 지식', '한문 독해'로 하고, 대영역별로 중영역을 설정하였으며, 그 중영역에 따른 영역별 내용을 진술하였다. 내용 체계표의 대영역을 중영역으로 나눌 때, 좌우로 구분하지 않고 상하로 구분한 것은 각각의 중영역이 대등하게 역할을 한다기보다는 영역별 위계성이 있다는 것을 보여주기 위한 것이다.[216]

'한문 자료'는 '한자 생활', '한문 지식', '한문 독해'의 모든 영역에 고루 영향을 미치는 것이므로 구분선을 점선으로 나타내었다.

위의 논의에 의한 한문과 교육과정 내용 체계 시안을 표로 제시하면 다음과 같다.

---

216) '한자 생활'은 '읽기'를 먼저 학습한 후 '활용'을 할 수 있기 때문에 선후의 관계가 생겨나며, 한문 지식은 '한자', '복합어', '한문'의 순서로 학습이 진행된다고 판단한 것이며, '한문 독해'는 문장의 '독해'를 먼저 하고 '감상'과 '문화'로 나아간다는 생각이다.

〈표Ⅴ-4〉 한문과 교육과정 내용 체계 試案

영 역	내 용		한문 자료
한자 생활	읽 기	• 한자의 음과 뜻 • 복합어의 음과 뜻 • 성어의 음과 뜻	
	활 용	• 언어생활에 활용 • 문장 독해에 활용	
한문 지식	한 자	• 한자의 짜임 • 한자 필순 • 한자의 부수	
	복합어	• 복합어의 종류 • 복합어의 짜임	
	문 장	• 문장의 구조 • 문장의 형식 • 허자의 쓰임 • 한시의 형식과 특징	
한문 독해	독 해	• 단문 풀이 • 산문 풀이 • 한시 풀이	
	감 상	• 산문의 감상 • 한시의 감상 • 가치관과 태도	
	문 화	• 전통 문화 • 한자 문화권	

위의 시안은 제5차부터 제7차에 이르는 교육과정과 상당한 차이를 보이고 있다. 우선 대영역이 기존의 교육과정은 한자·한자어·한문으로 되어 있어 단어에서 문장으로 나아가는 길이에 따른 설정을 하고 있다. 그러나 시안은 한자 생활·한문 지식·한문 독해로 설정하여 실제로 한문이 기능하는 과정을 고려하였다.

한자 생활은 제7차 교육과정에서 한자·한자어에 해당하는 부분으로 실제의 언어생활에서 한자·한자어의 쓰임을 강조한 것이다. 그러므로 재인하는 과정의 '읽기'와 실제에 적용하는 '활용'으로 중영역을 설정하였다.

한문 지식은 제7차 교육과정에서는 설정되지 않았다. 시안에서는 제7차 교육과정에서 각 영역에 녹아있던 문법적 내용들과 한자·한문에 관한 지식을 '한문 지식'으로 설정하였다. 물론 이 지식은 구체적인 내용이라기보다는 내용 안에 녹이는 것이 바람직할 것이다.

한문 독해는 제7차 교육과정의 '한문' 영역에 해당한다. 제7차 교육과정에서는 내용을 영역으로 하고 그 내용을 상세화하여 중영역과 소영역을 설정하였는데 반하여 시안에서는 독해·감상·문화로 중영역을 설정하여 한문 독해와 그로 인하여 파생되는 감상과 문화의 영역을 고려하였다는 것이 차이점이다. 이는 또한 교수·학습의 과정을 보여주는 것이기도 하다.

내용 체계 시안은 제5차 교육과정부터 제7차 교육과정까지 대영역으로 설정되었던 한자·한자·한문의 영역구분에서 탈피하여 과정 중심·내용 중심으로 영역을 설정하였다. 이 시안 역시 말 그대로 시도해 본 것이다. 한문과 교육 과정은 이제 내용을 그대로 드러내서 동어반복에 의한 평면적 구성을 지양하고 내적 동기에 의한 교과의 양상을 드러내는 방식으로 진술되어야 할 것이다. 이 시안은 그러한 의미에서 가치를 가진다고 할 수 있다.

Ⅵ. 개정 제7차 한문과 교육과정의 '내용 체계' 고찰

1. 문제의 접근

한문과 교육과정은 한문과 교육의 성격·목표·내용·방법·평가 등을 규정한 것이다. 각 교과의 교육과정은 교과교육의 연구 업적에 대한 결론일 수 있으며, 학계의 타협안일 수도 있다. 그러므로 어떤 교육과정도 완전하다고 할 수는 없으며 꾸준히 연구 개발해야 할 교과 교육학의 중핵이라고 할 수 있다.

2007년 2월에 제7차 교육과정이 수정 고시되었다.217) 한문과 역시 '한문과 개정 교육과정'을 발표하였다. 이 안은 2010년 중학교 1학년에 발효되기 시작하는 것으로 그에 따른 많은 준비를 하게 되었다.

한문과 교육과정은 한문과가 차지하는 사회적 요구와 학교 현장의 문제를 총체적으로 반영하여야 하며, 그에 따른 요구를 충족시키는 것이어야 한다. 여기에는 역사적인 문제와 미래 지향적인 모든 문제가 포함되어야 한다.

교육과정 개정에 참여한 연구자들은 이미 개정에 대한 필요성과 개정을 위한 기초 연구를 수행하였으며 이를 창덕여자중학교에서 발표한 바 있다.218) 이날 발표된 내용은 수시 개정에 의한 부분 수

217) 교육인적자원부에서는 이번 개정을 수시 개정이라 하여 '제8차'라는 표현을 쓰지 않았다.

정이라기보다는 전면 개정에 의한 지각변동이라는 것이 더 적절한 표현일 것이다.

한문과 교육과정은 그동안 많은 변화를 겪어 왔다. 특히, 제5차 교육과정부터는 대영역을 '한자・한자어・한문'의 3분 체계에 따라 분류하였으며, 이는 이후 한문과의 내용을 대변하는 용어로 자리매김하여 왔다. 이는 한자를 익혀서 한자어로 나아가고, 한자어를 익혀 한문으로 나아가는 상향식의 교육방법이 적용된 것이다.

그러나 이러한 대영역 체계는 학계에 그에 대한 비판과 대안이 꾸준히 제기되면서 개정의 필요성이 증폭되었다.(박영호,1996; 강경모, 2002; 송병렬, 2003, 2005; 원용석, 2003, 2004; 안재철, 2003, 김왕규, 2005)[219] 그러나 막상 개정하여 발표된 내용은 제7차 교육과정과는 그 근본을 달리한 것이었다. 그러므로 이에 대한 검토가 다시 필요하게 되었으며, 이미 송영일의 논의가 제기되었다. 송영일은 개정안이 가지는 문제점을 지적하고 그에 대한 대책을 한문교과가 가지는 당위성의 측면에서 현실적인 요구를 반영해야 한다고 주장하였다. 그러나 아쉽게도 이러한 내용에 대한 이론적 논의를 진행하지 않아 자세한 이론적 배경을 알 수가 없다.

이 논문에서는 그러한 정황을 충분히 이해하고, 새로운 교육과정 개정에 참여한 연구자들에게 경의를 표하며 그 내용을 살펴보고자 한다.

---

218) 한국교육과정평가원, 『중・고등학교 한문 선택과목 교육과정 개정 시안 연구 개발』(서울 : 한국교육과정평가원, 2006).

219) 이들의 논의를 요약하면 다음과 같다. 첫째로 주로 한자・한자어・한문의 대영역 체계가 길이에 따른 분류이며 이는 한문 교과 교육의 양상을 드러내는 데 적합하지 않다. 둘째, 한문 교과에서 한자어의 위상을 제고해야 한다. 과연 한자어를 익히면 한문을 잘 이해할 수 있는가? 셋째, 한자어는 국어과에서 사용되는 용어이므로 한문과에서의 사용은 한자・한문과 영역의 중복이 일어난다. 넷째, 한문과도 다른 언어 교과와 마찬가지로 언어를 익히는 방법으로 교육과정이 구안되어야 한다.

가. 한문과 교육의 일반적 성격

우선 한문과 교육의 성격은 크게 항존적 성격과 시대적 성격을 고려하여야 한다. 항존적 성격이라는 것은 한문과 교육이 시대나 사회의 변화와 상관없이 지속적으로 유지해야 하는 성격이고, 시대적이라는 것은 그 시대에 사회가 요구하는 성격을 말한다.[220]

한문과 교육을 언급할 때 논의의 핵심은 한자·한자어 교육과 한문 교육 중에서 어떤 것을 더 중요시할 것인가의 문제이다. 제7차 교육과정까지는 대영역이 '한자·한자어·한문'이었으므로 한자→한자어→한문의 상향식 교육의 과정을 제시하였다고 할 수 있다. 이러한 논의는 한자어에 대한 담론이 그 중앙에 있다고 할 수 있다. 한자어는 국어 어휘의 상당 부분을 담당하고 있어서 사회적 요구가 매우 강하다고 할 수 있다. 이는 초등학교에서 한자교육이 당연시되는 논거를 제공하고 있으며, 한문교육의 필요성에 대한 단서로도 자주 언급되고 있다.

그러나 이러한 상향식의 교육에서 과연 '한자어'가 '한자'와 '한문'을 매개하는 존재인가에 대하여는 회의적이다. 이는 단어를 많이 안다고 해서 그 언어를 능통하다고 할 수 없는 것과 궤를 같이 한다고 할 수 있다. 이에 대하여는 정재철의 논의를 참고할만하다. 정재철은 한자와 한자어의 필요성에 대하여 다음과 같이 의미부여를 하고 있다.

> 현행 한문과 교육과정에서는 '한자와 한자어를 알고 언어생활에서 활용할 수 있도록 한다.'는 점을 특히 강조하고 있다. 이는 우리

---

220) 최영환, 『국어교육학의 지향』(서울 : 삼지사, 2004), 16면 참조. 최영환에 의하면 '항존적'이라는 것은 영구불변한 것이 아니며, '시의적(최영환은 '시대적'과 '시의적'을 혼용하여 쓰고 있다.)'이라는 것에 비교하여 비교적 오랜 기간 동안 특성이 유지되는 것을 말한다고 하고 있다.

국어 어휘의 많은 양이(약 70%) 한자어로 되어 있어 우리의 국어 생활(언어생활)과는 불가분의 관계가 있기 때문이다. 특히, 한자는 뜻의 명증성이나 음절의 간결성의 면에서 어휘 생성의 중요한 장점을 지니고 있어, 국어 생활에 필요 불가결할 뿐만 아니라 학교 교과 학습에서의 제반 학습 용어를 이해하는 데 크게 기여할 수 있다. 이를 감안하면 한자와 한자어를 알고 언어생활에서 활용할 수 있도록 지도하는 것은 결코 소홀히 할 수 없을 것이다.221)

그는 계속하여 이러한 한자·한자어의 중요성에 대하여 그것이 또 다른 문제를 내포하고 있음을 밝히고 있다.

어느 글자이든 글을 통하여 글 속에서 이를 익혀야 한다는 것 또한 주지의 사실이다. 특히 한자와 한자어는 다른 표음 문자와는 달리 典故性이 강하고 그 자체가 이미 문장 구조를 이루고 있어서, 한문을 배제한 채 한자나 한자어만 가르친다는 것은 뿌리를 버리고 가지를 치는 격이 되고 만다. 따라서 한자 및 한자어의 학습이 한문 교과의 내용에 포함되는 것은 당연한 것이지만 그렇다고 해서 한자 및 한자어를 알고 언어생활에서 활용하는 것이 한문 교과의 최종의 목적이 될 수는 없다. 한자 및 한자어의 학습은 국어교과나 기타 교과에서 해당 단어나 용어의 보다 나은 이해를 위해 부수적으로 가르칠 수 있는 성격의 것이지, 그 자체가 한문 교과의 중심적 내용 또는 본질적 성격으로 될 수는 없기 때문이다.222)

결국 정재철의 주장은 한문 교과는 한문 문장을 중심으로 교육이 이루어져야 한다는 것이다. 하지만 한자어 역시 한문 교과 외적인 곳에서의 활용이 높으므로 하지 않을 수는 없다는 것으로 이해할

221) 정재철, "제7차 한문과 교육과정의 개발 방향,"『漢文敎育硏究』 제12號 (서울 : 韓國漢文敎育學會, 1998), 47쪽.
222) 정재철, 같은 책, 같은 곳.

수 있다. 이 언급은 한문과 교육이 이전의 상향식이 아닌 하향식으로 이루어져야 한다는 것으로 바꾸어 말할 수 있다. 다만 유의할 것은 정재철의 지적대로 한자어는 典故性이 높을 수 있으나 이는 한자어의 개념적 범위와 형성 과정이라는 측면에서 논의하여야 하므로 반드시 옳다고 할 수는 없다.223)

정재철의 주장은 개정안이 있기 전부터 꾸준히 제기되어 온 한문과 교육의 논쟁의 전형이라고 할 수 있다. 이러한 주장에도 불구하고 그 동안 한문과 교육이 상향식으로 되었던 것은 교과 위상의 급격한 변화와 무관하지 않다.224)

그렇다면 한문과 교육에서 한문이 중심이 되어야 하는 것은 '항존적'인 성격인 것이며, 현실적인 필요에 의한 한자·한자어 교육은 '시대적'인 성격이므로 이러한 두 가지 요소를 어떻게 적절히 반영해야 하는가가 관건이 될 것이다.

제7차 교육과정과 개정된 교육과정의 성격의 앞부분을 비교하면 다음과 같다.

---

223) 한자어의 개념적 범위는 국어에서는 '한자로 표기할 수 있는 모든 어휘'이므로 1음절에서 다음절의 어휘를 모두 포함하며, 한문에서는 2음절 이상만을 논의한다고 할 수 있다. 전고성의 문제는 한자어의 형성이 그러한 고전에 근본을 두는 것이 있는 반면에 서양의 문물을 들여오는 과정에서 적절한 용어가 없으므로 새로 만들어 대치한 것도 매우 많다는 것이다. 이러한 후자의 용어들은 전고성이 강하다고 할 수 없으며 그 짜임 또한 불확실한 것도 상당수 있다.

224) 한문과는 1972년 제3차 교육과정에서 정규 교과로 편성된 이후 제6차 교육과정에서는 중학교가 선택과목이 되었으며, 제7차 교육과정에서는 중학교는 재량 선택, 고등학교는 선택교육과정으로 편성되어 그 위상이 나날이 약화되고 있다. 그러므로 한문과 교육과정은 이러한 한문과의 위상 변화에 대하여 국어 어휘 교육을 강조함으로써 교과의 존속에 대한 노력을 하고 있는 것으로 보인다. 게다가 전국적으로 일고 있는 '한자급수시험'의 영향도 간과할 수 없는 것이 주지의 사실이다. 이러한 상황은 교과 외적인 문제로서 교과 담당자들의 의지를 집결해서 전면적으로 대응해야 할 시급한 과제를 제시하고 있다.

제7차 교육과정	개정안
한문과는 한자, 한자어, 한문을 익혀 언어생활에 활용하며, 한문 문장을 독해할 수 있는 기본적인 능력을 기르고, 선인들의 삶과 지혜를 이해하며, 건전한 가치관과 바람직한 인성을 함양하고, 전통 문화를 계승 발전시키는 데 기여하는 교과이다. 또, 한자 문화권 내에서의 상호 이해와 교류를 증진시키는 데 토대가 되는 교과이다. 한문과는 국어 어휘의 많은 부분을 차지하고 있는 한자어의 학습을 통하여 언어생활을 원활하게 하고, 다른 교과를 학습하는 데 도움을 주는 도구 교과이며, 한문의 학습을 통하여 한자로 기록된 각종 한문을 이해하는 데 필요한 기본적인 능력을 기르기 위한 교과이다. 한문과는 각종 한문 기록과 고사 성어, 격언·속담, 명언·명구 등의 학습을 통하여 선인들의 삶과 지혜, 사상과 감정을 이해하고, 건전한 가치관과 바람직한 인성을 함양하며, 우리 생활 전반에 면면히 이어 온 전통문화를 바르게 계승하고 창조적으로 발전시키는 데 기여하는 교과이다.	한문과는 한자문화권에서 공통적으로 사용되었던 고전 문언문인 한문에 대한 기초적인 지식을 익혀 한문 독해와 언어생활에 활용하는 데 필요한 도구 교과이며, 한문의 학습을 통하여 다양한 유형의 한문 자료를 비판적으로 이해하고 심미적으로 향유할 수 있는 능력을 기르기 위한 교과이다. 한문과는 다양한 유형의 한문 자료에 담긴 선인들의 삶과 지혜, 사상과 감정을 이해하여 건전한 가치관과 바람직한 인성을 함양하며, 우리 생활 전반에 면면히 이어 온 전통 문화를 바르게 계승하고, 창조적으로 발전시키는 데 기여하는 교과이다.

가장 큰 변화는 역시 '한문'을 강조하고 '한자어'와 '한자'에 대한 언급을 삭제했다는 것이다. 결국 한문은 문장으로 이루어져 있으며 따라서 한자어와 한자의 문제는 다른 입장에서 접근해야 한다는 것이다.

개정안을 연구한 연구자들의 언어생활과 도구 교과에 대한 설명은 다음과 같다.

> 제7차 교육과정에서는 "한문과는 국어 어휘의 많은 부분을 차지하고 있는 한자어의 학습을 통하여 언어생활을 원활하게 하고, 다른 교과를 학습하는 데 도움을 주는 교과"라고 하여, 한문 교과의

> 도구교과적 성격을 한자어의 학습에서 유래하는 것처럼 기술하였다. 물론 이 부분은 한문 교과에서 한자어 학습의 의의를 강조하여 제시된 것이다. 그러나 문제는 여기서 제시되는 한자어의 학습이 한문에서 사용되는 한자어의 학습으로서보다는 국어 한자어의 학습으로 제시되고 있다는 것이다.(중략) 그런데 한문교과의 도구 교과적 성격은 한자어의 학습에서 유래하는 것이 아니다. 한자어의 학습이 한문 교과의 내용에 포함되는 것은 당연한 것이지만, 한자어의 학습이 한문 교과의 최종적인 목적이 될 수 없는 것이다. 한자어의 학습은 국어 교과나 기타 교과에서 해당 단어나 용어의 보다 나은 이해를 위해 부수적으로 가르칠 수도 있는 성격의 것이지, 그 자체가 한문 교과의 중심적 내용 또는 본질적 성격으로 될 수는 없는 것이다.225)

이러한 입장은 5차 교육과정에서 7차 교육과정으로 이어진 '한자・한자어・한문'의 대영역 체계의 지각변동을 기정사실화한 것이다. 그러므로 개정 담당자들은 항존적인 내용을 '한문'으로 생각하고 있으며 '한자어'는 시대적인 내용으로 생각하였다는 것을 알 수 있다. 즉 국어의 어휘를 많이 차지하고 있는 것이 한자어이며, 다른 교과의 도구 교과로서의 기능을 한자어가 하고 있지만 그것을 교육하는 것은 전적으로 한문과의 일이라고 할 수 없으며, 한문과의 최종적인 목적이 될 수는 더욱 없다는 것이다.

나. 한문과 교육의 목표

위에서 논의한 바와 같이 개정안의 담당자들의 한문 교과의 성격을 바라보는 시각이 급선회함에 따라 당연히 이러한 성격을 기저로 한 한문과 교육의 목표 또한 큰 변화를 가져올 수밖에 없는 것이다.

---

225) 문영진, 『중・고등학교 한문 선택과목 교육과정 개정 시안 연구 개발』(서울 : 한국교육과정평가원, 2006), 43쪽.

목표 진술 방식은 예전과 같이 전문과 하위 목표로 나누었으며, 한문과의 일반목표와 특수 목표를 함께 제시하였다. 하위 목표는 전문에 제시된 목표를 항목으로 나누어 구체화한 것이다. 그러므로 그 내용을 제7차 교육과정과 비교하면 알기 쉽게 이해를 할 수 있다. 다만 여기서는 중학교의 것을 대상으로 한정한다.

제7차 교육과정 중학교의 하위 목표	개정안 중학교의 하위 목표
가. 중학교 한문 교육용 기초 한자 900자의 음과 뜻을 알고 쓸 수 있다. 나. 한자어를 바르게 읽고 쓰며 언어생활에 활용한다. 다. 간이한 한문을 독해할 수 있는 기초적인 능력을 기른다. 라. 선인들의 삶과 지혜를 이해하고 건전한 가치관과 바람직한 인성을 함양한다. 마. 한문 기록에 담긴 전통 문화를 이해하고 계승, 발전시키려는 태도를 지닌다.	가. 중학교 한문 교육용 기초 한자 900자의 음과 뜻을 알고 쓸 수 있는 능력을 기른다. 나. 한문에 대한 기초적인 지식을 익혀 한문 독해와 언어생활에 활용하는 능력을 기른다. 다. 다양한 유형의 한문 자료를 비판적으로 이해하고 심미적으로 향유할 수 있는 능력을 기른다. 라. 선인들의 삶과 지혜를 이해하고 건전한 가치관과 바람직한 인성을 함양하며, 전통 문화를 바르게 이해하고 창조적으로 계승 발전시키려는 태도를 지닌다. 마. 한자문화권의 문화에 대한 기초적인 지식을 익혀 한자문화권 내에서의 상호 이해와 교류 증진에 기여하려는 태도를 지닌다.

위 표의 내용을 비교해 보면 개정안의 '가・나・다'는 모두 '능력'을 강조한 것이다. 총체적으로 말하자면 '한문 능력'이다. 이 '한문 능력'은 '한문'에 대한 능력으로부터 출발하여 그에 파급되는 제반 분야에 대한 '능력'으로 이해할 수 있다.

또 제7차의 '라'와 '마'를 통합하여 개정안의 '라'를 제시하였다. 그리고 중학교의 목표에서는 제시되지 않았던 '한자 문화권'에 대한 언급을 개정안에서는 '마'를 추가하여 제시하면서 두 항목에 '태도'라는 용어를 제시하였다.

결국 이는 한문에 관한 '능력'과 한문의 내용에 녹아 있는 '태도'라는 두 개의 축을 수립한 것으로 볼 수 있다.

이러한 변화는 기존의 제7차 교육과정에 비하여 '한자어'를 배제하고 '한자문화권'을 강조한 것으로 확인할 수 있다.

이에 대하여 송영일은 "이는 한문과 교육의 미래를 결정하는 重且大한 일이므로 보다 신중하게 再論議되어야 하며, 일부 몇 사람의 識見으로 漢文科 教育의 本質을 弱化시키는 愚를 범해서는 안 된다."고 하면서 다음과 같이 우려하였다.

> 첫째, 교육용 기초한자 1,800자를 소홀히 다룰 가능성이 높다.
> 둘째, 미래 동북아 시대에 강조되어야할 한자어 교육이 축소되었다.
> 셋째, 한문 중심 교육은 학습자의 흥미를 떨어뜨릴 수 있다.
> 넷째, 원활한 언어 활용 등 실용적이고 도구 교과적 기능이 약화되었다.
> 다섯째, 학생, 학부모, 일반인 등 각계각층의 의견보다 教師 便宜中心으로 구성되었다.
> 여섯째, 학교 현장에서 다양한 유형의 한문에 대해 비판적 이해와 심미적 향유가 어렵다.226)

그러나 이러한 우려가 모두 옳다고 여기지는 않는다. 우선 개정안의 교수-학습 방법은 상향식이 아닌 하향식으로 되어야 하기 때문에 기존의 '한자・한자어' 중심에서 '한문'으로의 전환되는 것일 뿐, 한문 교육용 기초한자 1,800자 교육이 소홀히 된다고 볼 수 없다. 그리고 동북아시대의 콘텐츠는 기본적으로 '漢字'이며, '漢文'에

---

226) 宋永日, 「第7次 漢文科 教育課程 改正 試案의 問題點과 對策」『漢字漢文教育』第17輯(서울 : 韓國漢字漢文教育學會, 2006), 319쪽.

담겨 있는 '동양적 사유'인 것이므로 '한자어'가 동북아 시대에 강조되어야 한다는 것은 다소 무리가 있다고 본다. 다만 국어 생활이나 도구 교과로서는 한자어가 역할이 많은 것이 사실이다. 이 부분에 대하여는 추후 더 많은 논의가 필요하다고 여긴다.

그리고 한문 중심의 교육은 학습자의 흥미를 떨어뜨린다고 하였는데 사실 한문 중심의 교육이 학습자의 흥미를 떨어뜨렸다기보다는 한자어의 학습이 학습자의 흥미를 떨어뜨린 것이다. 이는 교재개발의 과정에서도 다시 문제점으로 지적되어야 할 것이기는 하나, 한자어가 지나치게 많은 한문 교과서의 난맥상에 대한 논의는 이미 진부한 것이다. 그리고 한문 중심의 교육은 더 많은 한문을 접하게 해서 다양한 한문에 대한 비판적 이해와 심미적 향유를 증가시킬 것이다. 더구나 그러한 교육이 교사 편의 중심이라고 하는 데에는 더더욱 동의할 수 없다.

한문 문장을 접해보지 않은 대다수의 국민들의 정서는 한자와 한자어를 통한 한자급수시험이나 입사시험과 같은 현실적인 필요에 더 많은 관심을 가지는 것이 당연하다. 그러나 주지하듯이 한문과 교육 내용의 중점은 '文·史·哲'을 비롯한 다양한 한문 문헌에 들어 있는 것이다.

송영일은 위와 같이 비판하면서 그에 대한 자세한 논거를 제시하지 않고 있어서 그 입장에 대한 자세한 이론적 배경은 알 수가 없다. 다만 한문 교과의 존립과 언어생활에의 원활을 기하기 위한 필요성에 부가하여 '한자어'를 다루어야 하는 것은 분명하며, 이에 대한 부분이 소략하게 제시되어 있는 것은 부인할 수 없다. 이러한 부분에 대한 우려는 향후 다양한 연구 노력을 통하여 해결해야 할 과제이지 그 자체가 부당한 것이라고 보기는 어렵다.

2. 한문과 교육의 내용 체계 및 내용

한문교과의 '성격'과 '목표'가 결정되면 그에 대한 '내용'을 선정하게 된다. 내용 선정의 과정은 먼저 각급학교에서 교육해야 할 내용을 범주화하고 그들을 구조화하는 작업을 해야 한다. 이것을 '내용 체계'라고 하며 그리고 이 내용 체계의 영역에 따라 그 내용을 선정하게 되는 데 이것을 '영역별 내용'이라고 한다.

내용 체계는 그 교과가 가지고 있는 구체적인 내용이 아니라 내용들이 가지고 있는 공통적 성격을 범주화하여 구조화한 것이다. 그리고 내용 체계는 그 내용의 구조를 보여줄 뿐만 아니라 그 교수-학습의 과정도 나타내 주는 것이어야 한다.

한문과 교육과정의 '내용' 역시 '내용 체계와 영역별 내용'으로 구성되어 있다. 제5차 교육과정으로부터 제7차 교육과정까지는 '한자・한자어・한문'의 3개 대영역으로 구성되었으며, 이는 일반화되어 그동안 대영역 체제를 유지해 왔다.

그러나 산발적으로 이에 대한 회의로 인한 문제제기가 일어나기 시작하여 2000년대에 이르러서는 문제를 극복하기 위한 본격적인 연구물들이 연이어 등장하였다. 이러한 연구들은 그간에 가졌던 한문과 교육과정에 대한 사고 체계를 재고하는 계기를 제공하였으며, 개정안을 마련하는 데도 많은 영향을 끼쳤음에 틀림없다. 그 대표적인 증거로 '한자・한자어・한문'의 대영역체계가 '한문・한문 지식'으로 변화한 것이다. 근본적으로 개정안에서는 성격과 목표에 혁신적인 변화가 있었기 때문에 내용 체계나 내용의 변화는 필연적이다. 다만 그것이 한문과 교육의 양상을 적확하게 드러낼 수 있는가는 또 다른 관점의 연구과제이며 이 글의 관심도 그 범주 안에 있다고 할 수 있다.

가. 개정안의 내용 체계

영 역	내	용
한 문	읽 기	단문의 읽기와 풀이
		산문의 읽기와 풀이
		한시의 읽기와 풀이
	이 해	단문의 이해와 감상
		산문의 이해와 감상
		한시의 이해와 감상
	문 화	전통 문화의 이해와 계승
		한자문화권의 상호 이해와 교류
한 문 지 식	한 자	한자의 특징
		한자의 짜임
		한자의 역사
	어 휘	단어의 형성
		단어의 갈래
		어휘와 의미
	문 장	문장의 구조
		문장의 유형
		문장의 수사

개정된 교육과정의 대영역은 위의 표에서 보는 바와 같이 '한문'과 '한문 지식'으로 이루어져 있다. 다시 '한문'은 '읽기', '이해', '문화'로, '한문 지식'은 '한자', '어휘', '문장'으로 중영역을 설정하였다. 이에 대하여 송영일은 다음과 같이 비판하고 있다.

> 현 제7차 한문과 교육과정의 내용 영역은 한자, 한자어, 한문 영역으로 구분하였으며, '한자'는 한자 익히기와 활용하기, '한자어'는 한자어 익히기와 활용하기, 가치관 형성하기, '한문'은 한문 익히기, 한시 익히기, 한문 활용하기, 가치관 형성과 전통문화 계승 발전시

> 키기로 세분하여 위계화와 구조화를 이루고 있다. 본 개정 내용보다 교육목표와의 일관성 유지나 학습자의 능력과 경험을 고려한 점, 다양한 학습경험 배려와 지식의 구조화 등에서 그 선정 원칙을 잘 준수하고 있다.
>
> 그러나 개정 시안은 대영역의 '한문'과 '한문 지식'의 위치가 바뀌어 있으며, '한문' 영역의 읽기, 이해, 문화, '한문 지식'영역의 어휘와 문장은 외국어 교과(영어 등)의 내용 영역에서 자주 사용하는 용어이다. 이는 한문 교과를 외국어 교과 영역 차원에서 이해하고 접근한 형태로, 현 우리 문화와 언어의 대다수를 점유하고 있는 한자어를 의도적으로 배제한 교육과정 시안인 것이다.[227]

송영일의 주장은 제7차 교육과정이 타당하다는 데 근거를 두고 있으며, 다음과 같이 요약될 수 있다.

첫째, 개정 시안은 대영역의 '한문'과 '한문 지식'의 위치가 바뀌어 있다.
둘째, 대영역과 중영역의 내용 영역은 외국어 교과의 내용 영역에서 사용하는 것으로 한문 교과를 외국어 교과 영역의 차원에서 이해하고 접근한 형태이다.
셋째, 한자어를 의도적으로 배제하였다.

이러한 주장은 교육과정 개발 담당자들이 밝힌 다음과 같은 개정의 내용과 정면으로 배치되는 것이다.

> 제7차 한문과 교육과정 내용 체계를 비판적으로 고찰한 결과, 결론적으로 한문과 교육 내용의 선정과 정선 준거로서의 내용 체계의 원리는 부재하다고 판단된다. '위계성', '연계성'을 강조했지만, 한

227) 송영일, 위의 책, 320~321쪽.

자 · 한자어 · 한문의 3분 체계에 따른 영역 구분조차 '한자어' 문제로 인해 그 위계성의 원리를 상실했다. 또한 영역, 영역의 하위 항목, 그리고 내용 요소 사이의 관계 또한 '상세화' 이외는 범주화 및 구조화의 원리가 부재하다. 각 영역의 내용 요소 사이 또한 '선후 관계' 그 이상은 없다. 한문과의 내용 체계는 한문과의 교육 내용을 범주화하고 구조화한 '내용 체계표'가 아니라 내용을 단순 배열한 '내용 배열표'로 해석된다. 그 결과, 한문과 교육과정의 영역별 내용 및 학년별 내용은 내용 체계의 범주화 및 구조화의 원리에 따른 교육 내용의 조직, 선정, 진술이 아니라 내용 체계의 내용을 '동어 반복'으로 진술하는 양상을 나타냈다.[228)]

이와 같은 내용을 배경으로 개정 담당자들은 다음과 같이 영역 설정의 이유를 밝히고 있다.

둘째, 한문과 교육과정 내용 체계의 영역을 '한문'과 '한문지식'으로 설정했다. 제7차 한문과 교육과정 내용 체계의 경우, '한자' · '한자어' · '한문'의 3분 체계로 영역을 설정했지만, 한자어 영역 설정에 따른 문제점이 다방면에서 제기되었다. 이를 극복하고, 한문과의 학문적 특성과 교과적 정체성에 유의하여 '한문', '한문 지식'의 2분 체계로 구성했다. 교과명과 영역명이 동일하다는 혐의가 있지만, 한문과의 정체성을 문장 및 텍스트 차원에서 구현해야 한다는 논리를 강조하여 '한문' 영역을 우선 설정했다. 그리고 한문의 언어적 특질과 체계를 고려하여 '한문지식'을 영역의 하나로 제시했다. 단, 국가 수준의 교육과정 편제 및 시간 배당 기준에 따른 한문과의 위상과 현실적 여건을 고려하여, 기존의 한자어 영역의 내용 요소를 한문 지식의 어휘로 일부 흡수, 통합하였다는 점을 부기한다.[229)]

228) 문영진, 위의 책, 55쪽.
229) 문영진, 위의 책, 56쪽.

개정 담당자들의 의견대로 제7차 교육과정의 내용 체계가 '내용 배열표'였다면 이는 한문과 교육의 내용을 범주화·구조화한 것이 아니므로 당연히 바뀌어야 한다. 송영일의 주장은 첫째, '한문'과 '한문 지식'의 순서가 바뀌었다고 하였는데, 이는 시각의 문제로 보인다. 다시 말해 '한문 지식'을 먼저 습득하고 '한문'으로 진행한다고 생각하면 순서가 바뀐 것이지만, 한문 교과 교육의 과정을 '한문'의 학습이 주가 되는 하향식 교육으로 보면, 그에 대한 '지식'인 문법을 비롯한 관련 지식들은 아래로 내려갈 수 있기 때문이다.

둘째, 한문교과를 외국어의 측면에서 접근했다고 보아 오류를 범했다고 보는 것을 인정할 수 없다. 아직 한문 교과는 언어학적인 연구가 충분치 못하며, 특히 인지심리학적 내용은 그 연구 사례를 아직 찾지 못했다. 그러므로 이전의 한문과 교육과정 내용 체계는 교과의 내용을 나열했을 뿐만 아니라 실로 교수-학습에 적용되어야 할 내용이 내용 체계를 이루는 오류를 범했던 것이다.[230] 그러므로 개정 담당자들은 이에 대하여 "한문의 언어적 특질과 체계를 고려하여 한문 지식을 영역의 하나로 제시했다."고 밝히고 있는 것이다. 이는 한문을 외국어의 측면에서 접근했다고 파악하기 보다는 보편적인 언어의 양상 중에서 '문자 언어적 특질'을 고려한 것으로 이해된다. 그러므로 오히려 한문 교과의 양상을 드러내는 데는 바람직한 방향으로 나아간 것이라고 여겨진다.

또한 '한자어'의 문제는 이미 수차례 거론되었으며, 한자·한문과는 다른 측면에서 조명되어야 한다는 것이 일반적인 의견이다.[231] 그러므로 개정 담당자들은 "단, 국가 수준의 교육과정 편제 및 시간 배당 기준에 따른 한문과의 위상과 현실적 여건을 고려하여, 기존의 한자어 영역의 내용 요소를 한문 지식의 어휘로 일부

---

230) 졸고, 「漢文科 教育課程 內容 體系 考察」 『漢文教育硏究』 第22號(서울 : 漢文教育學會, 2004), 50~51쪽.

231) 이에 대하여는 박영호·송병렬 그리고 필자 등이 동의하고 있다.

흡수, 통합하였다는 점을 부기한다."고 하였다. 이는 한자어를 다루지 않겠다는 의지라기보다는 다른 측면에서 접근하는 것이 바람직하다는 것으로 이해하는 것이 보다 타당할 것이다.

제7차 한문교육개정안은 이전의 '한자 · 한자어 · 한문'의 내용 체계에 대하여 언어학적인 내용을 고려하여 '한문 · 한문 지식'이라는 대영역으로 나아간 것이며, 이는 일단 긍정적인 것으로 판단된다. 그러나 수시 개정이라는 명목으로 재구성된 한문과 교육과정이 그 근본부터 달라짐에 따라 이후 이에 의한 많은 파장이 우려되기도 한다. 교육과정 해설의 문제, 학교 현장 교사들에 대한 재교육 문제, 교과서를 비롯한 교재 구성의 문제, 한문 재료의 문제, 초등학교 한문 교육과의 연계 문제, 한자 급수 시험과 한문 교육의 관계성의 문제 등 산적한 내용들에 대한 가치 수립 및 문제 해결이라는 과제를 남기게 되었다.

그리고 개정 담당자들이 밝힌 대로 '교과목명과 영역명이 같다는 협의'가 있다. '한문 지식'이라는 영역을 만들었으므로 다른 하나도 '한문 ○○'라고 할 수 있었지 않았을까 하는 생각이 그것이다.

나. 개정 제7차 한문과 교육과정 내용 체계 비판

개정 제7차 한문과 교육과정은 언어학에 바탕한 내용 체계를 내세움으로써 이전의 교육과정의 모호함을 해결하려 하였다. 또한 '한문 지식'이라는 영역을 새로 설정함으로써 문자 언어로서의 구체적인 양상을 도출하려 노력하였다. 그럼에도 불구하고 이는 해결해야 할 다양한 문제를 가지고 있는 것으로 보인다.

'과연 그 대영역 체계는 한문과의 모든 내용을 담아낼 수 있는가?'라는 문제를 먼저 생각할 수 있다. 그러나 이에 대한 섣부른 판단은 오히려 문제의 핵심에서 멀어질 가능성이 높은 만큼 이후 이에 대한 연구의 결과와 학교 현장 적용을 통하여 드러날 성과에 기

대를 거는 것이 바람직할 것이다.232)

그러므로 '한문' · '한문지식'의 대영역은 일단 언어학적으로 접근했다는 점에서 긍정하는 것으로 판단을 유보한다. 다만 각 대영역별로 중영역의 타당성 검토를 진행하고자 한다.

1) '한문' 영역

개정된 제7차 한문과 교육과정 내용 체계의 '한문' 영역은 '읽기', '이해', '문화'의 3개 중영역을 설정하고 있다. 이 중에서 '읽기'는 다음과 같이 설명하고 있다.

> 중학교 '한문', 고등학교 '한문Ⅰ', '한문Ⅱ'의 '한문' 영역에서 '읽기'는 한문 학습에서 가장 기초가 되는 부분이다. 한문을 제대로 이해하려면 무엇보다도 먼저 한문을 구두에 맞게 끊어서 소리 내어 읽고 바르게 풀이할 수 있어야 하기 때문이다.233)

개정안에서 '한문'영역의 중영역인 '읽기'는 다시 '소리 내어 읽기'와 '바르게 풀이하기'의 두 개 항으로 이루어져 있다. 그리고 '이해'는 다음과 같이 설명하고 있다.

> 한문이란 한자로 이루어진 문어체의 문장을 통칭하여 부르는 말이다. 여기에서 '한문'에는 단문, 산문, 한시까지를 포함하는 개념으로 사용하였다. 중학교 한문에서는 구조가 비교적 단순하고 이해하기 쉬운 문장들을 선정하여, 이들 문장의 독해를 통하여 학생들이 한문 학습에 흥미를 가지도록 하는 데 유의하였다. 고등학교에

232) 차후 교육과정을 개정할 때는 시안을 작성하여 직접 학교 현장에 투입하는 과정이 필요하다고 생각한다. 이론의 현장 적용은 다양한 변수에 의해 그 결과가 다양하게 도출되기 때문에 이러한 변수를 고려하지 않은 교육과정은 고시 후에 시행착오를 거듭할 가능성이 농후하다.

233) 문영진, 위의 책, 57~58쪽.

서는 중학교에서 학습한 내용을 바탕으로 삼되 학교급별로 난이도를 적절하게 조절하였다. '한문' 영역의 '이해'에서는 한문을 읽고 풀이한 뒤에 그 내용을 이해하고 감상할 수 있는 능력을 기르는 데 중점을 두었다.[234]

그리고 '문화'에 대하여는 다음과 같이 설명하고 있다.

이와 같은 문화사적 맥락을 주목하여 한문과 교육과정 개정 시안의 내용 체계 및 영역별 내용에서 새롭게 강조된 것이 바로 한문 '문화' 영역이다. 제7차 한문과 교육과정 내용 체계의 '한문' 영역 가운데 가치관 형성하기와 전통 문화 계승 발전시키기를 통합하는 한편 문화사적 맥락을 강조한 것으로 이해할 수 있다. 곧 '전통 문화의 수용과 창조', '한자문화권의 상호 이해와 교류'가 바로 '문화' 영역의 중점 요소이다.[235]

위의 내용을 종합하면 '읽기'를 통하여 '이해'로 나아가며 '읽기'와 '이해'를 통하여 '문화'라는 영역으로 나아가는 것을 알 수 있다. 부연하자면 이는 하나의 맥락으로 연속선상에 있다고 할 수 있다. 개정안에서 '읽기'는 '소리 내어 읽기'와 '바르게 풀이하기'라고 했는데 이는 재고할 여지가 있다. 『국어교육학사전』은 '읽기'를 다음과 같이 설명하고 있다.

읽기(reading)의 개념은 그것을 바라보는 관점에 따라 달라질 수 있으며 계속 변화해 왔다. 읽기 연구의 초창기에는 읽기가 단어의 재인(再認, recognition)으로 인식되었으나, 이후 시지각(視知覺)과 단어의 의미, 발성의 결합이라고 생각되던 시기를 거쳐 다양한 양상의 이해로, 더 나아가 고도의 정신 작용이 관여하는 성숙

234) 문영진, 위의 책, 58쪽.
235) 문영진, 위의 책, 58쪽.

> 한 행동으로 그 인식이 변화해왔다.
>
> 행동주의(行動主義) 심리학의 영향을 받은 고전적 관점에서는 읽기를 정보처리, 즉 기호를 해독하는 과정으로 본다. 이 해독 중심 읽기관에 따르면 읽기란 문자에 따라 단어의 발음을 재인하는 것이며, 읽기 학습에서 문자를 음성으로 번역하는 과정이 중시된다. 이 관점은 해독 능력과 이해 기능을 분리하므로 읽기 과제는 문자를 의미로 번역하는 과정과 다르다고 본다. 따라서 읽을 때의 언어 처리 과정을 세분하여 그 각각에 읽기 기능을 관련지어 연구한다.[236]

위의 내용대로 한다면 개정안 중영역의 읽기는 행동주의에서 이론적 근거를 확보한 것이 된다. 그러나 이는 과거의 관점으로서 현재는 이러한 관점을 따르지 않는 것이 추세이다. 이어진 다음의 설명이 이를 뒷받침한다.

> 반면 인지심리학의 영향을 받아 1980년대 이후 등장한 최근의 읽기관에 따르면, 읽기는 독자가 이미 가지고 있는 개념을 조작하여 새로운 의미를 구성하는 정신작용으로 본다. 이것은 글 자체가 독자적인 의미를 구성하는 것이 아니라 독자가 글에 접할 때 비로소 의미를 갖게 된다는, 독자를 중심으로 생각하는 이해 중심의 읽기관이라 할 수 있다.
>
> 그리고 어느 한 가지만이 아닌, 두 관점을 절충하여 읽기의 과정을 설명하려는 관점이 상호보완적 관점이다. 즉, 읽기는 문자로 기록된 기호를 해독하는 과정이면서 동시에 이해를 위한 의사소통 과정(意思疏通過程)이라는 것이다. 결국 읽기는 글과 독자가 만나는 과정에서 독자가 자신의 배경 지식과 경험을 바탕으로 새로운 의미를 구성하는 행위로서, 사고적인 면, 사회적인 면, 언어적인 면 등이 통합적으로 작용하는 고도의 역동적인 인지적 행위로 볼 수 있다.[237]

---

236) 서울대학교 국어교육연구소, 『국어교육학사전』(서울 : 대교출판, 1999), 645쪽.

『국어교육학사전』의 내용대로라면 중영역 '읽기'와 '이해'는 모두 '읽기'에 포함되는 것을 알 수 있다. 부연하여 '바르게 풀이하였다'는 것은 그것을 이미 이해하였다고 할 수 있으며 이해하였다는 것은 감상이 포함될 수 있다는 것이다. 이에 대하여 정기철은 다음과 같이 언급하고 있다.

> 글은 첫째, 말의 덩어리이고 둘째, 글쓴이가 어떤 사물에 관해 알아내고 생각한 결과이며 셋째, 글쓴이와 글 읽는 이 사이의 의사소통의 매개물이라고 할 수 있을 것이다. 따라서 읽기는 언어활동으로서, 문자 언어에 의한, 문자 언어를 통한 이해활동이라고 할 수 있으며, 글 읽기를 통해 글쓴이가 가진 세계에 대한 인식을 이해하고 자신의 세계를 확충해 나가는 것이다.238)

이 언급은 문자 언어를 읽는다는 것은 글쓴이가 사물에 관하여 알아내고 생각한 것을 이해하기 위한 활동이며, 여기에는 글쓴이가 가진 세계에 대한 인식을 이해할 뿐만 아니라 자신의 세계를 확충해 나간다는 것이다. 그러므로 문자 언어를 읽는 다는 것은 읽는 이의 심동적 변화까지도 내포하는 개념으로 인식하고 있는 것이다.

그러므로 '소리 내어 읽기'와 '풀이하기', '이해하기', '감상하기'는 일련의 과정이며 분리하는 것이 오히려 어려울 것으로 파악된다. 이러한 생각을 바탕으로 한다면 개정안의 '이해'는 따로 중영역으로 설정할 필요 없이 '읽기'에 포함시켜도 무방하다고 본다.

2) '한문 지식' 영역

제7차 한문과 교육과정 내용 체계의 '한문 지식'은 '한자', '어휘', '문장'이라는 3개의 중영역으로 제시되었다. '한문 지식'은 문법과 한자·한문에 관련된 지식을 망라하는 것으로 판단된다. 그 중 여

---

237) 서울대학교 국어교육연구소, 앞의 책, 645쪽.
238) 정기철, 『읽기 교육의 이론과 실제』(서울 : 亦樂, 2000), 88쪽.

기서 논하고자 하는 것은 '어휘'이다. '어휘'에 대하여 개정 담당자들은 다음과 같이 설명하였다.

> 어휘(語彙)는 단어(單語)가 모여서 이루어진 집합을 가리키는 말이다. 그러나 때로는 어휘를 이루는 개별 단어들을 어휘라고 부르기도 한다.
>
> 단어는 그 형성 방법에 따라 단순어(單純語)와 복합어(複合語)로 나뉜다. 단순어는 하나의 의미 요소로 이루어진 것이며 복합어는 두 개 이상의 의미 요소가 결합하여 이루어진 것이다. 여기서 의미는 어휘적 의미와 문법적 의미를 모두 포괄한다. 단순어에는 하나의 음절로 이루어진 단음절(單音節) 단순어와 두 개 이상의 음절로 이루어진 복음절(複音節) 단순어가 있다. 복음절에는 실질 의미 요소에 부가 의미 요소인 접사(接辭)가 붙어서 이루어진 파생어(派生語)와 실질 의미 요소들이 서로 결합하여 이루어진 합성어(合成語)가 있다. 복합어를 형성하는 의미 요소들 사이의 결합 관계를 단어의 짜임이라고 한다. 단어의 짜임을 알면 단어를 쉽게 이해할 수 있을 뿐만 아니라 나아가 이를 문장의 짜임을 이해하는 데에 활용할 수도 있다.

'어휘'라는 용어는 제7차 한문과 교육과정 개정안에서 새롭게 쓰이기는 하였지만 이미 제3차 교육과정에서 사용된 일이 있었다. 물론 당시는 내용 체계라는 것이 존재하지 않았으며, 그것이 영역으로 설정된 것은 더더욱 아니었다. 그 중 어휘에 관한 내용만을 제시하면 다음과 같다. 그리고 그 내용을 살펴보면 그 역할이 분명하게 드러난다.

> 중학교 교육과정
> 가. 목표
> (1) 일반 목표
> (가) 한문 해독에 필요한 한자, 어휘, 간단한 한문의 구조를

이해하게 한다.

(2) 학년 목표

〈제1학년〉 (가) 한자, 어휘 및 한문의 구조에 관한 기초적인 지식을 가지게 한다.

〈제2학년〉 (가) 한자, 어휘 및 한문의 구조에 관한 기초적인 지식을 넓히게 한다.

〈제3학년〉 (가) 한자, 어휘 및 한문의 구조에 관한 기초적인 지식을 더욱 넓히고, 이를 확실하게 한다.

나. 내용

〔지도 사항 및 형식〕

〈1학년〉

(1) 지도 사항

(2) 주요 형식

(가) 한자 (나) 단어 (다) 숙어 (라) 간이한 한문

〈2학년〉

(1) 지도사항

(가) 한자의 수 늘리기(신출 약 300자)

(나) 어휘 늘리기

(2) 주요 형식

(가) 단어 (나) 숙어 (다) 고사 (라) 속담 (마) 격언

(바) 간이한 한문 (사) 시

(이하 생략)[239]

여기서 '어휘'라는 것은 한문에서 쓰이는 단어·숙어와 국어에서 쓰이는 단어·숙어의 구분이 분명치 않다. 다시 말해 '한자어'의 변형으로 이해할 수 있다.

이에 대하여 필자는 앞에서 3차 교육과정을 설명하는 과정에서

239) 교육부, 『국어과·한문과 교육과정 기준』(서울 : 교육부, 2000), 234~235쪽.

다음과 같은 의견을 피력하였다.

> 제2차 교육과정에서 제시되었던 '단어'가 '어휘'라는 용어로 대치되었다. 이는 '단어'가 1음절 이상으로 이루어져 있는데 '한자' 또한 1음절의 낱글자에 '단어'가 '한자(漢字)'를 포함할 수 있기 때문에 용어의 의미가 겹치는 것을 염려한 것으로 이해할 수 있다. 그러나 '어휘'라는 용어를 쓰면 위의 문제가 해결될 것으로 보이지만 몇 가지 문제가 발생하는 것을 어쩔 수 없다. 우선 '한자' 역시 '어휘'에 들어간다는 것이다. 둘째, '어휘'는 '단어'의 군(群)을 설명하는 용어이기 때문에 낱낱의 글자로서의 '한자'와 '문장'으로서의 '한문'과는 층위를 함께 하는 용어가 아니다. 그러므로 다시 '용어'의 논란을 가져올 여지가 있다. 이 영역 구분의 문제는 순서대로 위계화하는 과정을 보이지만 다른 층위의 용어를 사용함으로써 영역 자체에 교집합이 발생하였을 뿐만 아니라 구조화에 실패했다는 것이다.[240)]

이러한 의견은 '어휘'에 관한 사전적인 정의에 그 논지의 뿌리를 두고 있다. 『국어교육학사전』의 '어휘'에 대한 설명은 다음과 같다.

> 일정한 범위 안에서 사용되는 단어의 집합. 이 술어는 어디까지나 집합 개념으로 사용되어야 한다. 이 말은 한자로 '語彙'라고 쓰는데 이 때 '彙'의 의미는 '모이다' 또는 '집합(集合)하다'이다. <u>어휘라는 술어에는 이처럼 '집합, 군집, 무리'의 의미가 내재되어 있기 때문에 '어휘'라는 말을 '단어' 쯤에 해당하는 단수의 개념으로 사용하는 것을 바르지 않다.</u>(밑줄 필자) 어휘는 그 집합의 성격에 따라 다시 두 가지로 나뉘는 데, '개인의 어휘, 현대 국어의 어휘' 등과 같이 본질적으로 그 한계가 명확히 정해져 있지 않은 개방 집합(open set)의 성격으로 존재하는 반면, '김동인의 어휘', '중세 국어의 어휘'처럼 폐쇄 집합(closed set)의 성격으로 존재하는 경우도 많다.[241)]

---

240) 앞의 내용, 70~71쪽 참조.

'한자'는 '집합'의 개념을 가지고 있지 않으며 '문장'도 마찬가지이다. 그러므로 '어휘'라는 용어는 이들과 층위를 함께 하는 용어라고 인정하기 어렵다. 이러한 염려로 인하여 개정 담당자들은 "어휘(語彙)는 단어(單語)가 모여서 이루어진 집합을 가리키는 말이다. 그러나 때로는 어휘를 이루는 개별 단어들을 어휘라고 부르기도 한다."고 설명하였다.

앞의 "어휘(語彙)는 단어(單語)가 모여서 이루어진 집합을 가리키는 말이다."는 분명한 것이지만 이는 '한자'·'문장'의 중간에 해당하는 중영역으로 적절하지 않다. 오히려 그 다음 부분인 "그러나 때로는 어휘를 이루는 개별 단어들을 어휘라고 부르기도 한다."는 것이 '어휘'라는 영역 설정의 당위를 가지는 논리이다. 그러나 이것은 궁색한 설명이다. 위 인용문의 밑줄 친 부분이 이를 증명하는 것이다.

실로 '한문 교육용 기초 한자 1,800자'도 명백한 한문의 어휘이며, 낱낱의 한자도 모두 '어휘'에 포함될 수 있는 것이다. 그러므로 '한자'라는 영역을 설정하고 다시 '한자'를 포함하는 '어휘'라는 용어를 가져다 쓴 것은 영역의 중복이라는 문제를 기본적으로 내포한 것이다. 이는 이미 있는 '어휘'라는 용어를 가져다 쓰면서 새로운 해석을 부가한 것이 아닌가 하고 생각할 뿐이다. 그러므로 여기서 '어휘'는 한문과 교육의 내용인 한문과 '단어'를 설명하기 위한 것인지, 국어 어휘인 '한자'로 이루어진 어휘(즉 漢字語)를 설명하기 위한 것인지 모호하게 되었다.

'한자어'라는 용어는 우리 국어에서 한자로 표기할 수 있는 모든 어휘를 지칭하므로 한문 교과의 '한자'·'한문'과 영역이 겹치는 문제를 야기하였던 것은 주지하는 바이다. 이 '어휘'라는 용어 역시 과거의 '한자어'를 '어휘'라는 용어로 바꾼 것이 아닌가 하는 의혹이

241) 서울대학교 국어교육연구소, 위의 책, 503쪽.

생긴다.

그리고 중영역 '어휘'는 다시 '단어의 형성', '단어의 갈래', '어휘와 의미'의 3개 소영역으로 제시되었다. 이 역시 개정 담당자의 의견을 참고해야 한다.

> '어휘'는 의미를 기준으로 다시 여러 가지 유형으로 나눌 수 있다. 동의어(同義語), 유의어(類義語), 반의어(反意語), 동음이의어(同音異議語), 다의어(多義語), 성어(成語) 등이 그것이다. 단어의 의미는 단어 그 자체만으로는 완전한 의미를 형성하지 못하고 문장 속에 위치할 때만 그 의미가 온전하게 드러날 수 있다. 단어는 어휘의 체계 안에서 다른 단어들과 가지는 이러저러한 관계 아래서만 자신의 의미를 구성할 수 있기 때문이다. 따라서 한문의 어휘를 유형적으로 파악하는 것은 어휘력의 향상뿐만 아니라 문장의 이해에도 긴요한 것이다.242)

이 내용 역시 많은 의문을 품게 한다. 여기서 '단어'는 한문을 구성하는 단어를 말하는가? 국어에서 쓰이는 한자어를 말하는 것인가? 만약 한문을 구성하는 단어라면 '한자'도 모두 단어가 되고, 국어에서 쓰이는 한자어를 말한다고 해도 1음절 이상이므로 당연히 '한자'영역과 중복되지 않을 수 없다. 그러므로 '단어'는 어떤 양상에서 쓰이는 용어이며, '한자'를 포함하는 것인가? 아닌가? 하는 의문이 생기게 된다. 그리고 '단어의 짜임'은 제7차 교육과정의 '한자어의 짜임'과 같은 것인가? 다른 것인가? 하는 의문 역시 이 용어의 타당성을 의심케 한다.

그리고 제7차 한문과 교육과정에서 '성어'를 '한자어'에 포함시켰던 것처럼 개정안에서도 '성어'를 '어휘'의 영역에 포함시키고 있다. 국어에서는 성어가 모두 어휘에 포함되지만 한문에서는 성어 자체

242) 문영진, 위의 책, 63쪽.

가 문장인 경우가 많다. 그러면 이것은 '문장'인가 '어휘'인가? 또한 문장구조를 온전히 갖추고 있는 성어의 문법적 지식은 '어휘'의 성격으로 다루어야 하는가? 아니면 한문 '문장'의 성격으로 다루어야 하는가? 하는 문제를 다시 노정하고 있다.

이상으로 살펴보건대 '어휘'라는 용어는 제3차 교육과정에서 이미 사용되었다가 용도 폐기되었던 것이 '한자어' 대신에 다시 등장하였다고 할 수 있다. 그리고 그 성격은 3차의 그것과 상당히 유사하며 제7차 교육과정의 대영역인 '한자어'가 가지고 있던 문제에 대한 논의와 달라지기는 했지만 또 다시 많은 논란의 여지를 남기고 있다.

특히 간과할 수 없는 것은 사회의 요구가 큰 '한자어' 교육에 대한 논란이다. 실로 한문과는 '한자·한자어'에 대한 교육을 강요받고 있으며 이에 대한 배려는 한문과 교육에서 중요한 비중을 차지하고 있다. 그간 침체 일로에 있던 한문 교육이 '한자 검정 시험'을 통하여 재평가되고 있는 것은 주지의 사실이며, 이는 산발적인 관심으로 떠돌다가 급기야 학계의 큰 이슈로 등장하기도 하였다.[243] 이러한 사실은 언어생활 속에서 한자어의 효용이 크다는 것을 사회적으로 인정한 결과이며 이는 한문과 교육에서 담당해야 할 것으로 이해되고 있다. 이에 따라 필자는 새로운 내용 체계를 시도하면서 '한자생활'이라는 대영역을 설정하고 다음과 같은 설명을 부가하였다.

> '어휘'로서의 '한자어'는 '한자'를 익히고 '복합어'의 짜임을 익히면 쉽게 익힐 수 있다. 그리고 익힌 한자어는 주로 언어생활의 활용이 용이해지므로 '한자'를 바탕으로 한 '언어생활'이라는 측면을 강조하

---

243) 2006년 1월 6일 중국 상해시의 신원대주점 회의실에서 있었던 한국한문교육학회 주최 '2005 韓·中·日 國際 學術大會 및 韓國漢文敎育學會 第3回 國際學術會議'에서 '東아시아 三國(韓·中·日)의 漢字 能力 評價 및 漢文 敎材의 現況과 展望'에 관하여 집중적인 논의가 있었다. 이 내용은 '『漢文敎育研究』 第26號(서울 : 한문교육학회, 2006)'를 참조 바람.

> 여 '한자 생활'이라는 대영역을 설정하였다. 여기서 생활이라는 것은 한국인의 일상 속에서 만나게 되는 언어와 문서들을 포함한 '언어생활'을 말한다.[244)]

위의 글은 한문과 교육에서 국어의 어휘인 '한자어'를 담당하자는 것으로 '한자'·'한문'과 '한자'·'한자어'를 구별하여 고전교육과 언어생활의 한자어 교육을 병행하자는 발상이다. 층위가 다른 내용을 포괄하는 용어는 실로 찾아내기가 어려우므로 차라리 분리하여 처리하는 것이 더 효과적이라는 의견으로 이해할 수 있다.

---

244) 앞의 내용, 245~246쪽.

Ⅶ. 결 론

한문과 교육은 정규 학교의 교실에서 한문 교육을 전공한 교사가 일정 학령에 있는 학생들에게 한자·한문을 가르치는 것이다. 한문과 교육의 연구 분야는 교육과정론, 교사론, 학생론, 교사론 등으로 나눌 수 있다.

문서로서의 한문과 교육과정은 교수요목기에는 제시되지 않았으며, 제1차 교육과정과 제2차 교육과정에서는 국어과의 일부로 제시되었다. 제3차 교육과정기부터 독립 교과로 제시되었다. 그리고 한문과 교육과정 내용 체계표는 제6차 교육과정에서 처음으로 제시되어 현행의 제7차 교육과정에 이르고 있다.

이 책은 한문과 교육과정의 변천과 내용 체계를 대상으로 한 연구이다. 그러므로 이 책은 한문과 교육을 구성하고 있는 요인들은 어떤 것이 있으며, 그것들은 어떤 구조를 가지고 있으며, 어떻게 진술되어야 하는가에 대한 답을 구하고자 하였다. 그러므로 이 연구에서는 우선 역대의 한문과 교육과정의 변천을 요소에 따라 입체적으로 고찰하여 현재까지의 한문과 교육에 대한 양상을 드러내었다. 또한 한문과 교육을 구성하고 있는 제반의 내용에 관련된 이론들을 두루 고찰하고, 그것을 바탕으로 한문과 교육과정 내용 체계의 범주화와 구조화를 시도했으며, 최종으로 한문과 교육과정의 시안을 작성해 보았다. 이러한 연구 성과의 과정을 정리하면 다음과 같다.

제Ⅱ장에서는 한문과 교육과정의 변천에 대하여 비판적으로 고찰하였다. 먼저 '교수요목기'로부터 제7차 교육과정까지 한문과 교육의 변화의 양상과 교육과정 체제를 살펴보았다. 그리고 한문과 교육과정의 '성격'과 '목표'를 비판적으로 검토하였다. 한문과의 '성격'은 사회로부터 한문과 교육이 요구받는 내용으로 한자·한문의 '언어생활'에 대한 활용과 '전통 문화'를 계승·발전시키는 것이며, '목표'는 그러한 성격을 수용하여 학습자가 교수·학습을 통하여 도달해야 하는 것이라는 것을 밝혔다. 그러한 내용을 바탕으로 한문과 교육과정의 '영역'과 '내용'을 교육과정기별로 검토하여 문제점을 도출하였다.

제Ⅲ장에서는 한문과 교육과정의 배경 요인들에 대하여 고찰하였다. 가장 기본적인 것은 한문이 문자 언어라는 것이다. 한문이 문자 언어인 점을 중시하여 언어 학습과 읽기 교육의 이론을 점검하고 한문과에의 적용을 모색하였다.

광복 이후 한글전용이 시행되어 한문은 서면어로 남아 제이언어와 같은 양상을 띠게 되었다. 그러므로 언어학 일반론을 통하여 한문이 언어로서의 특징을 모두 갖추고 있음을 밝혔으며, 음성언어와 문자언어를 검토하여 한문의 문자 언어적 성격을 분석하였다. 그리고 인지심리학에서 이야기하는 언어습득의 이론을 검토하고 제이언어 교육으로서의 한문과 교육을 탐색하였다. 그리고 '읽기'교육의 측면에서 스키마와 문식성을 적용하였으며 '읽기'의 이론으로 '한문 독해'의 과정을 고찰하였다.

2절에서는 한자문화권의 유대에 대하여 검토하였다. 한국과 중국은 고대로부터 전쟁과 인적·물적 교류는 활발하였으며 특히 한문이 중국으로부터 우리나라에 들어온 후로는 문자를 활용한 문화적 교류도 활발하게 전개되었다. 중국은 유가를 비롯한 제자백가와 불교 등을 우리나라에 전해 주었다. 우리 선조들은 이것을 더욱 발전시켜 중국에 역수출을 하기도 하였으며, 또한 일본에 전해주기도 하였다. 이렇게 하여 조성된 한자문화권에서 우리 선조들은 적극적으로 교류를 확대하며 문화적 전통을 축적하였다. 이는 한·중·일로 대표되는 현재의 'BE-SE-TO Belt'로 이어졌으며 이러한 한자문화권의 문화교류는 동양적 보편가치를 잉태하였다. 그러므로 한문과는 이러한 한자문화권에 대한 내용을 중요한 내용의 한 부분으로 수용하게 되었다는 것을 밝혔다.

3절에서는 사회 보편적인 가치에 대하여 한문과의 정의적 영역에서 그 바탕을 제공할 가능성에 대하여 논하였다. 전통적으로 끈끈한 가족의 유대는 가정교육을 바탕으로 이루어졌다. 그 안에는 한문이라는 내용이 있었으며, 이는 현재도 유용한 가치로 여겨지고 있다. 그리하여 현대 사회의 보편적인 가치가 요구하는 바람직한 인간형에 대한 바탕을 한문과 교육에서 제공할 수 있는 가능성을 제시하였다.

Ⅳ장에서는 한문과 교육과정 구성의 쟁점이 되는 내용을 살펴보았다. 1절에서는 한문교육용 기초한자 1,800자가 한문과에 미치는 영향에 대하여 검토하였다. 현재의 한문과 교육은 한문교육용 기초 한자 1,800자의 범위 안에서 이루어지고 있으며, 이는 교재의 내용을 억압하는 기제로 작용하면서 한문과 교육 내용의 범위를 실질적으로 위축시켰다. 그러므로 한문과 교육에서 한문교육용 기초한자 1,800자에 대한 내용과 상황을 검토하여 문제점을 지적하고 그에 대한 대안을 제시하였다.

2절에서는 제5차부터 제7차 교육과정까지 대영역으로 설정되어 있는 '한자어'에 대하여 고찰하였다. '한자어'라는 용어는 국어과에서 가져온 용어로서 그 범위와 개념이 한문과 교육과정의 용어로 적합하지 않았다. 그럼에도 불구하고 '한자어'는 제5차 교육과정 이후로 한문과 교육과정의 대영역으로 설정되었다. 이에 '한자어'는 '한자', '한문'과 교집합과 차집합을 형성하고 있음을 밝히고, 그에 대한 대안으로 '한자', '한자 복합어(복합어)', '한문'으로 나누어야 교집합이 형성되지 않는다는 것을 제시하였다.

3절에서는 학교 급별 위계에 의한 내용에 대하여 실증적으로 고찰하였다. 현재 한문과의 학교 급별 계열성은 1,800자를 양분한 중학교용 900자와 고등학교용 900자 그리고 내용 체계를 상세화한 기준이 있을 뿐 다른 것이 없다. 그러한 영향으로 인하여 중학교의 내용과 고등학교의 내용이 무수히 겹쳐 학교 급별의 위계가 형성되고 있지 않은 것을 확인하였다. 이에 따라 한문과 교육은 학교 급별에 따른 내용 수준의 계열화가 시급히 요청된다는 점을 강조하였다.

Ⅴ장에서는 한문과 교육과정 내용 체계를 수립하기 위한 구체적인 방안을 탐색하였다. 먼저 1절에서는 한문과의 성격을 면밀히 분석하여 한문과의 성격이 가지는 내용을 정치하게 파악한 후, 교육과정에 제시된 교과 목표를 검토하여 한문과의 목표를 구체적으로 점검하였다. 그리고 제5차·제6차·제7차의 내용 체계를 검토하고 그에 대한 문제점을 지적하였다.

2절에서는 이미 논의된 내용을 바탕으로 '한자 생활', '한문 지식', '한문 독해'라는 3개의 영역을 설정하였으며 각각의 영역에 중영역을 설정하여 상세화하였다. 그 내용은 '한자 생활'은 '읽기'와 '활용'으로, '한문 지식'은 '한자', '복합어', '문장'으로, '한문 독해'는 '독해', '감상', '문화'로 상세화하였고, '한문 자료'를 추가하여 설정하였다.

3절에서는 논의한 모든 내용을 종합하여 '한문과 교육과정 내용 체계 시안'을 개발하여 제시하였다.

Ⅵ장에서는 제7차 개정 한문과 교육과정의 내용에 대하여 살펴보았다. 우선대영역인 '한문', '한문 지식'의 타당성을 논하였다. 그리고 대영역 '한문'의 중영역인 '읽기', '이해', '문화'에 대하여 '읽기'와 '이해'가 하나의 영역으로 되어야 한다는 것을 주장하였다. 그리

고 대영역 '한문 지식'의 중영역인 '한자', '어휘', '문장'에서 '어휘'는 3차 교육과정에 등장하였던 용어로 '한자'와 '문장'과는 층위가 같은 용어가 아니며 '한자어'와 마찬가지로 영역의 교집합을 만들고 있어 적절치 못한 용어라는 것을 밝혔다.

이 책에서는 한문과 교육과정을 성격・목표・내용으로 나누어 비판적으로 검토하여 이제까지의 한문과 교육과정의 변천을 조명하였다. 그리고 한문이 가지는 언어학적인 모습을 규명하여 스키마와 문식성을 바탕으로 한 읽기 및 독해의 과정을 살펴보았다. 그리하여 한문과는 제이언어와 그 성격이 유사하다는 점을 드러냈다. 다만 이 책에서는 교육과정 변천과 내용 체계에 한계를 두어 유럽의 라틴어의 양상과 한국에서 한문이 갖는 언어학적인 공통점에 대하여는 깊이 고찰하지 못했다.

그리고 이 책에서는 한문과 교육의 내용들을 검토하여 바람직한 한문과 교육과정의 내용 체계를 구안하려 하였다. 그러나 이 시안이 한문과 교육 양상의 모든 것을 드러냈다고 볼 수는 없다. 외적으로 '한문과 교육'이 우리나라 교육에서 차지하는 비중에 대한 연구가 이루어져야 하며, 내적으로 한문과 교육이 내포하고 있는 모든 것에 대한 연구를 심화하여야 한다.

한문과 교육과정에 대한 논의가 더 정치화하기 위해서는 한문과 '성격'에 대하여 보다 깊이 있는 논의가 필요함을 느낀다. 교과의 성격은 바로 그 교과가 갖는 시대적 타당성과도 뗄 수 없는 관련이 있기 때문이다. 그러므로 교육철학에 근거한 한문과 성격의 연구가 이루어질 필요가 있다고 생각한다. 그리고 '교육 목표 분류학'에 따른 '교과 목표'에 대한 논의도 절실하다. 교과의 목표는 이 시대의 사회가 한문과에게 요구하는 것이며, 그에 대한 충실한 수행은 한문과 교육이 나아갈 길이기도 하다.

한문과 교육이 총체적으로 그 모습을 드러내기 위해서는 성격과 목표 그리고 내용 체계와 내용에 대한 논의를 심화하여야 한다. 그리고 한문과 내용 선정에 대한 기준, 한문과 교수·학습 방법, 한문과 평가에 대한 논의도 활발하게 이루어져야 한다.

향후로도 많은 연구가 필요하다는 것은 한문과 교육에 대한 이론의 탐색이 그만큼 부족했다는 것을 증명한다고 할 수도 있지만, 연구할 분야가 대단히 넓고 깊게 열려 있다는 반증이기도 하다.

참고 문헌

Ⅰ. 일반자료

교육부, 중학교 교육과정, 서울 : 교육부, 1992.
교육부, 중학교 교육 과정 해설 -한문 · 컴퓨터 · 환경-, 서울 : 교육부, 1992.
교육부, 고등학교 교육과정(Ⅰ), 서울 : 교육부, 1992.
교육부, 제7차 중학교 교육과정, 서울 : 교육부, 1997.
교육부, 한문, 교련, 교양 선택 과목 교육과정, 서울 : 교육부, 1997.
교육부, 제7차 중학교 교육과정 해설, 서울 : 교육부, 1997.
교육부, 고등학교 교육과정 해설 - 한문-, 서울 : 교육부, 1997.
교육부, 국가 수준의 교육과정 기준, 서울 : 교육부, 1999.
교육부, 국어과 · 한문과 교육과정 기준, 서울 : 교육부, 2000.
김용걸 · 안재철 · 김이곤, 고등학교 한문Ⅰ, 서울 : 교학사, 1996.
김도련 · 이현식 · 김영봉, 고등학교 한문Ⅰ, 서울 : 교학연구사, 1995.
최상익 · 이병혁 · 허남욱 · 김형룡, 고등학교 한문Ⅰ, 서울 : 금성교과서, 1996.
정우상 · 정달영 · 배원룡, 고등학교 한문Ⅰ, 서울 : 두산, 1995.
이명학 · 박희병 · 장호성, 고등학교 한문Ⅰ, 서울 : 을류문화사, 1995.
김상홍 · 최창구 · 이강렬, 고등학교 한문Ⅰ, 서울 : 중앙교육진흥연구소, 1995.
박갑수 · 김진영 · 송진섭, 고등학교 한문Ⅰ, 서울 : 지학사, 1996.
이지형 · 송재소 · 이상진 · 최상근, 고등학교 한문Ⅰ, 서울 : 한샘출판, 1995.
윤미길 · 한성희 · 백원철, 중학교 한문1, 2, 3, 서울 : 교학사, 2000.
이상진 · 최상근 · 박장렬, 중학교 한문1, 2, 3, 서울 : 동화사, 2000.
오종일 · 김철수 · 원윤 · 염성엽, 중학교 한문 1, 2, 서울 : 문원각, 2000.
민병수 · 심경호, 중학교 한문1, 2, 3, 서울 : 민중서림, 2000.
박성규 · 윤재민, 중학교 한문1, 2, 3, 서울 : 박영사, 2000.
유성준 · 송요권 · 유경순, 중학교 한문1, 2, 3, 서울 : 새한교과서, 2000.
김상홍 · 최창구 · 이강열, 중학교 한문1, 2, 3, 서울 : 중앙교육진흥연구소, 2000.
박갑수 · 김진영 · 송진섭, 중학교 한문1, 2, 3, 서울 : 지학사, 2000.
이응백 · 이창득 · 정성배 · 오건오, 중학교 한문1, 2, 서울 : 케이스, 2000.
최상익 · 허남욱 · 이천식 · 권혁진, 중학교 한문1, 2, 3, 서울 : 태성, 2000.
이화규 · 박성순 · 이성권, 중학교 한문1, 서울 : 한서출판사, 2000.

김경수・김성룡・김봉숙・김평호, 고등학교 한문, 서울 : 교학사, 2001.
최상익・이병혁・허남욱・이영우, 고등학교 한문, 서울 : 금성출판사, 2001.
신표섭・이병주・이윤찬・강경모・백광호・허시봉・류기영・이태희, 고등학교 한문, 서울 : 대학서림, 2001.
안재철・원용석・김동규, 고등학교 한문, 서울 : 대한교과서, 2001.
이명학・장호성・현상곤・임완혁, 고등학교 한문, 서울 : 두산, 2001.
이수철・곽치영, 고등학교 한문, 서울 : 정진출판사, 2001.
김상홍・최창구・이강렬・원창희, 고등학교 한문, 서울 : 중앙교육연구소, 2001.
박갑수・이상진・최상근, 고등학교 한문, 서울 : 지학사, 2001.
이희목・진재교・최돈욱・신영주, 고등학교 한문, 서울 : 천재교육, 2001.
유성준・김동환・유형구, 고등학교 한문, 서울 : 청색, 2001.
2005학년도 대학수학능력시험 한문 영역 출제 지침(시안) 개발 연구, 서울 : 한국교육과정평가원, 2002.
NIE를 활용한 한문 교과의 한자 및 한자어 교육 연구, 청원 : 한국교원대학교 부설 교과교육공동연구소, 1999.(책임연구자 : 박정도, 공동연구원 : 문지성, 송영일)
교육과정 개정 시안에 대한 전국 현장교사 대 토론회, 청원 : 한국교원대학교・한국교육과정평가원, 2006.
국가 교육과정에 근거한 평가 기준 및 도구 개발 연구 - 고등학교 한문 I-II, 서울 : 한국교육과정평가원, 1999.
남북한 중등학교 한문과 교육과정 및 교과서 비교 분석 연구, 서울 : 단국대학교 통일대비 교육과정연구회, 1999.(연구책임자 : 김상홍, 공동연구자 : 이인제 외 4인)
노명완, 한글 표기와 한자 표기가 독서 과정에 미치는 효과 비교 연구, 서울 : 고려대학교, 2003.
문영진, 중・고등학교 한문 선택과목 교육과정 개정 시안 연구 개발, 서울 : 한국교육과정평가원, 2006.
서울대학교 교육연구소편, 교육학대백과사전1・2・3, 서울 : 하우동설, 1999.
서울대학교 국어교육연구소, 국어교육학사전, 서울 : 대교출판, 1999.
제7차 교육과정의 진단과 새 교육과정 개정의 기본 방향 탐색, 청원 : 한국교원대학교 교육과정연구소, 2005.
중・고등학교 학생들의 한자 기초학력 평가 연구, 서울 : 한국교육과정평가원, 2000

초등학교 교과서 한자어 및 한자 분석 연구, 서울 : 국립 국어 연구원, 2003. (연구책임자 : 민현식, 공동연구원 : 이찬규 외 6명)
초등학교 한자교육 문제에 대한 총체적 분석 연구, 서울 : 교육인적자원부, 2002.(연구책임자 : 최현섭)
초등학교 한자교육 프로그램 교육 효과 검증 연구, 서울 : 교육인적자원부, 2003(연구책임자 : 박영목)
학교교육과정 운영의 질적 향상 방안 모색, 군포 : 경기도중등교육과정연구회, 2003.
한국교원대학교 · 한국교육과정평가원 공동주최 교육과정학술세미나자료, 교육과정 개정 시안에 대한 전국 현장교사 대 토론회, 2006.1.
한글 전용 표기와 한자 혼용 표기가 독서 과정에 미치는 효과 실험 연구, 서울 : 한국교육개발원, 1990.(연구책임자 : 박영목, 연구자 : 손영애)
한글 전용과 한자 혼용에 대한 선호도 조사 연구, 서울 : 한국교육개발원, 1989.(연구책임자 : 박영목, 연구자 : 권경안)
한문과 산문교육의 교수 · 학습 모형 연구, 청원 : 한국교원대학교 부설 교과교육공동연구소, 1997.(연구책임자 : 박정도, 공동연구원 : 안재철, 문지성)
한문교육용 기초한자 1,800 자 조정백서, 서울 : 교육인적자원부, 2001.
한문교육의 실제, 서울 : 전국한문교사모임, 2001.

Ⅱ. 단행본

가노 나오키 著 吳二煥 譯, 中國哲學史, 서울 : 乙酉文化社, 1998.
經書, 서울 : 成均館大學校 大東文化硏究院, 2000.
공재석, 중국언어학, 서울 : 신서원, 2002.
교육법전편찬회 편, 교육법전, 서울 : 교학사, 2006.
구자억 · 박인숙, 중국 전통교육사상의 이해, 서울 : 문음사, 1999.
權允赫 · 金玟河, 政治思想과 韓國의 精神文化에 관한 硏究, 서울 : 韓國精神文化硏究院, 1980.
금장태, 현재 한국유교와 전통, 서울 : 서울대학교출판부, 2003.
김경일, 漢字의 역사를 따라 걷다, 서울 : 바다출판사, 2005.
김교빈 · 이현구, 동양철학에세이, 서울 : 동녘, 2002.
김대현 · 김석우 공저, 교육과정 및 교육평가, 서울 : 학지사,2003.
金東煥, 權樂遠 共著, 教育課程과 評價, 서울 : 尙潮社, 1998.

김무진·박경안·신숙정 편, 신편 한국사의 길잡이, 서울 : 혜안, 1998.
김민수, 신국어학사, 서울 : 일조각, 2003.
김방한, 언어와 역사, 서울 : 서울대학교출판부, 1998.
김병기, 아직도'한글전용'을 고집해야 하는가?, 서울 : 다운샘, 2002.
金圓卿, 國語科 教科教育學, 서울 : 교학연구사, 1991.
金在潤, 教育哲學 및 教育史, 서울 : 載東文化社, 1984.
김재춘·부재율·소경희·채선희 공저, 교육과정과 교육평가, 서울 : 교육과학사, 2005.
金正喜, 『阮堂全集』, 과천 : 果川文化院, 2005.
김종서, 현대교육론(II), 서울 : 서울대학교 출판부, 1997.
金鍾塤, 韓國固有漢字研究, 서울 : 集文堂, 1992.
김지형, 韓國語와 中國語와의 比較, 서울 : 박이정, 2001.
김진우, 언어학습의 이론과 실상, 서울 : 한국문화사, 2001.
金哲洙 외 5인, 韓國社會의 規範文化, 서울 : 韓國精神文化研究院, 1983.
김현철 외 6인, 중국언어학사, 서울 : 신아사, 2003.
나상배 저 하영삼 역주, 언어와 문화, 서울 : 서울대학교 출판부, 2002.
南廣祐 外, 漢字文盲 이대로 좋은가, 서울 : 전통문화연구회, 2005.
노명완, 국어교육론, 서울 : 한샘, 1989.
盧命完·李次淑, 文識性研究, 서울 : 박이정, 2002.
노명완·정혜승·옥현진, 창조적 지식기반사회와 국어과 교육, 서울 : 박이정, 2003.
柳岸津, 韓國 傳統社會의 幼兒教育, 서울 : 서울대학교 출판부, 1998.
류종목, 논어의 문법적 이해, 서울 : 문학과지성사, 2005.
리득춘, 한조언어문자관계사, 서울 : 박이정, 1996.
문미옥·이혜상·민행난 공저, 한국전통문화와 유아교육, 서울 : 양서원, 2004.
박경자, 언어습득연구방법론, 서울 : 고려대학교출판부, 1997.
박도순, 교육연구방법론, 서울 : 문음사, 2005.
박도순·홍후조 공저, 교육과정과 교육평가, 서울 : 문음사, 2003.
朴鵬培, 世界의 自國語教育政策, 서울 : 開門社, 1989.
朴英燮, 國語漢字語彙論, 서울 : 박이정, 1995.
박영순, 21세기 국어교육학의 현황과 과제, 서울 : 한국문화사, 2002.
박완식, 성리학이란 무엇인가, 서울 : 여강출판사, 1993.
박인하, 교사를 위한 교수·학습 방법론, 서울 : 현문사, 1995.
박정도, 한문과 교수 학습 방법론, 서울 : 박이정, 1999.

朴趾源,『燕岩集』韓國文集叢刊 252, 서울 : 民族文化推進會, 2000.
백산학회 편, 韓國古代語와 東北아시아, 서울 : 백산자료원, 2001.
사마천, 史記, 서울 : 景仁文化社, 1989.
서울大學校 大學院 國語研究會 編, 國語史 資料와 國語學의 研究, 서울 : 文學과知性社, 1994.
徐正淇 외 17인, 世界속의 韓國文化, 서울 : 松山出版社, 1984.
성균관대학교 동아시아 유교문화권 교육·연구단 편, 동아시아 유교문화의 새로운 지향, 서울 : 청어람미디어, 2004
성태제, 교육연구방법의 이해, 서울 : 학지사, 2003.
성현란 외 6인 공저, 인지발달, 서울 : 학지사, 2003.
손인수, 한국교육사연구 상·하, 서울 : 문음사, 1998.
宋基中, 古代國語 語彙 表記 漢字의 字別 用例 研究, 서울 : 서울대학교출판부, 2004.
송병렬, 새로운 한문 교육의 지평, 서울 : 문자향, 2002.
송영일, 한문교육론, 서울 : 장서원, 2002.
심경호, 한학연구입문, 서울 : 이회, 2003.
안승덕, 한자교육론, 서울 : 아세아문화사, 1993.
안재철, 한문과 교재연구 방법론, 서울 : 박이정, 2004.
양재혁, 동양철학 서양철학과 어떻게 다른가, 서울 : 소나무, 1998.
오강남, 불교 이웃 종교로 읽다, 서울 : 현암사, 2006.
吳之湖, 漢字教育 立國, 서울 : 전통문화연구회, 2003.
우리말교육연구소 엮음, 외국의 교육과정 1·2, 서울 : 나라말, 2004.
原本 三國史記, 三國遺事, 서울 : 大提閣, 1995.
윤사순, 한국유학사상론, 서울 : 예문서원, 1997.
윤여탁 외,『국어교육 100년사』 I, II, 서울 : 서울대학교출판부, 2006.
이경환·박제윤·권영민, 한국 교육과정의 변천, 서울 : 대한교과서주식회사, 2002.
李啓鶴 외 3인, 韓國人의 傳統家庭教育思想, 서울 : 韓國精神文化研究院, 1993.
이만규, 조선교육사 I · II, 서울 : 거름, 1988.
이삼형 외 6인 공저, 국어교육학, 서울 : 소명출판, 2003.
이삼형 외 7인 공저, 국어교육 연구의 반성과 전망〔이해·표현〕, 〔내용·방법〕, 서울 : 역락, 2003.
이성영, 국어교육의 내용 연구, 서울 : 서울대학교출판부, 2000.
二十五史抄 上·中·下, 서울 : 檀國大學校附設 東洋學研究所, 1977.

이영주, 漢字字義論, 서울 : 서울대학교출판부, 2000.
李庸周, 國語教育의 反省과 改革, 서울 : 서울대학교출판부, 1999.
李佑成, 韓國의 歷史像, 서울 : 創作과 批評社, 1982.
李應百, 漢字를 아는 것이 國力이다, 서울 : 전통문화연구회, 2004.
李珥, 栗谷集, 韓國文集叢刊 44・45, 서울 : 民族文化推進會, 1990.
이재승, 좋은 국어 수업 어떻게 할 것인가?, 서울 : 교학사, 2005.
이정모 외 14인 공저, 인지심리학, 서울 : 학지사, 2006.
이정모・이재호 편, 인지심리학의 제문제, 서울 : 학지사, 2001.
李烘雨, 教育課程探究, 서울 : 博英社, 2004.
이홍우・유한구・장성모, 교육과정이론, 서울 : 교육과학사, 2006.
李熙昇 外, 漢字는 國語의 기본이다, 서울 : 전통문화연구회, 2005.
張喜久, 國際化時代의 漢字教育, 서울 : 世進社, 1995.
전국역사교사모임(한국)・역사교육자협의회(일본), 마주 보는 한일사 Ⅰ・Ⅱ, 서울 : 사계절출판사, 2006.
정 민・박수밀・박동욱・강민경, 살아있는 한자 교과서, 서울 : 휴머니스트, 2004.
정기철, 읽기 교육의 이론과 실제. 서울 : 亦樂, 2000.
鄭東華・李賢馥・崔賢燮, 國語科教育論, 서울 : 鮮一文化社, 1994.
鄭範謨, 教育과 教育學, 서울 : 培英社, 1981.
정수일, 한국 속의 세계 상・하, 서울 : 창비, 2005.
정혜승, 국어과 교육과정 실행 연구, 서울 : 박이정, 2002.
趙世用, 漢字語系 歸化語 研究, 서울 : 高麗大學校 民族文化研究所, 1991.
조영태, 교육내용의 두 측면, 서울 : 성경재, 2004.
조현용, 한국어 어휘교육 연구, 서울 : 박이정, 2000.
채 완, 한국어의 의성어와 의태어, 서울 : 서울대학교출판부, 2003.
최경옥, 한국개화기 근대외래한자어의 수용연구, 서울 : 제이앤씨, 2003.
최영애, 漢字學 講義, 서울 : 통나무, 1995.
최영환, 국어교육학의 지향, 서울 : 삼지사, 2004.
최용기, 남북한 국어 정책 변천사 연구, 서울 : 박이정, 2003.
최현섭 외 6명, 국어교육학개론, 서울 : 삼지사, 2004.
하영삼, 한자의 세계, 부산 : 늘함께, 1999.
한국교육학회 교육사연구회 편, 교육사상가평전, 서울 : 교학연구사, 1989.
한영우, 다시 찾는 우리 역사, 서울 : 경세원, 2005.
한일관계사학회 편, 한일관계 2천년 보이는 역사, 보이지 않는 역사, 고중

세・근세・근현 대, 서울 : 경인문화사, 2006.
한자교육활성화추진회편, 한자교육신강, 서울 : 전통문화연구회, 1998.
한철우・박영목・윤희원, 국어과 교수 학습론, 서울 : 교학사, 2005.
한철우・박영목・윤희원, 국어교육학 원론, 서울 : 박이정, 2004.
한철우・박진용・김명순・박영민, 과정중심 독서 지도, 서울 : 교학사, 2003.
함종규, 한국교육과정변천사연구, 서울 : 교육과학사, 2003.
許 愼,『說文解字』, 臺北 : 黎明文化事業公司, 1985.
황경식 외 4인, 한국사회의 도덕적 위기극복을 위한 철학적 처방, 서울 : 한국정신문화연구원, 1993.
황의동, 한국의 유학사상, 서울 : 서광사, 1995.
黃禎奎 외 3인, 韓國人의 青少年期 社會化過程 研究, 서울 : 韓國精神文化研究院, 1989.

Ⅲ. 학위 논문

강지연, 중학생의 어휘력 평가 도구에 관한 연구, 한국교원대학교 대학원 석사학위 논문, 2003.
姜泰善, 新聞活用을 통한 漢文科 授業模型에 대한 研究, 韓國教員大學校 大學院 碩士學位 論文, 1999.
姜鎬天, 朝鮮朝 漢字音 整理의 歷史的 研究, 淸州大學校 大學院 博士學位 論文, 1991.
권순구, 한자어 어형성 연구, 충남대학교 대학원 석사학위 논문, 1996.
김미숙, 수준별 어휘 지도 방안 연구, 한국교원대학교 석사학위 논문, 1999.
金崇浩, 漢文 文形에 대한 研究, 啓明大學校 大學院 碩士學位 論文, 1994.
金載吉, 高等學校 漢文 教科書에 收錄된 散文 授業模型 開發 研究, 韓國教員大學校 大學院 碩士學位 論文, 2000.
김현정, 읽기 교육에서의 스키마 활성화 방안 연구, 한국교원대학교 석사학위 논문, 1994.
노명희, 현대국어 한자어의 단어구조 연구, 서울대학교 대학원 박사학위 논문, 1998.
류성연, 중국 조선족 조선어문 교과서 분석 연구, 한국교원대학교 대학원 석사학위 논문, 1999.
柳修賢, 漢文 基本 文型 設定을 爲한 研究, 韓國教員大學校 大學院 碩士學位

論文, 1996.
문연식, 현대 한국 한자음 고찰, 계명대학교 대학원 석사학위 논문, 1999.
朴英燮, 國語 漢字語의 起源的 系譜 硏究, 成均館大學校 大學院 博士學位 論文, 1987.
卞弼男, 中學校 國語教科書에 倂記된 漢字의 實態分析 硏究, 韓國教員大學校 大學院 碩士學位 論文, 1996.
魚洋鎭, 北漢 漢文教育 實態 硏究, 江原大學校 教育大學院 碩士學位 論文, 1999.
嚴璿鎔, 高等學校 漢文 教科書 漢詩 指導 方法에 關한 硏究, 韓國教員大學校 大學院 碩士學位 論文, 1999.
吳賢靜, 實業界 高等學校 漢文教科 教育課程 模型硏究, 韓國教員大學校 教育大學院 碩士學位 論文, 2001.
옥정인, 읽기 태도 형성에 영향을 미치는 요인 연구, 한국교원대학교 석사학위 논문, 1999.
원용석, 「한문과 교육과정 변천과 내용 체계(內容體系) 연구, 한국교원대학교 박사학위 논문, 2007.
劉京洵, 高等學校 教科書에 나타난 漢字語 學習 用語 理解 硏究, 韓國教員大學校 大學院 碩士學位 論文, 1999.
이도영, 언어 사용 영역의 내용 체계에 대한 연구, 서울대학교 대학원 박사학위 논문, 1998.
李姸林, 韓·中 漢字 現代讀音 比較硏究, 淑明女子大學校 大學院 碩士學位 論文, 1988.
이영주, 한자 학습의 효율성 제고를 위한 부수(부수) 및 성부(성부) 활용 연구, 한국교원대학교 대학원 석사학위 논문, 2004.
이은숙, 텍스트 구조 지도가 독해에 미치는 효과, 한국교원대학교 석사학위 논문, 1997.
이재승, 듣기 기능과 읽기 기능의 관련성에 관한 연구, 한국교원대학교 석사학위 논문, 1992.
이춘성, 春川市 東面 上傑里 書堂教育에 관한 硏究, 江原大學校 教育大學院 碩士學位 論文, 1997.
田日周, 最近世 韓國 漢字字典 硏究, 嶺南大學校 大學院 博士學位 論文, 2002.
鄭旼泳, 國語 漢字語의 單語 形成 硏究, 忠北大學校 大學院 博士學位 論文, 1994.
정영자, 남·북한 언어규범 비교 연구, 한국교원대학교 석사학위 논문, 1991.
趙男美, 漢字語 活用能力 伸張을 위한 포트폴리오 資料 開發 硏究, 韓國教員大學校 教育大學院 碩士學位 論文, 2000.

趙範熙, 漢字語 構造에 關한 硏究, 韓國敎員大學校 大學院 碩士學位 論文, 1998.
朱東一, 北漢 漢文敎育 硏究, 韓國敎員大學校 大學院 碩士學位 論文, 1999.
池喜連, 日帝 强占期의 漢文 敎育 硏究, 慶北大學校 敎育大學院 碩士學位 論文, 1996.
진철용, 한자 습득이 한자어의 의미 파악에 미치는 영향 연구, 한국교원대학교 교육대학원 석사학위 논문, 2005.
천경록, 읽기 교재의 수정 방안에 관한 연구, 한국교원대학교 교육대학원 석사학위 논문, 1997.
崔應洵, 中等學校 漢文學習方法 改善에 관한 一硏究, 江原大學校 敎育大學院 碩士學位 論文, 1987.
최정환, 제7차 고등학교 문학 교과서의 내용 및 체제 분석, 한국교원대학교 대학원 석사학위 논문, 2004.
崔鍾奎, 漢文文法 統一을 爲한 一硏究, 江原大學校 敎育大學院 碩士學位 論文, 1988.
許南郁, 虛字硏究, 江原大學校 敎育大學院 碩士學位 論文, 1984.

Ⅳ. 일반 논문

강경모, 바람직한 한문과 평가를 위한 내용 영역 검토, 한문교육54, 서울 :전국한문교사모임, 2002.
권낙원, 학습자중심 교육의 성격과 이론, 학습자중심교과교육연구 창간호, 청원 : 학습자중심교과교육학회, 2001.
______, 교수방법 분류준거 탐색, 교육과정학연구 제4권, 청원 : 한국교원대학교 교육과정연구소, 2004.
권문봉, 제6차 교육과정 개정시안의 문제점, 漢文敎育硏究 第6號, 서울 : 韓國漢文敎育學會, 1992.
金慶洙, 近代 後의 書堂 敎育과 그 效用性에 대한 考察, 漢字漢文敎育 第六輯, 서울 : 韓國漢字漢文敎育學會, 2000.
길형석, 학습자중심의 교과교육을 위한 철학적 연구, 학습자중심교과교육연구 창간호, 청원 : 학습자중심교과교육학회, 2001.
______, 학습자중심 교육과정에 관한 연구, 학습자중심교과교육연구 No.4, 청원 : 학습자중심교과교육학회, 2002.
______, 학습자중심 국어과 수업을 위한 교육과정의 적절성에 관한 연구, 학습

자중심교과교육연구 No.5, 청원 : 학습자중심교과교육학회, 2003.

김경천, 국가공인 한자능력검정시험의 현황과 문제, 漢文教育研究 第26號, 韓國漢文教育學會, 2006.

김도남, 텍스트 이해와 상호텍스트성, 國語教育學研究 第14輯, 서울 : 國語教育學會, 2002.

김명순, 읽기 활동의 이해와 읽기 교육의 관련 문제, 國語教育學研究 第16輯, 서울 : 國語教育學會, 2003.

김상욱, 국어과 교육과정 내용의 발전 방향, 國語教育學研究 第23輯, 서울 : 國語教育學會, 2005.

金相洪, 漢文教育用 基礎漢字 1,800字 調整의 基本方向, 漢文教育研究 第15號, 서울 : 韓國漢文教育學會, 2000.

______, 한문교육의 반성과 과제, 漢文教育研究 第15號, 서울 : 韓國漢文教育學會, 2000.

______, 2001년도부터 적용되는 조정된 한문교육용 기초한자의 고찰, 漢文教育研究 第16號, 서울 : 韓國漢文教育學會, 2001.

______, 21세기 漢文教育의 正常化 課題, 漢文教育研究 第17號, 서울 : 韓國漢文教育學會, 2001.

______, 韓國의 漢文教育用 基礎漢字 變遷 攷, 漢文教育研究 第21號, 서울 : 韓國漢文教育學會, 2003.

______, "BE-SE-TO Belt"에서 한국 한문교육의 과제, 漢字漢文教育 第十二輯, 서울 : 韓國漢字漢文教育學會, 2004.

______, 21世紀 漢文學의 研究와 教育, 漢文教育研究 第23號, 서울 : 韓國漢文教育學會, 2004.

金相洪・鄭愚相・李東歡・申用浩・沈慶昊, 漢文教育用 基礎漢字 1,800字 調整에 관한 研究, 漢文教育研究 第14號, 서울 : 韓國漢文教育學會, 2000.

김승희, 국어과 교육과정의 국제비교를 통한 국어과 교육의 방향 모색, 교원교육 제21권 제1호, 청원 : 한국교원대학교 교육연구원, 2005.

김영옥, 中國에서의 漢字教育 현황, 漢文教育研究 第21號, 서울 : 韓國漢文教育學會, 2003.

金王奎, 한국의 초등학교 한자 교육의 현황과 과제, 漢文教育研究 第21號, 서울 : 韓國漢文教育學會, 2003.

______, 한문교육과정 개정・변천의 양상과 한문과의 위상, 漢文教育研究 第22號, 서울 : 韓國漢文教育學會, 2004.

______, 한자 자훈(字訓) 이해와 한자어 의미 이해의 상관도, 청람어문교육

제30집, 청원 : 청람어문교육학회, 2004.

______, 언어 교과의 '내용 체계(내용 체계)'의 몇 가지 쟁점, 漢文教育研究 第24號, 서울 : 韓國漢文教育學會, 2005.

______, 한자 교육 연구의 동향과 과제, 한자한문교육 제17집, 한국한자한문교육학회, 2006.

______, 한문교육학 연구 방법론의 현황과 과제, 한문교육연구 제27호, 2006.

金容傑, 전승문화 말살의 교육과정 개편안, 漢文教育研究 第6號, 서울 : 韓國漢文教育學會, 1992.

______, 韓國社會와 傳統文化, 漢文教育研究 第7號, 서울 : 韓國漢文教育學會, 1993.

______, 漢文科 教育의 性格과 方向, 漢字漢文教育 創刊號, 서울 : 韓國漢字漢文教育學會, 1994.

______, 漢文科 教育의 方向, 新漢文科教育論, 서울 : 傳統文化研究會, 1999.

김은미, 한자 급수 시험의 현황과 문제점, 漢文教育研究 第25號, 韓國漢文教育學會, 2005.

김정자, 제7차 국어과 교육과정과 작문 교과서 내용 분석 연구, 國語教育學研究 第16輯, 서울 : 國語教育學會, 2003.

김종건, '교육'의 준거와 교과의 교육목적, 교육과정학연구 제3권, 청원 : 한국교원대학교 교육과정연구소, 2000.

金宗鎭, 光復 後 漢字 漢文 教育, 漢字漢文教育 第六輯, 서울 : 韓國漢字漢文教育學會, 2000.

김중신, 새 교육과정의 이념 구축을 위한 쟁점 검토, 國語教育學研究 第23輯, 서울 : 國語教育學會, 2005.

______, 국어교육 연구에서의 '이해' 영역에 관한 연구, 國語教育學研究 第14輯, 서울 : 國語教育學會, 2002.

김혈조, 제6차 교육과정 개정시안에 대한 비판적 검토, 漢文教育研究 第6號, 서울 : 韓國漢文教育學會, 1992.

______, 7차 교육 과정의 제 문제, 漢文教育研究 第17號, 서울 : 韓國漢文教育學會, 2001.

______, 漢文教育의 向後 課題, 漢文教育研究 第21號, 서울 : 韓國漢文教育學會, 2003.

金洪哲, 새 시대 漢文教育의 展望과 課題, 漢文教育研究 第15號, 서울 : 韓國漢文教育學會, 2000.

노명희, 한자어 문법 단위와 한자어 교육, 국어국문학 제142호, 서울 : 국어

국문학회, 2006.

민용성, 학습자 중심 교육과정의 내용선정 준거 탐색 및 적용, 학습자중심교과교육연구 No.5, 청원 : 학습자중심교과교육학회, 2003.

朴三緖, 第7次 漢文科 敎育課程, 新漢文科敎育論, 서울 : 傳統文化硏究會, 1999.

박삼서 · 김왕규, 2000년도 제정 '한문 교육용 기초 한자 1,800자'와 21세기 한자 · 한문 교육의 방향, 교육과정평가연구 제5권 제1호, 서울 : 한국교육과정평가원, 2002.

박성규, 漢字文化圈과 漢文敎育, 漢文敎育硏究 第21號, 서울 : 韓國漢文敎育學會, 2003.

박성일 · 김보경, 중국 초 · 중등학교 교육과정 고찰, 교육과정학연구 제4권, 청원 : 한국교원대학교 교육과정연구소, 2004

朴泳穆, 어휘력 신장에 영향을 미치는 요인 -초등학교 학생의 한자 지식을 중심으로-, 독서연구 제8호, 서울 : 한국독서학회, 2003.

______, 國語科 敎育課程의 새로운 方向, 國語敎育學硏究 第23輯, 서울 : 國語敎育學會, 2005.

朴英鎬, 제6차 한문과 교육과정 중 '내용체계'의 문제점과 해결 방안, 漢文敎育硏究 第10號, 서울 : 韓國漢文敎育學會, 1996.

______, 제7차 중 · 고등학교 한문과 교육과정의 의의와 과제, 漢文敎育硏究 第13號, 서울 : 韓國漢文敎育學會, 1999.

______, 韓國에서의 漢文敎育의 現況과 課題, 漢文敎育硏究 第14號, 서울 : 韓國漢文敎育學會, 2000.

______, 교육용 한자수의 검토, 漢文敎育硏究 第15號, 서울 : 韓國漢文敎育學會, 2000.

배수찬, 읽기 이론의 역사적 변천에 대한 연구, 國語敎育學硏究 第21輯, 서울 : 國語敎育學會, 2004.

白光鎬, 漢字能力 級數試驗 改善 方向에 관한 연구, 漢文敎育硏究 第26號, 서울 : 韓國漢文敎育學會, 2006.

서혁, 제7차 국어과 교육과정과 수준별 교육에 대한 비판 및 개선방향, 國語敎育學硏究 第23輯, 서울 : 國語敎育學會, 2005.

손영애, 새로운 국어과 교육과정 개정에 관한 小論, 國語敎育學硏究 第23輯, 서울 : 國語敎育學會, 2005.

宋秉烈, 漢文科 敎科敎育에 있어서 敎科書 問題, 漢文敎育硏究 第14號, 서울 : 韓國漢文敎育學會, 2000.

______, 韓國의 漢文科 敎育課程 問題와 解決의 方向, 漢文敎育硏究 第21號,

서울 : 韓國漢文教育學會, 2003.

______, 漢文科 教育課程의 內容 領域 設定 및 內容 組織의 原理 摸索, 漢文教育研究 第24號, 서울 : 韓國漢文教育學會, 2005.

______, 새로운 한문과 교육과정을 위한 한문과 교육과정의 쟁점 고찰, 漢文教育研究 第25號, 서울 : 韓國漢文教育學會, 2005.

宋永日, 「第7次 漢文科 教育課程 改正 試案의 問題點과 對策」 -성격 · 목표 · 내용을 중심으로- 『漢字漢文教育』 第17輯, 서울 : 韓國漢字漢文教育學會, 2006.

송재소, 한문 교과의 성격, 漢文教育研究 第6號, 서울 : 韓國漢文教育學會, 1992.

신용호, 중등학교 한문의 변천 과정과 문제점, 漢文教育研究 第6號, 서울 : 韓國漢文教育學會, 1992.

______, 중 · 고등학교 교육과정과 한문교과, 漢文教育研究 第12號, 서울 : 韓國漢文教育學會, 1998.

______, 漢字 漢文學界, 앞으로의 과제, 漢字漢文教育 第十二輯, 서울 : 韓國漢字漢文教育學會, 2004.

심경호, 일본에서의 한자 · 한문 교육, 漢文教育研究 第14號, 서울 : 韓國漢文教育學會, 2000.

安載澈, 民族 同質性 回復을 위한 漢字漢文教育의 方案, 漢字漢文教育 第十輯, 서울 : 韓國漢字漢文教育學會, 2003.

______, 漢文科 教育課程의 變遷 研究, 漢字漢文教育 第十一輯, 서울 : 韓國漢字漢文教育學會, 2003.

______, 現行 高等學校 漢文科 教育課程의 變遷 研究, 漢文教育研究 第25號, 서울 : 韓國漢文教育學會, 2005.

양광석, 제6차 한문과 교육과정 개정안에 대한 의견, 漢文教育研究 第6號, 서울 : 韓國漢文教育學會, 1992.

元容錫, 漢字語 教授 · 學習 方法에 對한 研究, 漢字漢文教育 第二輯, 서울 : 韓國漢字漢文教育學會, 1995.

______, 漢文科 教育課程의 內容體系에 觀한 研究, 漢字漢文教育 第十一輯, 서울 : 韓國漢字漢文教育學會, 2003.

______, 漢文科 教育課程 內容 體系 考察, 漢文教育研究 第22號, 서울 : 韓國漢文教育學會, 2004.

______, 高等學校 漢文 教科書의 內容 및 水準 問題 考察, 漢字漢文教育 第十三輯, 서울 : 韓國漢字漢文教育學會, 2004.

이경화, 교과학습독서와 독서교육의 방향, 학습자중심교과교육연구 No.10,

청원 : 학습자중심교과교육학회, 2005.
이관규, 제7차 문법 교육과정과 교과서의 문법 내용적 특징에 대한 고찰, 國語教育學研究 第14輯, 서울 : 國語教育學會, 2002.
이동재, 국가공인 민간자격 한자급수의 문항 유형 분석과 바람직한 평가문항 모색, 漢文教育研究 第26號, 서울 : 韓國漢文教育學會, 2006.
李明學, 漢文教育의 向後 課題, 漢文教育研究 第22號, 서울 : 韓國漢文教育學會, 2004.
______, 漢文科 教育課程의 反省과 展望, 漢文教育研究 第24號, 서울 : 韓國漢文教育學會, 2005.
______, 한자교육의 당위성과 의의, 漢文教育研究 第25號, 서울 : 韓國漢文教育學會, 2005.
______, 現行 우리나라 '漢字能力檢定試驗'에 대한 再檢討 漢文教育研究 第26號, 서울 : 韓國漢文教育學會, 2006.
李炳周, 中等 漢文教科의 現實과 漢字·漢文 檢定制度의 問題, 漢文教育研究 第17號, 서울 : 韓國漢文教育學會, 2001.
이병혁, 전통 한문 교육, 漢字漢文教育 第六輯, 서울 : 韓國漢字漢文教育學會, 2000.
이삼형, 국어교육 연구의 어제, 오늘 그리고 내일, 國語教育學研究 第14輯, 서울 : 國語教育學會, 2002.
______, 국어과 교육과정 내용의 틀, 國語教育學研究 第23輯, 서울 : 國語教育學會, 2005.
이상금, 정세화, 이은화, 유아기 언어의 특성 및 기능에 관한 연구, 논총 제22집, 서울 : 한국문화연구원, 1973.
이성영, 국어교육 내용 연구의 현황과 과제, 國語教育學研究 第14輯, 서울 : 國語教育學會, 2002.
이인제, 제7차 국어과 교육과정의 평가와 개선 방향, 國語教育學研究 第23輯, 서울 : 國語教育學會, 2005.
이재석, 조선조의 중화사상연구, 한국정치사상의 조명, 서울 : 한국정치외교사학회, 1999.
이재기, 문식성 교육 지배 담론의 주체 형성 효과, 國語教育學研究 第21輯, 서울 : 國語教育學會, 2004.
이재승, 총체적 언어교육에 대한 몇 가지 오해, 청람어문교육 제30집, 청원 : 청람어문교육학회, 2004.
이정숙, 교과교육을 위한 질적 연구의 방향, 학습자중심교과교육연구 No.4,

청원 : 학습자중심교과교육학회, 2002.
李鍾福, 漢文教育과 人間教育, 漢文教育研究 第7號, 서울 : 韓國漢文教育學會, 1993.
이충우, 국어 어휘 교육의 개선 방안, 國語教育學研究 第24輯, 서울 : 國語教育學會, 2005.
임용경, 도덕과 교육과정의 성격과 목표 분석, 교원교육 제21권 제2호, 청원 : 한국교원대학교 교육연구원, 2005.
임칠성, 초급 한국어 교육용 어휘 선정 연구, 國語教育學研究 第14輯, 서울 : 國語教育學會, 2002.
林熒澤, 한국 20세기의 한문교육과 그 당면과제, 漢文教育研究 第24號, 서울 : 韓國漢文教育學會, 2005.
張豪晟, 韓國 漢字能力 檢定試驗의 等級別 配定 漢字 문제, 漢文教育研究 第26號, 서울 : 韓國漢文教育學會, 2006.
정미정, 제6차 교육과정에 의한 고등학교 한문 교과서의 가치관에 관한 연구, 漢文教育研究 第12號, 서울 : 韓國漢文教育學會, 1998.
鄭愚相, 漢文科 教育政策과 漢文教育用 基礎漢字의 選定, 漢字漢文教育 創刊號, 서울 : 韓國漢字漢文教育學會, 1994.
______, 新漢文科 教育課程의 特徵, 漢字漢文教育 第四輯, 서울 : 韓國漢字漢文教育學會, 1998.
______, 漢文科 教育의 概念, 新漢文科教育論, 서울 : 傳統文化研究會, 1999.
______, 漢文科 教育의 性格, 新漢文科教育論, 서울 : 傳統文化研究會, 1999.
鄭載喆, 漢文科 教育課程, 漢字漢文教育 創刊號, 서울 : 韓國漢字漢文教育學會, 1994.
______, '신 교육과정 총론(안)'과 한문교육, 漢文教育研究 第11號, 서울 : 韓國漢文教育學會, 1997.
______, 제7차 한문과 교육과정의 개발 방향, 漢文教育研究 第12號, 서울 : 韓國漢文教育學會, 1998
______, 제6 · 7차 한문과 교육과정의 비교연구, 漢文教育研究 第13號, 서울 : 韓國漢文教育學會, 1999.
______, 제7차 한문과 교육과정 실천상의 쟁점과 해결방안, 漢文教育研究 第18號, 서울 : 韓國漢文教育學會, 2002.
______, 「제7차 한문과 교육과정의 개발 방향」『漢文教育研究』第12號, 서울 : 韓國漢文教育學會, 1998.
정혜승, 제7차 국어과 교육과정의 비판적 분석과 대안 모색 - 내용을 중심으로-, 國語教育學研究 第23輯, 서울 : 國語教育學會, 2005.
조언영, 漢字語・理解度와 學業成就의 相關關係 研究, 漢文教育研究 第13號, 서울 : 韓國漢文教育學會, 1999.
조창규, 교육용 어휘의 단위, 國語教育學研究 第14輯, 서울 : 國語教育學會, 2002.
조희정, 고전 리터러시(Literacy) 교육을 위한 새로운 구도, 國語教育學研究 第21輯, 서울 : 國語教育學會, 2004.
陳在教, 北韓의 語文政策과 漢文教育, 漢文教育研究 第14號, 서울 : 韓國漢文教育學會, 2000.
______, '한문교육용 기초한자 학교급별 구분'에 대하여, 漢文教育研究 第15號, 서울 : 韓國漢文教育學會, 2000.
______, 현행 한자・한문 급수제도의 문제와 개선방안, 漢文教育研究 第19號, 서울 : 韓國漢文教育學會, 2002.
______, 제7차 교육과정 한문과의 성격, 목표에 대한 단상, 漢文教育研究 第22號, 서울 : 韓國漢文教育學會, 2004.
______, 한자・한문의 사회적 인식과 수요조사에 관한 연구, 漢文教育研究 第25號, 서울 : 韓國漢文教育學會, 2005.
진철용, 재량시간 漢字 지도의 이론과 실제, 初等 漢字漢文 教員 職務研修, 서울 : 서울初等漢字漢文教育研究會, 2006.
천경록, 국어과 내용의 영역 구분과 성격 규명, 청람어문교육 제32집, 청원 : 청람어문교육학회, 2005.
최미정, 창의적 재량활동의 성격, 교육과정학연구, 청원 : 한국교원대학교 교육과정연구소, 2002.
______, 교육내용 선정 원리에 비추어 본 제7차 특별활동 교육과정, 학습자중심교과교육연구, 청원 : 학습자중심교과교육학회, 2005.
최영환, 「국어과 교육과정의 성격과 목표 분석」『教員教育』第21卷 第2號, 청원 : 韓國教員大學校 教育研究院, 2005.
최정호, 한글 전용과 한문 교육, 漢文教育研究 第6號, 서울 : 韓國漢文教育學會, 1992.
崔泰淵, 漢文 教育 內容의 標準化 問題, 漢文教育研究 第14號, 서울 : 韓國漢文教育學會, 2000.
한상헌, 제2외국어 교과 편제에 대한 교육과정 국제비교 연구, 교원교육 제21권 제1호, 청원 : 한국교원대학교 교육연구원, 2005.
韓延錫, 漢文教育에 있어서 漢字語의 位相에 대한 批判, 漢文教育研究 第5號,

서울 : 韓國漢文敎育學會, 1991.

_____, 중국의 고문교육, 漢文敎育硏究 第14號, 서울 : 韓國漢文敎育學會, 2000.

韓睿媛, 日本 初中高 학교의 漢字·漢文 敎育의 특징에 관하여, 漢文敎育硏究 第21號, 서울 : 韓國漢文敎育學會, 2003.

_____, 한자·한문 급수제도의 문제와 개선방안, 국어교육학연구 제20집, 서울 : 국어교육학회, 2004.

_____, 한자·한자어 필수 학습요소 개발, 漢文敎育硏究 第24號, 서울 : 韓國漢文敎育學會, 2005.

한철우, 국어교육50년, 한 지붕 세 가족의 삶과 갈등, 國語敎育學硏究 第21輯, 서울 : 國語敎育學會, 2004.

한철호 외 8인, 韓中關係史 硏究의 成果와 課題, 서울 : 國史編纂委員會 韓國史學會, 2003.

許南郁, 漢文科 敎育課程의 變遷, 新漢文科敎育論, 서울 : 傳統文化硏究會, 1999.

玄盛峻, 中國 初·中·高等學校 語文敎育 敎育內容에 대하여, 漢文敎育硏究 第21號, 서울 : 韓國漢文敎育學會, 2003.

홍혜준, 고전 작품을 통한 한국어 문화 교육 연구, 國語敎育學硏究 第21輯, 서울 : 國語敎育學會, 2004.

황위주, 국·한문의 전통과 현실적 교육 상황, 漢文敎育硏究 第22號, 서울 : 韓國漢文敎育學會, 2004.

Ⅴ. 번역서 및 외서

Colin J. Marsh 저 박현주 역, 교육과정 이해를 위한 주요 개념, 서울 : 교육과학사, 1998.

D. E. Papalia 외 2인 박성연 역, 인간발달Ⅰ, 서울 : 교육과학사, 1996.

Diane Larsen·Freeman 지음 방영주 옮김, 외국어 교육의 교수 기법과 원리, 서울 : 동인, 2003.

G. A. Beauchamp 저 김종석·강영하 역, 교육과정론, 서울 : 문음사, 1992.

G. Burton & R.Dimbleby 저 이주행 외 6인 옮김, 인간관계와 의사소통, 서울 : 한국문화사, 2005.

H. Douglas Brown, PRINCIPLES of LANGUAGE LEARNING AND TEACHING, Longman, 2000.

H. Douglas Brown저 권오량 외 2인 공역, 원리에 의한 교수, 서울 : Pearson Education Korea, 2005.

Jack C. Richards & Theodore S. Rodgers 저, 전병만 외 3인 옮김, 외국어 교육 접근 방법과 교수법, 서울 : Cambridge, 2003.

John D. Mcneil, CURRICULUM, Los Angeles:HarperCollions Publishers, 1990.

N.N.Spivey 지음 신헌재 외 4인 옮김, 구성주의와 읽기 · 쓰기, 서울 : 박이정, 2004.

William F. Pinar 저 김영천 옮김, 교육과정이론이란 무엇인가?, 서울 : 문음사, 2005.

William F. Pinar, UNDERSTANDING CURRICULUM, PETER LANG, 2004.

가토 도루 지음 유준칠 옮김, 한문의 생활력, 서울 : 수희재, 2005.

강재언 지음 하우봉 옮김, 선비의 나라 한국유학 2천년, 서울 : 한길사, 2003.

勞思光 著 鄭仁在 譯, 中國哲學史(古代篇), 서울 : 探求堂, 1986.

석정훈 지음 신채식 편역, 한자교육혁명, 서울 : 두뇌개발, 2002.

시라카와 시즈카 지음, 심경호 옮김, 한자 백 가지 이야기, 서울 : 황소자리, 2005.

아드리아나 벨레티와 루이지 리찌 편집 이두원 번역, 촘스키-자연과 언어에 관하여, 서울 : 박이정, 2003.

阿辻哲次 지음 金彦鍾 · 朴在陽 옮김, 漢字의 역사, 서울 : 학민사, 1994.

阿辻哲次 지음 沈慶昊 옮김, 漢字學, 서울 : 이회, 1996.

王鳳陽, 漢字學, 長春 : 吉林文史出版社, 1989.

월터 J. 옹 지음, 이기우 · 임명진 옮김, 구술문화와 문자문화, 서울 : 문예출판사, 2003.

이진희 · 강재언 지음 김익한 · 김동명 옮김, 한일교류사, 서울 : 학고재, 1998.

李行健, 費錦昌, 上海 : 上海辭書出版社, 2001.

일본역사교육자협의회 편 송완범 · 신현승 · 윤한용 옮김, 동아시아 역사와 일본, 서울 : 동아시아, 2005.

張朋朋, 集中識字, 北京 : 華語教學出版社, 2001.

제리 노먼 지음, 전광진 옮김, 중국언어학총론, 서울 : 동문선, 2003.

풍우란 저 박성규 옮김, 중국철학사 상 · 하, 서울 : 까치, 2003.

하치야 구니모 지음, 한예원 옮김, 중국 사상이란 무엇인가, 서울 : 학고재, 1999.

黃德寬 · 陳秉新 지음 河永三 옮김, 漢語文字學史, 서울 : 東文選, 1990.

부 록

〈부록 1〉 한문과 제5차 교육과정 내용

한자 (1) 한자의 음과 뜻을 알기 (2) 한자를 바르게 쓰고 활용하기 (3) 한자의 짜임을 통하여 한자를 이해하기 한자어 (1) 한자어의 음과 뜻을 알기 (2) 한자어를 바르게 쓰고 활용하기 (3) 한자어을 익혀 언어생활에서 바르게 사용하기 (4) 한자 성어의 짜임을 알고, 문장 구조 이해에 활용하기 한문 (1) 문장의 기본 구조를 알고 활용하기 (2) 문장의 확장 구조를 알고 활용하기 (3) 복합문의 구조를 알고 활용하기 (4) 문장의 형식을 알고 풀이하기 (5) 허자의 구실을 알고, 문장 독해에 활용하기 (6) 산문의 특징을 알고 독해하기 (7) 한시의 특징을 알고 감상하기 (8) 좋을 글귀를 암송하고, 그 감명을 되살리기 (9) 한문 기록에 담긴 선인들의 사상, 감정 및 가치관을 이해하기 (10) 한문 기록에 담긴 선인들의 훌륭한 행실을 본받고, 전통 문화를 바르게 수용, 발전시키려는 태도 가지기

〈부록 2〉 제6차 교육과정 한문과 중학교 내용 체계

학년 영역	1학년	2학년	3학년
한자	ㅇ한자의 음과 뜻 ㅇ한자 쓰기 ㅇ한자의 짜임 ㅇ한자의 활용	ㅇ한자의 음과 뜻 ㅇ한자 쓰기 ㅇ한자의 짜임 ㅇ한자의 활용	ㅇ한자의 음과 뜻 ㅇ한자 쓰기 ㅇ한자의 짜임 ㅇ한자의 활용
한자어	ㅇ한자어의 음과 뜻 ㅇ한자어의 짜임 ㅇ한자어의 활용 ㅇ고사 성어	ㅇ한자어의 음과 뜻 ㅇ한자어의 짜임 ㅇ한자어의 활용 ㅇ고사 성어	ㅇ한자어의 음과 뜻 ㅇ한자어의 짜임 ㅇ한자어의 활용 ㅇ고사 성어
한문	ㅇ산문의 독해 ㅇ문장의 구조 ㅇ문장의 형식 ㅇ허자의 쓰임과 구실 ㅇ한시의 풀이와 감상 ㅇ선인들의 사상과 감정 이해 및 가치관 형성 ㅇ전통 문화의 이해와 계승, 발전	ㅇ산문의 독해 ㅇ문장의 구조 ㅇ문장의 형식 ㅇ허자의 쓰임과 구실 ㅇ한시의 풀이와 감상 ㅇ선인들의 사상과 감정 이해 및 가치관 형성 ㅇ전통 문화의 이해와 계승, 발전	ㅇ산문의 독해 ㅇ문장의 구조 ㅇ문장의 형식 ㅇ허자의 쓰임과 구실 ㅇ한시의 풀이와 감상 ㅇ선인들의 사상과 감정 이해 및 가치관 형성 ㅇ전통 문화의 이해와 계승, 발전

〈부록 3〉 제6차 교육과정 한문과 고등학교 내용 체계

영역	내 용
한자	ㅇ한자의 음과 뜻 ㅇ한자 쓰기 ㅇ한자의 짜임 ㅇ한자의 활용
한자어	ㅇ한자어의 음과 뜻 ㅇ한자어의 짜임 ㅇ한자어의 활용 ㅇ고사 성어
한문	ㅇ산문의 독해 ㅇ문장의 구조 ㅇ문장의 형식 ㅇ허자의 쓰임과 구실 ㅇ한시의 풀이와 감상 ㅇ선인들의 사상과 감정 이해 및 가치관 형성 ㅇ전통 문화의 이해와 계승, 발전

〈부록 4〉 제7차 교육과정 한문과 중학교 내용 체계

영역	내 용	
한자	한자 익히기	• 한자의 음과 뜻 알기 • 한자의 짜임을 통해 음과 뜻 알기 • 자전에서 한자 찾기 • 필순에 맞게 한자 쓰기
	한자 활용하기	• 언어생활에 활용하기 • 문장 독해에 활용하기
한자어	한자어 익히기	• 한자어의 음과 뜻 알기 • 한자어의 짜임을 통해 뜻 알기 • 한자어를 읽고 쓰기 • 성어의 속뜻 알기
	한자어 활용하기	• 언어생활에 활용하기 • 문장 독해에 활용하기
	가치관 형성하기	• 선인들의 삶과 지혜를 이해하고 가치관 형성하기
한문	한문 익히기	• 문장을 읽고 뜻 알기 • 문장 구조를 통해 문장 풀이하기 • 허자의 쓰임을 알고 활용하기 • 문장의 형식을 알고 활용하기
	한시 익히기	• 시구 및 한시를 풀이하고 감상하기
	한문 활용하기	• 격언 · 속담, 명언 · 명구를 일상 생활에 활용하기
	가치관 형성과 전통 문화 계승, 발전시키기	• 선인들의 삶과 지혜를 이해하고 가치관 형성하기 • 전통 문화를 이해하고 계승, 발전시키려는 태도 지니기

〈부록 5〉 제7차 교육과정 한문과 고등학교 내용 체계

영역	내 용	
한자	한자 익히기	• 한자의 음과 뜻 알고 쓰기 • 한자의 짜임을 통해 형·음·의 알기
	한자 활용하기	• 언어생활에 활용하기 • 문장 독해에 활용하기
한자어	한자어 익히기	• 한자어의 음과 뜻 알고 쓰기 • 한자어의 짜임을 통해 뜻 알기 • 성어의 속뜻 알기
	한자어 활용하기	• 언어생활에 활용하기 • 문장 독해에 활용하기
	가치관 형성하기	• 선인들의 삶과 지혜를 이해하고 가치관 형성하기
한문	한문 익히기	• 산문을 읽고 풀이하기 • 문장 구조를 통해 문장의 내용 알기 • 허자의 쓰임을 알고 활용하기 • 문장의 형식을 통해 문장의 뜻 풀이하기
	한시 익히기	• 한시를 풀이하고 감상하기 • 한시의 기초적인 형식과 특징 이해하기
	한문 활용하기	• 격언·속담, 명언·명구를 일상생활에 활용하기
	가치관 형성하기	• 선인들의 삶과 지혜를 이해하고 가치관 형성하기
	전통 문화 계승 발전시키기	• 전통 문화를 이해하고 계승, 발전시키기 • 한자 문화권 내에서의 상호 이해 증진하기

〈부록 6〉 강경모의 한문과 내용 영역표(2002)

대영역	중영역	소영역
해석	어휘	제자 원리를 알고 한자의 音義 유추하기
		한자의 다의성을 이해하고 구체적 상황 속에서 의미 파악하기
		자전을 통해 한자의 뜻 찾기
	문장	문장 속에서 허자의 기능 파악하기
		문장 속에서 한문 고유의 어법과 어구를 구별하고 풀이하기
		전고를 통해 문장 속에서 쓰인 고사 성어, 또는 원용된 故事의 의미 파악하기
		문장의 형식 파악하기
이해	과정	대의 파악하기
		특정 정보 인출하기
		추론적 이해하기
		내용에 대해 논리적으로 고찰하기
	유형	글의 갈래를 구하고, 갈래적 특성에 따라 읽기
		글이 쓰여진 목적 파악하기

〈부록 7〉 송병렬의 내용 체계 시안(2003)

대영역	중영역	소영역	
기능	어휘	한자 및 어휘의 본질	· 한자의 특징을 안다 · 한자 다의성의 특징을 안다. · 어휘의 특징을 안다. · 고사성어의 압축성을 안다.
		한자 및 어휘의 원리	· 한자 제자(製字)의 원리를 안다. · 한자의 다의성을 안다. · 어휘 구조(문법적)의 원리를 안다. · 고사성어의 전고적(典故的) 원리를 안다.
		한자 및 어휘의 실제	· 한자의 짜임을 통해 형·음·의 알기 · 한자의 다의성을 통해 문장 이해하기 · 어휘 구조를 통해 단문 알기 · 언어생활에 활용하기 · 문장 독해에 활용하기 · 고사성어의 속뜻 알기
	한문	한문의 본질	· 문장 형식의 특성을 안다. · 허자의 특징을 안다. · 문장 구조를 안다.
		한문의 원리	· 허자의 쓰임을 안다. · 문장 형식의 쓰임을 안다. · 문장 구조의 쓰임을 안다.
		한문의 실제	· 허자의 쓰임을 통해 문장 해독에 활용하기 · 문장 형식의 쓰임을 통해 문장 해독에 활용하기 · 문장 구조의 쓰임을 통해 문장의 내용 알기 · 격언·속담, 명언·명구를 일상생활에 활용하기

이해	한문 고전의 이해	문학 고전	한문 문학 고전의 본질	· 속담 · 고사 · 일화의 특징을 안다. · 우화 · 설화의 특징을 안다. · 산문의 특징을 안다. · 한시의 특징을 안다. · 한문 소설의 특징을 안다.
			한문 문학 고전의 원리	· 고사 · 일화의 종류를 안다. · 우화 · 설화의 종류와 성격을 안다. · 산문의 종류와 작법을 안다. · 한시의 기초적인 형식을 안다. · 한문 소설의 발전 과정과 다양한 양식을 안다.
			한문 문학 고전의 실제	· 속담 · 고사 · 일화의 내용 이해하기 · 우화 · 설화의 내용 이해하기 · 산문을 감상하기 · 한시를 감상하기 · 한시의 내용을 이해하기 · 한시와 구비 · 국문 시가의 관련을 이해하기 · 한문 소설의 내용을 이해하기 · 작가의 생각을 이해하기 · 가치관 형성하기 · 한자 문화권 내에서의 상호 이해 증진하기
	한문 고전의 이해	역사 고전	한문 역사 고전의 본질	· 역사 산문의 특징을 안다. · 역사 산문의 종류와 성격을 안다.
			한문 역사 고전의 실제	· 역사 산문의 내용을 이해하기 · 선인들의 삶과 지혜를 이해하기 · 전통시대의 사회와 역사를 구체적으로 이해하기 · 가치관 형성하기 · 한자 문화권 내에서의 상호 이해 증진하기
		철학 고전	한문 철학 고전의 본질	· 철학 산문의 특징을 안다.
			한문 철학 고전의 원리	· 철학 산문의 종류와 성격을 안다.
			한문 철학 고전의 실제	· 철학 산문의 내용을 이해하기 · 철학 산문의 담긴 사상을 이해하기 · 실학 사상을 이해하기 · 유가와 제자백가의 사상을 이해하기 · 전통의 사상을 이해하기 · 가치관 형성하기 · 한자 문화권 내에서의 상호 이해 증진하기

〈부록 8〉 안재철의 내용 체계 1안(2003)

<table>
<tr><th>영역</th><th colspan="2">내 용</th></tr>
<tr><td rowspan="4">읽기</td><td>읽기의 본질</td><td>· 읽기의 필요성, 목적, 개념, 방법, 상황, 특성</td></tr>
<tr><td>읽기의 원리</td><td>· 한자어(낱말) 이해, 한문 문장의 이해, 내용 확인, 추론, 평가와 감상</td></tr>
<tr><td>읽기의 태도</td><td>· 동기, 흥미, 습관, 가치</td></tr>
<tr><td>읽기의 실제</td><td>· 문학에 관한 글 읽기, 철학 산문에 관한 글 읽기, 역사학 산문에 관한 글 읽기</td></tr>
<tr><td rowspan="3">한문
지식</td><td>한문의 본질</td><td>· 한문언어의 특성
· 한문의 특질
· 한자의 변천</td></tr>
<tr><td>한문의
이해와 탐구</td><td>· 한자의 형 · 음 · 의(성운)의 이해
· 한자어의 이해
· 한문(문장)의 이해
· 한문의 문법 체계의 이해</td></tr>
<tr><td>한문에 대한
태도</td><td>· 동기, 흥미, 습관, 가치</td></tr>
<tr><td rowspan="4">문학
(역사
·
철학)</td><td>문학(역사 · 철학)의 본질</td><td>· 한문학(역사 · 철학)의 특성
· 한문학(역사 · 철학)의 갈래
· 한문학의 특질
· 한문학의 사적 전개</td></tr>
<tr><td>문학의 수용</td><td>· 작품의 (미적)구조
· 작품에 반영된 사회, 문화적 양상</td></tr>
<tr><td>문학에 대한
태도</td><td>· 동기, 흥미, 습관, 가치</td></tr>
<tr><td>작품 수용의
실제</td><td>· 시, 사, 부, 소설, 산문(역사산문, 철학산문), 수필 평론</td></tr>
</table>

〈부록 9〉 안재철의 내용 체계 2안(2003)

대영역	중영역	소영역	
읽기 (기능)	한자·한자어	한자·한자어의 본질	·한자의 특징을 안다. ·한자 다의성의 특징을 안다. ·한자어의 특징을 안다. ·고사성어의 특징을 안다.
		한자·한자어의 원리	·한자 제자(制字)의 원리를 안다. ·한자 다의성의 원리를 안다. ·한자어의 짜임(문법적)의 원리를 안다. ·고사성어의 전고적(典故的)원리를 안다.
		한자·한자어의 가치	·한자·한자어가 우리 국어에서 차지하는 중요성을 이해하는 태도를 지닌다. ·한자·한자어를 통하여 한자문화권에서 조화를 이루려는 태도를 지닌다. ·한자·한자어를 통하여 우리 선조들이 지닌 가치관을 이해하려는 태도를 지닌다. ·한자·한자어를 통하여 우리 전통문화를 계승 발전시키려는 태도를 지닌다.
		한자·한자어의 실제	·한자의 짜임을 통하여, 형·음·의를 안다. ·한자의 다의성을 통하여 문장을 이해한다. ·한자어의 짜임(구조)을 통하여 한문을 안다. ·고사성어의 짜임(구조)을 통하여 고사성어를 풀이한다. ·고사성어의 속뜻을 안다. ·한자·한자어를 언어생활에 활용한다. ·한자·한자어를 문장독해에 활용한다.
	한문	한문의 본질	·문장 구조의 특징을 안다.(Sentence pattern) ·문장 형식(形式)의 특징을 안다.(Sentence form) ·문장 성분의 특징을 안다. ·허사의 특징을 안다. ·품사의 특징을 안다. ·한문 독해의 특징을 안다.
		한문의 원리	·문장 고주의 쓰임과 기능을 안다. ·문장 형식의 쓰임과 기능을 안다. ·문장 성분의 쓰임과 기능을 안다. ·허사의 쓰임과 기능을 안다. ·품사의 쓰임과 기능을 안다. ·한문 독해의 원리를 안다.
		한문의 가치	·한문을 통하여 한자 문화권에서 조화를 이루려는 태도를 지닌다. ·한문을 통하여 선조들이 지닌 가치관을 이해하려는 태도를 지닌다. ·한문을 통하여 우리 전통문화를 계승 발전시키려는 태도를 지닌다.
		한문의 실제	·문장 구조의 쓰임을 문장 독해에 활용한다. ·문장 형식의 쓰임을 문장 독해에 활용한다. ·허사의 쓰임을 통해 문장 독해를 할 줄 안다. ·한문 독해의 원리를 문장 독해에 활용한다. ·품사의 쓰임을 문장 독해에 활용한다. ·격언, 속담, 명언을 일상 생활에 활용한다.

대영역	중영역	소영역	
한문 고전 (이해)	문학문	문학문의 본질	· 속담, 고사, 일화의 특징을 안다. · 우화, 설화의 특징을 안다. · 산문의 특징을 안다. · 한시의 특징을 안다. · 한문 소설의 특징을 안다.
		문학문의 원리	· 속담, 고사, 일화의 개념 및 종류를 안다. · 우화, 설화의 성격 · 개념 및 종류를 안다. · 산문의 개념 · 종류를 안다. · 한시의 기초적인 형식과 내용을 안다. · 한문 소설의 발전 과정과 양식을 안다.
		문학문의 가치	· 한문문학을 통하여 한자문화권내에서 상호이해 증진과 조화를 이루려는 태도를 지닌다. · 한문문학을 통하여 우리 선조들이 지닌 삶의 지혜를 이해하고 가치관을 형성하려는 태도를 지닌다. · 한문문학을 통하여 우리 전통 문화를 이해하고 계승 발전시키려는 태도를 지닌다.
		문학문의 실제	· 속담, 고사, 일화의 내용을 안다. · 우화, 설화의 내용을 안다. · 산문의 내용을 알고 감상한다. · 한시의 내용을 알고 감상한다. · 한시의 구비 · 국문시가를 관련하여 안다. · 한문 소설의 내용을 알고 감상한다. · 작가의 생각을 안다. · 작품의 배경, 역사성을 안다.
	역사문	역사문의 본질	· 역사문의 특징을 안다.
		역사문의 원리	· 역사문의 개념, 성격, 종류를 안다.
		역사문의 가치	· 역사문을 통하여 한자문화권내에서 상호 이해 증진과 조화를 이루려는 태도를 지닌다. · 역사문을 통하여 선조들이 지닌 삶과 지혜를 이해하고 가치관을 형성하려는 태도를 지닌다. · 역사문을 통하여 우리 전통문화를 이해하고 계승 발전시키려는 태도를 지닌다.
		역사문의 실제	· 역사문의 내용을 안다. · 전통시대의 사회와 역사를 안다.

〈부록 10〉 원용석의 내용 체계 시안(2003)

대영역	중영역	내용
지식	읽기	• 한자의 삼 요소 • 한자의 음과 뜻 알기 • 한자어 바르게 읽기 • 국한문 혼용 속의 한자어 바르게 읽기 • 성어를 내용에 맞는 독음으로 읽기 • 문장을 내용에 맞는 독음으로 읽기
	쓰기	• 필순에 맞추어 쓰기 • 독음을 듣고 내용 쓰기 • 국한문 혼용의 글쓰기
	듣기	• 한자, 한자어 음을 듣고 내용 알기 • 언어생활에 사용되는 한자어, 성어, 명언 · 명구를 듣고 내용 알기
이해	한자의 짜임 한자어의 짜임 문장 구조와 형식 허자의 쓰임 한시의 형식	• 한자의 짜임 이해하기 • 한자어의 짜임 이해하기 • 문장의 구조 이해하기 • 문장의 형식 이해하기 • 허자의 쓰임 이해하기 • 한시의 형식 이해하기
감상	단문의 속뜻 장문 감상 한시 감상	• 속담 · 격언의 속뜻을 안다. • 성어와 명언 · 명구의 속뜻을 안다. • 장문을 독해하고 그 내용을 감상한다. • 한시를 읽고 풀이하며 그 내용을 감상한다.
태도	언어생활에 활용 선인들의 삶과 사상 바람직한 인성 건전한 가치관 동양문화 교류	• 한자어 언어생활에 활용하기 • 속담 · 격언, 명언 · 명구를 언어생활에 활용하기 • 선인들의 삶과 사상을 이해하기 • 바람직한 인성 함양하기 • 건전한 가치관 지니기 • 동양문화 교류하기

〈부록 11〉 제7차 개정 한문과 교육과정 내용 체계(2006)

영 역	내 용	
한 문	읽 기	단문의 읽기와 풀이
		산문의 읽기와 풀이
		한시의 읽기와 풀이
	이 해	단문의 이해와 감상
		산문의 이해와 감상
		한시의 이해와 감상
	문 화	전통 문화의 이해와 계승
		한자문화권의 상호 이해와 교류
한 문 지 식	한 자	한자의 특징
		한자의 짜임
		한자의 역사
	어 휘	단어의 형성
		단어의 갈래
		어휘와 의미
	문 장	문장의 구조
		문장의 유형
		문장의 수사

한자한문교육총서 28
한문과 교육과정 변천과 내용체계 연구

2009년 3월 30일 초판 발행
2009년 3월 23일 초판 인쇄

저 자 원용석
발행인 이계황
발행처 (사)전통문화연구회
서울시 종로구 낙원동 284-6 낙원빌딩 411호
전화 : (02)762-8401 전송 : (02)747-0083
전자우편 : juntong@juntong.or.kr
사이버書堂 : cyberseodang.or.kr
등 록 1989. 7. 3. 제1-936호

인쇄처 : 한국법령정보주식회사(02-462-3860)

ISBN 978-89-91720-23-7 94370
89-85395-54-8(세트)

정가 15,000원